oekom

ClimatePartner°
klimaneutral
Verlag | ID: 128-50040-1010-1082

Selbstverpflichtung zum nachhaltigen Publizieren

Nicht nur publizistisch, sondern auch als Unternehmen setzt sich der oekom verlag konsequent für Nachhaltigkeit ein. Bei Ausstattung und Produktion der Publikationen orientieren wir uns an höchsten ökologischen Kriterien.
Der Inhalt dieses Buches wurde auf FSC®-zertifizierten Papier und der Umschlag auf 100 Prozent Recyclingpapier, das mit dem FSC®-Siegel ausgezeichnet ist, gedruckt. Alle durch diese Publikation verursachten CO_2-Emissionen werden durch Investitionen in ein Gold-Standard-Projekt kompensiert. Die Mehrkosten hierfür trägt der Verlag. Mehr Informationen finden Sie unter:
http://www.oekom.de/allgemeine-verlagsinformationen/nachhaltiger-verlag.html

Bibliografische Information der Deutschen Nationalbibliothek:
Die Deutsche Nationalbibliothek verzeichnet diese Publikation in der Deutschen Nationalbibliografie; detaillierte bibliografische Daten sind im Internet über http://dnb.d-nb.de abrufbar.

Gesellschaft für ökologische Kommunikation mbH
Waltherstraße 29, 80337 München

Übersetzungslektorat: Christoph Hirsch, oekom verlag
Korrektorat: Petra Kienle
Satz: Ines Swoboda, oekom verlag

Druck: GGP Media GmbH, Pößneck

MIX
Papier aus verantwortungsvollen Quellen
FSC® C014496
FSC
www.fsc.org

978-3-96006-010-9

UGO BARDI

Der Seneca-Effekt

Warum Systeme kollabieren und wie wir damit umgehen können

Aus dem Englischen von
Gabriele Gockel & Sonja Schumacher

Dieses Buch ist
meiner Tochter Donata gewidmet,
in der Hoffnung,
dass sie und ihre Generation
von einem größeren Seneca-Kollaps
verschont bleiben.

INHALT

DANK

Die erste Person, der ich für dieses Buch danken möchte, ist Lucius Annaeus Seneca, der den Titel und das Hauptthema dieses Buchs lieferte. Der Gedanke, den Ausdruck »Seneca-Effekt« zu verwenden, entstand, als mich mein Kollege und Freund Luca Mercalli an diesen Mann erinnerte, mit dem ich vor langer Zeit auf dem Gymnasium Bekanntschaft gemacht hatte. Danken möchte ich auch Dmitry Orlov, der mich darauf brachte, Modelle für die Systemdynamik des Seneca-Effekts zu entwickeln.

Ferner möchte ich mich bei David Packer und Christoph Hirsch für ihre Unterstützung bedanken sowie beim Club of Rome, der meine vorherige Arbeit gefördert hat. Charlie Hall danke ich dafür, dass er allen, die sich mit biophysikalischen Systemen befassen, immer wieder neue Anregungen gibt, sowie auch Jay Forrester, der von uns gegangen ist, während dieses Buch geschrieben wurde.

Meiner Tochter Donata – sie ist Psychologin – verdanke ich viele der in dieses Buch eingeflossenen Erkenntnisse über die menschliche Neigung, Raubbau an Ressourcen zu treiben.

Äußerst hilfreich waren außerdem die Kommentare und kritischen Bemerkungen von Toufic El Asmar, Sara Falsini, Nate Hagens, Günter Klein, Marcus Kracht, Graeme Maxton, George Mobus, Silvano Molfese, Ilaria Perissi, Aldo Piombino, Sandra Ristori, Sonja Schuhmacher, Luigi Sertorio, Sgouris Sgouridis, Wouter Van Dieren, Anders Wijkman und Antonio Zecca. Ihnen allen möchte ich meinen Dank aussprechen, weise aber zugleich darauf hin, dass alle Fehler, die im Buch auftauchen, auf mich selbst zurückgehen und nicht auf sie.

VORWORT

geschrieben von den Co-Präsidenten des Club of Rome
Ernst Ulrich von Weizsäcker und Anders Wijkman

Ugo Bardis »Der Seneca-Effekt. Warum Systeme kollabieren und wie wir damit umgehen können« ist der 42. Bericht an den Club of Rome und somit Teil jener Serie an Berichten, die im Jahr 1972 mit den »Grenzen des Wachstums« begann.

Die Hauptaussage der »Grenzen des Wachstums« war, dass »die Ausbeutung der wichtigsten Rohstoffe und die wachsende Belastung durch Umwelt- und Luftverschmutzung zunehmend steigende Risiken für die Weltwirtschaft in der Zukunft verursachen« würde. Viele verstanden den Bericht so, als würde die Weltwirtschaft innerhalb weniger Jahrzehnte zum Stillstand kommen. Dies war allerdings nicht die Aussage der »Grenzen des Wachstums«. Der Bericht stützte sich auf eine Perspektive von 50 bis 100 Jahren und legte darüber hinaus seinen Fokus auf die steigenden, physischen Auswirkungen des Wirtschaftswachstums – den ökologischen Fußabdruck – nicht auf Wachstum an sich. Tatsächlich ging es in diesem Buch in erster Linie darum, wie man Kollaps vermeiden und die Menschheit einen besseren, nachhaltigeren Weg für ihre Zukunft und die ihres Planeten einschlagen könnte. Der Club of Rome setzt sich bis heute genau dafür ein.

45 Jahre nach der Veröffentlichung des ersten Berichtes allerdings stellt sich die Frage danach, wie ökologische Krisen in der Zukunft verhindert werden können, leider nicht mehr. Heute geht es um die Frage, wie die Menschheit ihre Auswirkungen abschwächen und bewältigen kann. Die Vision der Mitglieder des Club of Rome bleibt nichtsdestotrotz dieselbe: eine bessere Zukunft für die Menschheit und den Planeten.

»Den Feind zu kennen ist der beste Weg, ihn zu besiegen«, heißt es. Gleichermaßen gilt: Um die Auswirkungen eines Kollapses zu bewältigen, muss man verstehen wie er entsteht, sich entwickelt und auswirkt. Probleme, die uns in der Zukunft erwarten, einfach zu ignorieren ist hingegen kein vielversprechender Lösungsansatz, um sie zu vermeiden.

Das vorliegende Buch untersucht die Natur und Ursachen von Kollapsen, und zwar nicht, indem es Untergangszenarien heraufbeschwört – allerdings auch nicht durch die rosarote Brille exzessiven Optimismus. Dieses Buch macht keine Zugeständnisse an Ideologien, Politik oder falsche Hoffnungen. Es bedient sich vielmehr der modernen Wissenschaft, um aufzuzeigen, dass Kollapse natürliche Phänomene sind, die vielfältige Ursachen haben und viele Formen annehmen können. Wir können dies in unserem Alltag beobachten, zum Beispiel wenn Gegenstände kaputt gehen, oder sogar bei Ereignissen großer Tragweite, etwa wenn ganze Zivilisationen zusammenbrechen.

Dieser Bericht bietet den Leserinnen und Lesern eine Fülle an Anekdoten, Einsichten und Fakten, mit einer bemerkenswerten, ganzheitlichen, analytischen Denkweise. Sie werden entdecken, dass Kollaps ein Kollektivphänomen ist, welches in (wie wir sie heute bezeichnen) »komplexen Systemen« auftritt; ein neues und faszinierendes Forschungsfeld, welches uns ermöglicht, die Welt um uns herum besser zu verstehen. »Der Seneca-Effekt« beschreibt praxisgerechte Wege und Lösungen, wie man Kollapse in komplexen Systemen vermeiden oder zumindest bewältigen kann. In bestimmten Fällen kann dies geschehen, indem die Bindeglieder, die ein System zusammenhalten, verstärkt werden. In anderen Fällen, indem man das System externe Schocks absorbieren lässt – und dabei innere Parameter verändert, anstatt sie zu erhalten. Und für den Fall, dass ein Kollaps unvermeidlich ist, zeigt dieses Buch auf, wie man ihn nutzen kann, anstatt sich ihm zu widersetzen, wenn der einzige Weg, um das Alte loszuwerden, das Schaffen von Raum für das Neue ist.

In einer Welt wie der unseren, die sich mit einer Vielzahl an sozialen und ökologischen Herausforderungen konfrontiert sieht, ist es notwendig Kollaps zu verstehen. Während die Menschheit noch immer weiter wächst, wächst gleichzeitig die Notwendigkeit, bessere und effizientere Wege zu finden, die knappen Ressourcen unseres Planeten zu nutzen. Diese Herausforderungen sind schwierig zu bewältigen, weshalb ein besseres Verständnis davon, wie komplexe Systeme funktionieren, durch das wissenschaftliche Forschungsfeld der »Systemdynamik« dringend notwendig ist; auch hierzu leistet das Buch einen wichtigen Beitrag.

Ugo Bardis Buch ist aber nicht nur »praktisch« im Sinne von »nahe an der Realität und ihren Herausforderungen«. Es hat außerdem eine tiefere, philosophische Bedeutung, was ein weiterer Grund dafür ist, dass der Club of Rome es als Bericht akzeptiert hat. Der Titel, »Der Seneca-Effekt«, ist eine Hommage an den antiken Philosophen Lucius Annaeus Seneca (4 v. Chr. bis 65 n. Chr.), der die Theorie moderner Netzwerke und die Studien der »Systemdynamik« für sich entdeckte, obwohl er diese noch nicht als solche benannte. Seneca verstand die Notwendigkeit Veränderung und Wandel zu akzeptieren – anstatt sich in einem aussichtslosen Kampf gegen sie zu wehren. Dies ist der Grundsatz der stoischen Philosophie, frei nach Epiktet: »Was also ist zu tun? Das Beste machen aus dem, was in deiner Macht steht und den Rest so nehmen, wie er natürlich passiert.« (Discourses, 1. Januar 2017)

Dies ist der Hauptgedanke dieses faszinierenden Berichts.

Aus dem Englischen übersetzt von Alexander Stefes

EINFÜHRUNG

KOLLAPS IST KEIN DEFIZIT, ER IST EINE EIGENSCHAFT

»Esset aliquod inbecillitatis nostrae solacium rerumque nostrarum si tam tarde perirent cuncta quam funt: nunc incrementa lente exeunt, festinatur in damnum.«

»Es wäre ein Trost für unsere schwachen Seelen und unsere Werke, wenn alle Dinge so langsam vergehen würden, wie sie entstehen; aber wie dem so ist, das Wachstum schreitet langsam voran, während der Weg zum Ruin schnell verläuft.«

LUCIUS ANNEAUS SENECA (4 v. Chr. bis 65 n. Ch.), *Epistolarum Moralium ad Lucilius* (*Briefe an Lucilius*, 91, 6)[1]

Dieses Buch ist einem Phänomen gewidmet, das wir »Kollaps« oder »Zusammenbruch« nennen. Normalerweise denken wir unwillkürlich an Katastrophen, Desaster, Versagen und alle möglichen negativen Auswirkungen. Doch dieses Buch ist kein »Katastrophenbuch«, von denen es heute so viele gibt, und es schildert auch nicht den bevorstehenden, vielleicht unvermeidlichen Untergang. Hier geht es um die Erforschung von Zusammenbrüchen, darum, zu erklären, warum und wie es zu einem Kollaps kommt. Wenn man weiß, was Zusammenbrüche sind, werden sie nicht mehr überraschen und können verhindert werden. Man kann sie möglicherweise bewältigen und sogar zum eigenen Vorteil wenden. Im Universum ist ein Kollaps kein Defizit, sondern eine Eigenschaft.

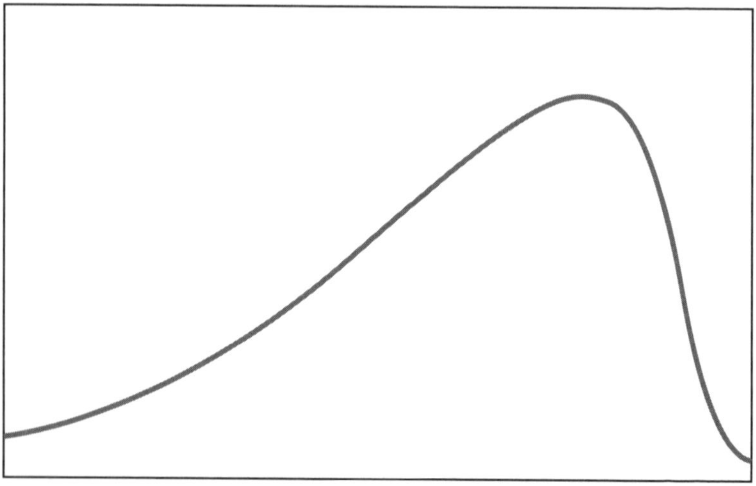

Abbildung 1
Der »Seneca-Effekt«, dargestellt mit der Methode der »Systemdynamik«. Diese Kurve ist ein allgemeines Modell und beschreibt viele physikalische Phänomene, die langsam anwachsen und schnell wieder zurückgehen.

Wie sich zeigt, können Zusammenbrüche in unterschiedlichster Gestalt und überall auftreten, sie haben die verschiedensten Ursachen und entwickeln sich auf unterschiedliche Weise. Zusammenbrüche können vermeidbar sein oder auch nicht, gefährlich oder nicht, katastrophal oder nicht. Offenbar manifestiert sich in ihnen die Tendenz des Universums, seine Entropie zu erhöhen und zwar so schnell wie möglich – ein Phänomen, das als »maximale Entropieproduktion« (MEP) bezeichnet wird.[2]

Demnach sind allen Zusammenbrüchen bestimmte Eigenschaften gemeinsam. Es sind stets kollektive Phänomene, das heißt, sie treten nur in sogenannten komplexen Systemen auf, also in Netzstrukturen aus »Knoten«, die durch Verknüpfungen miteinander verbunden sind. Ein Kollaps ist die rasche Umstrukturierung einer großen Zahl solcher Verknüpfungen, unter Umständen auch ihr Zusammenbruch und Verschwinden. Bei allem, was zusammenbricht (Alltagsgegenstände, Türme, Flugzeuge, Ökosysteme, Unternehmen, Imperien und

Ähnliches), handelt es sich stets um Netzwerke. Die Knoten können Atome sein und die Verknüpfungen zwischen ihnen chemische Verbindungen. So ist es etwa bei Festkörpern. In manchen Fällen sind die physikalischen Verbindungen zwischen den Elementen künstliche Strukturen und somit ein Studienobjekt für Ingenieure. Und manchmal sind die Knoten Menschen oder gesellschaftliche Gruppen, deren Verbindungen im Internet zu finden sind oder sich in persönlicher Kommunikation manifestieren, vielleicht auch in Wechselkursen. Dies ist das Forschungsgebiet der Sozialwissenschaften, der Ökonomie und der Geschichte.

All diese Systeme haben vieles gemeinsam, vor allem ein nichtlineares Verhalten, das heißt, sie reagieren nicht proportional zur Stärke einer Störung von außen (eines »Antriebs« oder »forcing«, wie es in der Fachsprache heißt). In einem komplexen System besteht keine einfache Beziehung zwischen Ursache und Wirkung. Vielmehr kann ein komplexes System die Folge einer Störung mehrfach vervielfältigen, wie es der Fall ist, wenn man ein Streichholz an einer rauen Fläche reibt. Umgekehrt kann die Störung auch so gedämpft werden, dass das System kaum davon berührt wird. Das ist zum Beispiel der Fall, wenn man ein brennendes Streichholz in ein Glas Wasser fallen lässt.

Dieses Phänomen der Nichtlinearität einer Reaktion wird oft als »Rückkopplung« bezeichnet, ein sehr wichtiges Charakteristikum komplexer Systeme. Wenn ein System eine Störung von außen verstärkt, spricht man von einer »sich selbst verstärkenden« oder »positiven« Rückkopplung, hingegen von einer »dämpfenden«, »stabilisierenden« oder »negativen« Rückkopplung, wenn das System die Störung eindämmt und größtenteils ignoriert. Wie es heißt, ist bei einem komplexen System immer mit einem »Rückschlag« (»Kick back«) zu rechnen[3], manchmal erfolgt so ein Rückschlag überraschend heftig und gelegentlich erscheint er einfach chaotisch.

Die Tendenz komplexer Systeme zum Zusammenbruch lässt sich unter anderem unter dem Aspekt der »Kipppunkte« betrachten. Der Begriff verweist darauf, dass ein Kollaps kein sanfter Übergang ist, sondern eine drastische Veränderung, die das System von einem Zustand in einen anderen überführt, wobei es kurzzeitig einen instabilen Zustand durchläuft. Der Begriff wurde vor allem von Malcolm Gladwell in seinem gleichnamigen Buch *(The Tipping Point)* von 2009 dargelegt.[4]

Bei der wissenschaftlichen Untersuchung komplexer Systeme geht der Begriff des Kipppunkts mit dem des »Attraktors« einher. Manchmal ist auch von einem »seltsamen« (»strange«) Attraktor die Rede, ein Begriff, der durch den ersten Teil der *Jurassic-Park*-Serie Verbreitung fand. Unter einem Attraktor versteht man eine Reihe von Parametern, auf die sich ein System zubewegt. Der Kipppunkt ist systemisch betrachtet das Gegenteil: Der Attraktor zieht das System an, der Kipppunkt stößt es ab. Ein System im Zustand der sogenannten Homöostase »tanzt« gewissermaßen um einen Attraktor, bleibt in seiner Nähe, erreicht ihn aber nicht. Wenn sich das System jedoch vom Attraktor entfernt, etwa aufgrund einer äußeren Störung, kann es den Kipppunkt erreichen und auf die andere Seite, in den Einflussbereich eines anderen Attraktors kippen. In der Physik wird diese drastische Veränderung als »Phasenübergang« bezeichnet; dieser ist der entscheidende Mechanismus des Phänomens, das wir »Kollaps/ Zusammenbruch« nennen.

Die Fähigkeit eines Systems, sich auch bei einer starken Störung in der Nähe eines Attraktors und vom Kipppunkt fernzuhalten, bezeichnen wir als Resilienz. Dieser Begriff wird in den verschiedensten Bereichen verwendet, von der Materialwissenschaft bis hin zur Untersuchung sozialer Systeme. Bei näherer Betrachtung stellt man rasch fest, dass es nicht immer positiv ist, so nah wie möglich am Attraktor zu bleiben. Ein starres, unelastisches System kann plötzlich und auf katastrophale Weise zusammenbrechen, beispielsweise ein Glasgefäß, das in Stücke zerbirst.

An dieser Stelle möchte ich an eine alte Weisheit erinnern, die von einem anderen Philosophen stammt, nämlich Laotse. In seinem Buch *Taoteking* heißt es: »Das Harte und Starre begleitet den Tod. Das Weiche und Schwache begleitet das Leben.« Tatsächlich ist der Seneca-Effekt meist die Folge des Versuchs, sich einer Veränderung zu widersetzen, statt sie anzunehmen. Je mehr Widerstand man gegen eine Veränderung leistet, desto mehr schlägt diese Veränderung zurück und überwindet schließlich diesen Widerstand. Und oft geschieht dies plötzlich. Letztlich ist dies das Ergebnis des zweiten Hauptsatzes der Thermodynamik: Die Entropie nimmt zu.

Es ist kein Zufall, dass Philosophen häufig dazu raten, sich nicht an materielle Dinge zu klammern, die Teil dieser schwierigen und unbeständigen Welt sind. Das ist durchaus ein guter Rat. In der Philosophiegeschichte vertrat die Schule der sogenannten Stoiker als eine der ersten diese Haltung und versuchte, sie in die Praxis umzusetzen. Auch Seneca gehörte zu den Stoikern und sein ganzes Denken ist von dieser Haltung durchdrungen. Der Satz »Das Wachstum schreitet langsam voran, während der Weg zum Ruin schnell verläuft« ist Bestandteil dieser Sichtweise. Im Umgang mit einem Kollaps sollten wir uns deshalb an den Rat Epiktets, eines anderen Lehrers der stoischen Schule, erinnern: »Wir müssen die Dinge, die in unserer Macht stehen, möglichst gut einrichten, alles andere aber so nehmen, wie es kommt.«

Daraus folgt, dass man die »Seneca-Klippe« umgehen oder zumindest die Folgen eines Kollaps abmildern kann, sofern man die Veränderung akzeptiert, statt gegen sie anzugehen. Es bedeutet, dass man niemals versuchen sollte, das System zu etwas zu zwingen, was es nicht tun will. Obwohl eigentlich klar sein müsste, dass man Entropie nicht bekämpfen kann, versuchen es Menschen immer wieder.

Jay Forrester, der Begründer der wissenschaftlichen Disziplin der »Systemdynamik«, brachte diese Neigung schon vor langer Zeit auf den Punkt, als er schrieb: »Jeder ist bemüht, ›das System‹ in die falsche Richtung zu lenken.«[5] Die Politik beispielsweise scheint jeden Versuch aufgegeben zu haben, sich Veränderungen anzupassen, und greift stattdessen zu groben, schlagkräftigen Parolen, die eine unmögliche Rückkehr in die frühere Zeit der Prosperität versprechen (etwa »Amerika wieder groß zu machen«). Menschen unternehmen oft enorme Anstrengungen, um Beziehungen zusammenzuhalten, die man lieber ausklingen lassen sollte. In der Technik investiert man viel

Energie in die Entwicklung von Methoden, um alte Erfindungen weiter nutzen zu können – zum Beispiel (Privat-)Automobile –, die wir wahrscheinlich besser abschaffen sollten. Auch klammern wir uns hartnäckig an unseren Arbeitsplatz, obwohl wir ihn vielleicht hassen und sogar erkannt haben, dass wir uns einen neuen suchen sollten.

Ganze Zivilisationen erlebten einen Niedergang und verschwanden, weil sie sich nicht an Veränderungen anpassten, ein Schicksal, das uns ebenfalls blühen könnte, wenn wir nicht lernen, die Veränderungen anzunehmen und uns von der hartnäckigen Sucht nach fossilen Brennstoffen zu befreien, die unseren Planeten ruinieren. Wenn wir zerstören, was die Grundlage unseres Lebens ist, bewegen wir uns wirklich in rasantem Tempo auf den Ruin zu. Haben wir noch Zeit, eine Katastrophe zu verhindern?

Vielleicht reicht sie nicht mehr ganz, aber zumindest können wir die bevorstehenden Auswirkungen abmildern, wenn wir uns vor Augen führen, was genau wir zu erwarten haben und wie wir uns den kommenden raschen Veränderungen anpassen können. Dabei darf man nicht vergessen, dass man zwar ein Problem beheben kann, nicht aber eine Veränderung. Veränderungen kann man sich nur anpassen.

Dieses Buch nimmt Sie mit auf eine Reise durch die facettenreiche Wissenschaft komplexer Systeme. Dabei sind die einzelnen Kapitel relativ unabhängig voneinander und man muss sie nicht hintereinander lesen, sondern kann auch mit denen beginnen, die am meisten interessieren. Die Reise beginnt mit einem Buchteil, den ich mit der Überschrift »Die Mutter aller Zusammenbrüche« versehen habe. Es ist dem Niedergang des Römischen Reichs gewidmet, das allerdings nicht die erste Zivilisation war, die zusammenbrach. Weiter geht es mit dem Zusammenbruch einfacher (und dennoch komplexer) Systeme. Hier wird erklärt, warum Alltagsgegenstände, etwa Schiffe oder Flugzeuge, bersten – und zwar unter dem Aspekt der universellen Tendenz zur Zerstreuung thermodynamischer Potenziale in der höchstmöglichen Geschwindigkeit. Der nächste Teil des Buchs widmet sich dem Zusammenbruch großer Strukturen, von den ägyptischen Pyramiden bis zu den Twin Towers des World Trade Center in New York. Diese Ereignisse geben uns Gelegenheit, das Verhalten von Netzwerken zu untersuchen, einem grundlegenden Element der Systemwissenschaft. Dieser Abschnitt erklärt im Einzelnen Aspekte der Thermodynamik in realen Systemen, aber machen Sie sich keine Sorgen, wenn Sie das zu »speziell« finden. Gehen Sie einfach darüber hinweg und wechseln Sie zum nächsten Kapitel, in dem weitere Fälle systemischer Zusammenbrüche behandelt werden, etwa des Finanz- und des Ernährungssystems (Hungersnöte). Hierzu gehören auch die Themen Erschöpfung und Raubbau an Ressourcen. Und schließlich geht es um den größten möglichen Zusammenbruch in den Grenzen unseres Planeten, den »Tod Gaias«, die Auslöschung der Biosphäre.

Im zweiten Teil des Buchs schildere ich Möglichkeiten des Umgangs mit »Kollaps«. Können wir Zusammenbrüche verhindern? Welche Rolle spielt »Resilienz« bei komplexen Systemen? Ist es nicht besser, einen Zusammenbruch zuzulassen und danach etwas Neues und Besseres aufzubauen?

Im Schlusskapitel kehre ich schließlich noch einmal zum Denken Senecas und seiner stoischen Zeitgenossen zurück, deren Weisheit uns in diesen schwierigen Zeiten vielleicht hilfreich sein kann.

Nichts in diesem Buch soll das letzte Wort zu etwas sein, alles ist als Ausgangspunkt für die Reise zur Wissenschaft komplexer Systeme gedacht. Das Thema ist so umfassend, dass kein einzelnes Buch und keine Einzelperson alle Details dieses großen Feldes abzudecken in der Lage ist. Daher habe ich auf den Versuch verzichtet, eine ausführliche Abhandlung über Systemwissenschaft zu verfassen (hierfür empfehle ich die Lektüre des Buchs *Principles of System Science* von George Mobus und Michael Kalton[6]).

Ich möchte jedoch hervorheben, dass die Systemwissenschaft einen faszinierenden Blick auf die Welt um uns ermöglicht. So nahm diese Wissenschaft mit den ersten Studien von Ökosystemen ihren Anfang, wie sie Alexander von Humboldts 1845 veröffentlichtes Werk *Kosmos* darstellt[7] und vor allem Darwins große Zusammenschau *Über die Entstehung der Arten* (1859). Weder Humboldt noch Darwin verwendeten Formeln und beim Studium komplexer Systeme stellt man schnell fest, dass es keine Gleichung gibt, die man so auflösen kann wie diejenige für die Bewegung eines Körpers in einem Gravitationsfeld. Das heißt jedoch nicht, dass man keine Erkenntnisse über komplexe Systeme gewinnen kann. Es gibt schließlich auch keine »Gleichung für die Katze« und doch existieren sie und man kann – mit erheblicher Sicherheit – voraussagen, dass sich eine Katze wie eine Katze verhält, also Vögel im Garten verfolgt und Katzenleckerli liebt. Man kann daher komplexe Systeme untersuchen und verstehen, auch wenn einem als Instrumente nur der gesunde Menschenverstand, Wissen und Ausdauer zur Verfügung stehen.

Ich möchte diese Einleitung mit einer Entschuldigung abschließen – dafür, dass ich aus Platzgründen und Mangel an Kenntnissen vieles ausklammern musste, aber auch für die Ungenauigkeiten und Fehler, die unvermeidlich sind, wenn man ein breites interdisziplinäres Feld in Angriff nimmt. Ich hoffe jedoch, dass das, was Sie in diesem Buch finden, ausreicht, um Ihnen zumindest einen Teil des Interesses und der Faszination zu vermitteln, die bei mir durch die Beschäftigung mit diesen Themen geweckt wurden.

Teil I

Die Mutter aller Zusammenbrüche: Der Untergang des Römischen Reichs

… und anstelle der Frage nachzugehen, warum das Römische Reich unterging, sollten wir uns vielmehr wundern, dass es so lange überdauert hat. Die siegreichen Truppen, die in ihren Kriegen in fernen Ländern die Untugenden von Fremden und Söldnern angenommen hatten, raubten zuerst der Republik ihre Freiheit und beleidigten später die kaiserliche Majestät. Die Herrscher, die um ihre persönliche Sicherheit und den öffentlichen Frieden besorgt waren, mussten schließlich die Disziplin schleifen lassen, wodurch die Truppen beiden furchtbar wurden, ihren Herrschern und ihren Feinden; die Strenge der militärischen Führung wurde lasch und durch Constantins willkürliche Verfügungen schließlich außer Kraft gesetzt; und eine Sintflut von Barbaren überschwemmte das Römische Reich.

Edward Gibbon,
The History of the Decline and Fall of the Roman Empire, 1776/89[8]

Kapitel 1

Seneca und seine Zeit

Da der Titel dieses Buchs auf einer Bemerkung des römischen Philosophen Seneca beruht, scheint es angemessen, mit dem Untergang des Römischen Reichs zu beginnen, einem Kollaps, den wir als die »Mutter aller Zusammenbrüche« bezeichnen könnten.

Ich behaupte in diesem Buch nicht, für jedes Detail dieses komplexen Themas endgültige Antworten zu haben; ich widme mich vielmehr der Frage, wie es unter Systemaspekten behandelt werden kann, das heißt unter Berücksichtigung der inneren Rückkopplungseffekte, die das Funktionieren des jeweiligen Systems steuern.

Seneca war in jeder Hinsicht das, was man gemeinhin als einen erfolgreichen Mann bezeichnet: Er war reich und einflussreich, zunächst Lehrer, dann sogar Berater Kaiser Neros. Durch allmählich wachsenden Wohlstand wurde Seneca zu einem der wohlhabendsten Männer seiner Zeit. Doch dann riss sein Glücksfaden, plötzlich und unerwartet: Erst fiel Seneca bei Nero in Ungnade, dann musste er aus der Politik ausscheiden und sich ins Privatleben zurückziehen. Bald darauf wurde er beschuldigt, an einer Verschwörung beteiligt zu sein, die angeblich darauf zielte, Nero zu töten und Seneca selbst an seiner statt zum Kaiser zu machen. Wir wissen nicht, ob er tatsächlich etwas Derartiges plante, aber allein der Verdacht veranlasste Nero, ihm die Selbsttötung zu befehlen. Seneca fügte sich seinem Kaiser und schnitt sich die Pulsadern auf, eine damals übliche Methode, sich das Leben zu nehmen. Es war ein schnelles Ende nach einem langen, von Erfolgen gekrönten Leben und wir können diese Geschichte als hervorragende Illustration dessen sehen, was Seneca an seinen Freund Lucilius geschrieben hatte: »Wachstum schreitet langsam voran, der Ruin aber kommt rasch.«

Abbildung 2 Lucius Annaeus Seneca, 4 v. Chr. bis 65 n. Chr.[9]

Betrachtet man die Menschheitsgeschichte oder auch nur manch' individuelle Entwicklung, so kommt man nicht umhin, diesem Satz eine gewisse »Gesetzmäßigkeit« zuzuschreiben; ich bezeichne Ereignisse, die diesem Muster folgen, in diesem Buch daher als »Seneca-Effekt«.

Senecas rascher Weg in den Ruin spiegelt gleichsam den Untergang Roms. Im ersten Jahrhundert unserer Zeitrechnung, zur Zeit Senecas, war das Römische Reich noch ein machtvolles und majestätisches Gebilde. Aber es wies bereits Risse auf, die den künftigen Kollaps ankündigten. Der erste düstere Hinweis auf die schlechten Zeiten, die bevorstanden, war womöglich die Schlacht im Teutoburger Wald im Jahr 9 n. Chr., als drei römische Legionen in einen Hinterhalt gerieten und von einem Bündnis germanischer Stämme aufgerieben wurden. Für die Römer war dies mutmaßlich ein ähnlich großer Schock wie für die moderne westliche Welt der Anschlag auf das World Trade Center in New York am 11. September 2001. Aus Sicht der alten Römer stand eine Niederlage durch die Hand einer Bande behaarter, ungewaschener Barbaren im Widerspruch zu den Regeln des Universums; sie war schlicht unmöglich. Aber sie war real und Kaiser Augustus, ein genialer Politiker, nutzte die Niederlage mit einer beispiellosen propagandistischen Meisterleistung für sich. Er ließ das Gerücht verbreiten, die Niederlage habe ihn so getroffen, dass er nachts durch den Palast wandere und vor sich hin murmle: »Varus, Varus, gib mir meine Legionen wieder!« Damit war die Rolle der Kaiser als Verteidiger der Römer für die restliche Lebenszeit des

Römischen Reichs besiegelt, die sich noch über ein halbes Jahrtausend erstrecken sollte.

Der Fall Roms vollzog sich indes so langsam und allmählich, dass einige moderne Historiker nicht von einem Zusammenbruch sprechen mögen, sondern von einem kulturellen Wandel. Dennoch: Der Kollaps war real und weitaus mehr als ein Wandel der politischen Struktur des Reichs oder der kulturellen Gewohnheiten der Römer. Wie viele wirtschaftliche Parameter den Abwärtstrend anzeigten, kann man in Werken wie *The Cambridge Economic History of the Greco-Roman World* in allen Details nachlesen.[10] So ging etwa der Seehandel deutlich zurück, wie die abnehmende Zahl der Schiffswracks zeigt. Der Handel insgesamt verfiel. Dass sich die Ernährung der Römer veränderte, lässt sich an der geringeren Zahl von Tierknochen in den Müllhalden ablesen, was darauf schließen lässt, dass die Römer weniger tierisches Eiweiß zu sich nahmen. Es gibt auch Hinweise darauf, dass das Ausmaß der Blei- und Kupferkontamination zurückging,[11] was den Schluss zulässt, dass sich auch die metallverarbeitende Industrie auf einem absteigenden Ast befand.

Die Römer selbst hinterließen ergreifende Schilderungen des Niedergangs. Nicht dass sie die Vorgänge wirklich verstanden hätten; der einzige Autor der Antike, der eine Vorahnung in diesem Sinne hatte, war wohl Tertullian (ca. 150 bis 230 n. Chr.), dessen Werk *De Anima* wir die vielleicht erste Schilderung des Phänomens der »Überbevölkerung« verdanken. Die Autoren der spätrömischen Zeit beklagten die schlechte Lage, schrieben sie aber durchweg Zufallsfaktoren zu. Ferner findet man keinerlei Hinweis darauf, dass an und mit der Verwaltung des Reichs grundsätzlich etwas nicht in Ordnung war. In der Zeit um 420 bis 430 n. Chr. verfasste der römische Patrizier Rutilius Claudius Namatianus ein Gedicht mit dem Titel *De Reditu Suo* (Von seiner Rückkehr), eine schaurige Schilderung seiner Reise entlang der italienischen Küste, nachdem er aus Rom geflohen war, um auf seinen Besitzungen in Gallien Zuflucht zu suchen. Wir lesen darin von verlassenen Städten, zerstörten Straßen, heruntergekommenen Befestigungsanlagen – kurz: allgegenwärtigem Verfall. Leider fehlt dem überlieferten Textfragment der Schluss, sodass wir nicht erfahren, was Namatianus bei seiner Ankunft in Gallien vorfand. Wir können es uns aber vorstellen, wenn wir einen etwas späteren Autor, Paulinus von Pella, einen wohlhabenden römischen Großgrundbesitzer, heranziehen. In seinem Werk *Eucharisticos* (Danksagung), wahrscheinlich um das Jahr 420 verfasst, berichtet Paulinus, wie er verzweifelt versucht, seine riesigen Besitzungen in Europa zusammenzuhalten, und wie der Niedergang von Recht und Ordnung dazu führte, dass er praktisch sein ganzes Hab und Gut an plündernde Barbaren verlor.

Trotz des wirtschaftlichen Verfalls, der vermutlich mit einem Bevölkerungsrückgang verbunden war, konnte das Römische Reich seine politische Struktur bis in die Mitte des 5. Jahrhunderts, wenn auch unter wachsenden Schwierigkeiten, am Leben erhalten. In den ersten Jahren des 5. Jahrhunderts, vielleicht auch schon früher, wurden die Mauern und Befestigungsanlagen an den Grenzen des Reichs (teilweise als »Limes« bezeichnet, obwohl die Römer selbst diesen Begriff nicht verwendeten) größtenteils aufgegeben. Im Jahr 410 wurde Rom von den Goten geplündert, ein Ereignis, das die (damals bekannte) Welt erschütterte und Augustinus, Bischof der nordafrikanischen Stadt Hippo, veranlasste, sein Werk *Über den Gottesstaat* zu verfassen, das heute noch Leser findet. Während sich Rom davon noch erholen konnte, wurde die Stadt im Jahre 455 erneut geplündert, diesmal von den Vandalen, die sich dabei große Mengen an Gold und Silber und ihren schlechten Ruf sicherten, der ihnen bis in die Gegenwart anhaftet. Von da an war das Weströmische Reich nur noch ein Schatten seiner selbst und trat innerhalb weniger Jahrzehnte als politisches Gebilde von der Weltbühne ab. Ostrom hielt sich wesentlich länger und konnte sogar für kurze Zeit Italien zurückerobern, aber der Wiederaufbau des Weströmischen Reichs sollte ihm nicht gelingen.

Rom wurde der Sage nach im Jahr 753 v. Chr. gegründet; bedenkt man, dass das Reich irgendwann im 2. Jahrhundert n. Chr. seinen Höhepunkt der Machtentfaltung erreichte, kann man dem Römischen Reich einen rund tausend Jahre langen Aufstieg attestieren, dem ein nur zwei bis drei Jahrhunderte währender Verfall gegenübersteht – ein gutes Beispiel für den »Seneca-Effekt«. Um aber zu verstehen, wie ein Imperium kollabiert, müssen wir uns klar machen, worauf seine Existenz gründet.

Kapitel 2

Wieso gibt es eigentlich Weltreiche?

In der Geschichte der Menschheit ist das Phänomen des Weltreichs vergleichsweise neu. Mit dem Beginn des Holozän vor rund 12.000 Jahren entwickelte sich die Landwirtschaft, unsere Vorfahren begannen, Städte zu gründen, bearbeiteten Metall, lernten schreiben, schufen Kunstwerke und vieles mehr. Aber es dauerte Jahrtausende, bis Gebilde entstanden, die wir als Weltreiche oder Imperien bezeichnen. Das erste politische Konstrukt, das der modernen Idee des Imperiums nahekommt, wurde um 2300 v. Chr. von einem Warlord namens Sargon in Mesopotamien begründet, der die meisten der unabhängigen Stadtstaaten der Region eroberte und schließlich beherrschte. Über dieses uralte Reich wissen wir wenig, außer dass, wie bei den meisten späteren Imperien, auf eine ruhmreiche Serie von Siegen und Eroberungen ein Niedergang folgte, der zu seinem Zusammenbruch und Verschwinden führte; abgelöst durch ein Kommen und Gehen anderer großer Reiche in der Region. Imperien hinterlassen jedoch ein kulturelles Erbe, das ihre Lebensspanne als politisches Gebilde bei Weitem überdauern kann. Dem ersten Imperium der Menschheitsgeschichte verdanken wir beispielsweise die geistigen Hinterlassenschaft von Sargons Tochter En-hedu-anna, Prinzessin, Priesterin und Dichterin. En-hedu-anna war wohl die erste, namentlich bekannte Autorin der Geschichte; ihre Gedichte wurden auf Tontafeln festgehalten, die bei modernen archäologischen Ausgrabungen zutage kamen und wundersamerweise noch heute zu entziffern sind.[12]

Was also ermöglichte Imperien und machte sie letztlich zu einem verbreiteten Phänomen? Warum bestanden menschliche Gesellschaften fortan nicht mehr aus einander bekämpfenden, unabhängigen und räumlich begrenzten Stadtstaaten, sondern aus zentral verwalteten Staaten mit großen Armeen?

Zunächst einmal sind Imperien teure soziale Gebilde, die ohne einen stetigen Zustrom von Ressourcen nicht existieren können. In der Antike bildete die Landwirtschaft die Grundlage aller komplexen menschlichen Gesellschaften, aber es ging nicht nur darum, die Bürger zu ernähren, sondern auch Lebensmittel zu konservieren und zu lagern. Wir alle kennen die biblische Geschichte von den sieben fetten und den sieben mageren Kühen, von denen der ägyptische Pharao träumte, und von Moses' Rat, Getreide für die bevorstehenden mageren Jahre aufzubewahren. Darin lag der Keim für die Wirtschaftsform des Kapitalismus – und für Begehrlichkeiten und Diebstahl im großen Maßstab: Sobald sich irgendwo Kapital akkumulierte, war damit zu rechnen, dass anderswo jemand plante, es zu stehlen. Was spätestens damit auch in der Welt war, war die Idee des »Krieges«, in der Antike (und in weiten Teilen Europas auch danach) ein wohl allgegenwärtiges Phänomen. Aber Kriege führen nicht unbedingt zu Imperien, es sei denn, jemandem gelingt es, eine Streitmacht aufzustellen, die nicht an einen einzelnen Stadtstaat gebunden ist. Im heutigen Sprachgebrauch heißt es, Krieg sei eine Frage der *Führung*, und die Basis der Führung ist *Kommunikation* bzw. *Nachrichtenaustausch*. Damit kennen wir die fundamentalen Elemente, die Imperien möglich mach(t)en.

Die einfachste antike Kommunikationstechnik wurde durch den Einsatz von Boten ermöglicht. Diese waren zunächst am effektivsten, wenn sie hoch zu Ross unterwegs waren. Berittene Boten gab es seit dem dritten, vorchristlichen Jahrtausend, und zwar zuerst in Mesopotamien. Unabhängig von der Art, sich fortzubewegen, mussten Informationen aber auch in materieller Form existieren und »transportierbar« sein, denn das Gedächtnis der Boten erreichte irgendwann natürlich seine Grenzen. Mutmaßlich war dies einer der Gründe für die Entwicklung der Schrift: eine Kommunikationstechnik, die unabhängig voneinander in verschiedenen Weltregionen ebenfalls im 3. vorchristlichen Jahrtausend auftauchte. So konnten schriftliche Botschaften des Königs oder Herrschers von einem Boten in ferne Regionen des Reichs getragen werden, um dort laut verlesen zu werden, was den Eindruck erweckte, als wäre der Herrscher persönlich anwesend.

Natürlich unterwarf sich niemand freiwillig oder gerne einer fremden Macht, ohne vorher nach besten Kräften gegen sie zu kämpfen, ganz gleich welch wohlklingende Worte ein berittener Bote auch verlesen mochte. Deshalb benötigten Großreiche wirksamere Methoden, um der Bevölkerung ihre Wünsche mitzuteilen. So gesehen ist Krieg eine Form der Kommunikation – zweifellos brutal, aber mit einer klaren Botschaft: Unterwerft euch oder ihr werdet getötet! Durch eine schlagkräftige Armee vermittelt, wurde diese Botschaft auch gehört – und wohl oder übel verstanden. Eine erfolgreiche Armee aufzustellen und sie zur Eroberung ferner Gebiete zu entsenden, erforderte Ressourcen – Waffen und Proviant –, aber der springende Punkt war ihre Führung: Wie konnte ein Herrscher Soldaten davon überzeugen, den Feind zu bekämpfen und, vielleicht noch schwieriger, einander nicht um der Beute willen an den Kragen zu gehen? Das Problem der Führung war zur Zeit der ersten Imperien bereits wohlbekannt. Führung hat viel mit Autorität zu tun und die antiken Könige und Herrscher eigneten sich zweifellos den entsprechenden Duktus an, indem sie auf Insignien von Macht und Größe wie prachtvolle Gewänder, Kronen und Edelsteine setzten; Zepter und weitere Requisiten machten sie sicherlich zu beeindruckenden Gestalten. Aber unabhängig davon, wie majestätisch ein Lokalfürst auftrat, seine äußere Erscheinung allein hätte wohl kaum gereicht, um Menschen zu überzeugen, ihre Heimat zu verlassen und an fernen Orten zu kämpfen, wo sie Gefahr liefen, in Stücke gehackt zu werden. Führung ist nicht nur eine Frage der Autorität, ein Anführer muss auch motivieren. Für diese Herausforderung fand sich schon in frühester Zeit ein wirkungsvolles Mittel: Um Männer für den Kampf zu gewinnen, musste man sie nur entsprechend bezahlen. Und damit war eine weitere Technik notwendig, die wir heute »Geld« nennen und die sich zum entscheidenden Element entwickeln sollte, das Imperien möglich machte.

Mit dem 3. vorchristlichen Jahrtausend erscheint Geld im Nahen Osten und in China in Gestalt von Edelmetallen, die fortan nicht mehr nur wegen ihres Werts als Dekorationsmaterial gehandelt wurden, sondern als Tauschmittel dienten. Im Laufe der Zeit bildete sich dank all dieser neuen Techniken und Errungenschaften ein weiträumiges Netz von Handelswegen heraus. Gleichzeitig wurden Metalle zur bevorzugten Beute von militärischen Raubzügen und ihre Umverteilung schuf und erhielt die großen Heere, die ehrgeizige Warlords um sich scharten. Ab dem 7. vorchristlichen Jahrhundert sehen wir die zarten Anfänge des Münzwesens. Auch aus militärtechnischer Sicht war dies ein großer Fortschritt, weil es von nun an möglich war, jeden einzelnen Kämpfer mit dem ihm zustehenden Sold zu bezahlen. Am Verhaltensmuster der Imperien änderte dies indes wenig: Sie blieben Raubtiere, dazu da, die Ressourcen ihrer Feinde zu verschlingen, allen voran deren Edelmetalle.

Um die Mitte des 3. vorchristlichen Jahrtausends waren alle nötigen Techniken vorhanden und die Bühne für den Auftritt der Imperien bereitet. Sie bildeten sich überall auf der Welt: im Mittelmeerraum, in China, Indien, Südamerika und Mexiko. In dieser Epoche sehen wir größere Armeen als je zuvor, die sich, ausgerüstet mit bis dato beispiellosen Waffen, nie dagewesener Taktiken und Strategien bedienten. Die Armeen eroberten Städte, brannten Gebäude nieder, töteten Menschen, stahlen Güter und versklavten Gefangene. Vor allem aber schufen sie Imperien: große, zentral verwaltete soziale Gebilde, zumeist regiert von jemandem, der auf einem Thron sitzt, sich mit Edelsteinen schmückt, aufwendig verzierte Waffen trägt und behauptet, der Sohn eines übernatürlichen Wesens und daher selbst etwas Besonderes zu sein. Diese überlebensgroßen Gestalten hielten sich zahlreiche Frauen, forderten bedingungslosen Gehorsam, wenn nicht sogar Anbetung, und waren häufig grausam, rachsüchtig und nicht selten auch in sexueller Hinsicht abnormal veranlagt. Aber daran hat sich auf dem Weg in die Neuzeit nicht viel geändert.

Imperien kommen und gehen in Zyklen, wobei jedes neue Reich behauptet, das größte, beste und von Gott am meisten begünstigte zu sein, das in alle Ewigkeit bestehen wird; nur um nach einer Weile zu Staub zu verfallen, nachdem die glorreiche Armee geschlagen ist, die unbesiegbaren Herrscher entthront und die ewigen Städte geplündert und niedergebrannt sind. Dann taucht ein anderes Reich auf, um den Zyklus fortzusetzen. In der modernen Welt haben wir es weiterhin mit Imperien zu tun, obwohl wir uns seltsamerweise scheuen, diese Bezeichnung auf das gewaltige Militär- und Handelsimperium anzuwenden, das wir »Globalisierung« nennen. Vielleicht liegt es daran, dass der Weltherrscher, der in Washington residiert, weder Purpur trägt noch als Halbgott firmiert oder (bisher jedenfalls) ihm zu Ehren Opfer fordert. In der langen Reihe der Imperien und Königreiche, die wie Ebbe und Flut das Gebiet des Mittelmeerraums und des Nahen Ostens beherrschten, hielten sich manche länger als andere, aber keinem gelang es, mehr als nur einen kleinen Teil desjenigen Gebiets zu kontrollieren, das in Reichweite lag. Das änderte sich erst mit dem Aufstieg Roms.

Um die Mitte des 1. vorchristlichen Jahrtausends war Rom noch eine kleine Stadt in einer abgelegenen Region, die hauptsächlich für ihre rauen, ungehobelten Kämpfer bekannt war, die es zufrieden waren, sich für Kupferklumpen (sogenannte *aes rude* – Rohbronze) in die Schlacht zu stürzen, während ihre anspruchsvolleren Kollegen im Osten bereits Silbermünzen forderten. Aber bald schluckte Rom seine Nachbarn, einen nach dem anderen. Es wurde größer, mächtiger, reicher und aggressiver und eroberte schließlich den Großteil der Landstriche rund ums Mittelmeer. Rom wurde zum ersten Weltreich und dehnte sich bis zu einer Größe aus, die für eine Zentralverwaltung mit der damals verfügbaren Transportinfrastruktur zu regieren war.

Mehrere Ursachen trugen zur Machtfülle Roms bei, aber die wichtigste war wohl, dass die Römer in der Lage waren, die Versorgung mit Ressourcen mittels eines Logistiksystems zu steuern, das bis in die Neuzeit seinesgleichen suchte. Antike Städte waren weitgehend auf lokal erzeugte Lebensmittel angewiesen, um ihre Bevölkerung zu ernähren, und das war der wichtigste Faktor, der ihrem Wachstum Grenzen setzte.[13] Die Städte hatten zudem mit den unvermeidlichen Unwägbarkeiten der landwirtschaftlichen Produktion zu kämpfen, etwa Dürren oder Schädlinge. Die Größe antiker Städte hing also sehr stark davon ab, ob es ihnen gelang, Nahrungsmittel aus fernen Regionen und nicht nur von den umliegenden Feldern einzuführen. Hierfür war der Seeweg das beste Mittel der Wahl. Der Transport auf Schiffen war sehr viel kostengünstiger als der Einsatz von Packtieren und Karren. Die Kosten für Weizen erhöhten sich pro 100 Meilen Transportweg auf der Straße um 40 Prozent, während Getreide pro 100 Meilen nur um 1,3 Prozent teurer wurde, wenn es per Schiff transportiert wurde.[14] Tainter berichtet in seinem Buch *The Collapse of Complex Societies*[15] vom Höchstpreisedikt Diokletians aus dem Jahr 301 n. Chr., demzufolge der Transport auf der Straße 28- bis 56-mal teurer war als auf dem Seeweg.

Antike Städte, die sich über den Seeweg versorgten, erreichten oft eine Bevölkerungszahl von mehr als 100.000 Einwohnern; Rom aber übertraf sie mit einer Einwohnerzahl von über einer Million alle.[16] Mit ihrem Seefrachtsystem konnten die Römer ihre Hauptstadt und andere Küstenstädte mit Getreide beliefern, das in Nordafrika oder dem Nahen Osten angebaut wurde. Es unterschied sich nicht wesentlich von den durch frühere Imperien entwickelten Systemen, aber es war größer angelegt und besser organisiert als alle vorherigen. Für die Römer war das System so wichtig, dass es als göttliches Wesen betrachtet wurde – »Annona«, eine Art Fruchtbarkeitsgöttin, die Lebensmittel für die Bürger Roms bereitstellte, und das Jahr für Jahr, wie das lateinische Wort *annum*, Jahr, unschwer erkennen lässt. Zweifellos waren die Römer tapfere und tüchtige Krieger, aber das allein hätte nicht gereicht. Sie waren zudem einfach zahlreicher als ihre Gegner und dank des zuverlässigen Annona-Systems konnten sie eine derart große Bevölkerung (mit einer entsprechend großen Armee) auch ernähren.

Die Macht Roms beruhte jedoch auf einer weiteren erfolgreichen Technik: Geld als Werkzeug militärischer Führung. Wenn auch das

Geld nicht von den Römern erfunden wurde, waren sie doch diejenigen, die es in einem bis dato beispiellosen Maßstab einsetzten. Im römischen Militärsystem gab es zwei Arten von Einheiten: die Legionen und die Hilfstruppen, die sogenannten *auxilia*. Die Legionen, in denen nur römische Bürger dienten, waren das Rückgrat der kaiserlichen Truppen. Bis zu einem gewissen Grad fochten die Legionäre aus Patriotismus, dennoch mussten auch sie bezahlt werden. Die *auxilia* hingegen bestanden aus Nichtrömern und kämpften nur des Geldes wegen. Damit war die römische Streitmacht nicht durch die Größe der römischen Bevölkerung begrenzt; mit dem Einsatz der *auxilia* konnte sie in dem Maße ausgeweitet werden, wie es die staatlichen Finanzmittel erlaubten.

Wie wir gesehen haben, wurden die Kämpfer mit Geld bezahlt und dafür benötigte man wiederum Metall. Schon bald waren die *aes rude* für die Größe und die Ambitionen der römischen Armee nicht mehr ausreichend, doch schon im 3. Jahrhundert v. Chr. kontrollierten die Römer die Goldminen der Alpen in der heutigen Schweiz und verfügten damit über hinreichende monetäre Mittel, um sich die Vormachtstellung im westlichen Mittelmeerraum zu sichern. Mit dem Sieg über das nordafrikanische Karthago, die einzige Macht, die ihnen Widerstand leisten konnte, gewannen sie Spanien und damit Zugang zu dessen reichen Goldminen. Mit diesem Gold bauten sie ihre Macht noch weiter aus – ein klassisches Phänomen der positiven Rückkopplung. Innerhalb weniger Jahrhunderte überzogen römische Armeen Europa, Nordafrika und den Nahen Osten wie ein militärischer Tsunami, der Königreiche und Republiken hinwegspülte und sie in römische Provinzen verwandelte. Im 1. nachchristlichen Jahrhundert war das Imperium Romanum, wie es nun offiziell hieß, das größte, wohlhabendste und mächtigste Reich, das es bisher im westlichen Teil Eurasiens gegeben hatte.

Wir können uns nun in etwa ausmalen, was für ein Geschöpf das Römische Reich war: ein typisches komplexes System, strukturiert und hierarchisch; ein ausgeklügeltes Gewebe von Interaktionen, ermöglicht durch ein Verkehrsnetz aus Straßen, Häfen und Seewegen, über das sich Menschen, Güter und Armeen bewegten. Gesteuert wurde es vom Kaiserhof zu Rom mittels eines Finanzsystems, das den Verkehr von Gütern, Dienstleistungen und Armeen durch Gesetze, Bürokratie und Geld lenkte. Das Römische Reich wies wie alle Imperien einige Charakteristika eines Lebewesens auf: Es konnte sein Netzwerk aus Knoten und Verknüpfungen neu arrangieren, um auf Störungen und Einflüsse von außen in verschiedenster Art und Weise zu reagieren, unter anderem durch Abwehr, Rückzug, Anpassung, Ausweitung und noch einige Strategien mehr.

Die moderne Gesellschaft hat viel von den Römern geerbt: Gesetze, Philosophie, Kunst und ein allgemeines Verständnis davon, was Zivilisation unserer Meinung nach sein sollte. Auch ihre Sprache – Latein – haben wir übernommen und adaptiert, und noch heute halten wir es für vornehm und gebildet, ihr, wenn auch selten, den Vorzug vor unserer modernen Alltagssprache zu geben. Bis vor hundert Jahren war das Römische Reich immer noch so populär, dass sich die russischen Herrscher den Titel »Zar« gaben, abgeleitet vom Namen des ersten römischen Kaisers, und sie nannten Moskau das »Dritte Rom«. Auch war es in den 1930er-Jahren in Italien Mode, eine römische Toga und eine seltsame römische Axt namens *fasces* zu tragen. Dahinter stand der Gedanke, dass das kleine italienische Reich von damals den Ruhm und die Macht des Römischen Reichs der Antike wieder aufleben lassen würde. Die Geschichte macht mit solchen Träumen kurzen Prozess, und alles, was dieses italienische Reich auszeichnete, war und ist, dass es womöglich das kurzlebigste Imperium der Geschichte gewesen ist.

Heute sind diese Vorstellungen weitgehend vergessen, nachdem die Globalisierung viele Kulturen einander nähergebracht hat, die sich nicht auf römische Ahnen berufen. Aber die Vorstellung, das Römische Reich sei etwas Großes und Wichtiges gewesen, begleitet uns bis in die Gegenwart. Wenn das aber zutrifft, warum ist dann ein so gewaltiges Gebilde kollabiert und verschwunden? Und (und das führt uns zu einer weitaus beunruhigenderen Frage): Könnte der modernen Zivilisation ein ähnlicher Kollaps drohen?

Kapitel 3

Ein geradzu »klassischer« Kollaps

In seinem Monumentalwerk *Verfall und Untergang des römischen Imperiums* von 1776 schildert Edward Gibbon den Zusammenbruch Roms in erster Linie als militärische Talfahrt. Die militärische Schwäche wiederum führt er auf die Verbreitung einer dekadenten orientalischen Religion namens »Christentum« zurück, welche die Charakterstärke der Römer beeinträchtigt und ihnen den Willen genommen habe, ihre Feinde zu bekämpfen. Heute ist die Theorie, der Untergang des Römischen Reichs habe militärische Ursachen gehabt, immer noch eine weit verbreitete Deutung, aber keineswegs die einzige. Zahlreiche Autoren fühlten sich offenbar berufen, alle möglichen Erklärungen zu ersinnen; Alexander Demandt zählt in seinem Buch *Der Fall Roms* aus dem Jahre 1984 insgesamt 210 Theorien auf, darunter Bleivergiftung, Bolschewismus, Zölibat, kulinarische Ausschweifungen, jüdischen Einfluss, Hyperthermia, Orientalisierung und Terrorismus.[17]

Die Fülle an Theorien, die behaupten, sie könnten die Gründe für den Fall Roms erklären, zeigt, wie schwer die Funktionsweise der riesigen Gebilde, die wir »Imperien« nennen, zu begreifen ist. Um ehrlich zu sein, bleibt letztlich nicht nur die Frage unbeantwortet, warum sie zum Kollaps neigen, wir sind nicht einmal sicher, wie die Frage genau lautet. Suchen wir eine einzige Ursache? Oder forschen wir nach vielen Ursachen, die zusammenwirken? Gibt es einen einzigen Grund, der die Imperien der Vergangenheit zu Fall brachte? Oder sind es viele?

Auch nur einen Bruchteil dessen, was zu diesem Thema gesagt wurde, fundiert zu prüfen, wäre eine Herkulesaufgabe, der ich mich hier nicht einmal versuchshalber annehmen möchte. Aber an die Idee, dass das Römische Reich ein komplexes System war und sich als solches – innerhalb gewisser Grenzen – an Störungen von außen (bzw. »Forcings« oder Einflüsse, wie sie in der Systemwissenschaft heißen) anpassen konnte, lassen sich immerhin einige Überlegungen anknüpfen. Um den Untergang Roms zu erklären, suchen wir nach einem Einfluss, der stark genug war, um die Anpassungsfähigkeit des Systems außer Kraft zu setzen. Dieser Einfluss muss an sich nicht besonders stark sein, wie Sie vielleicht wissen, wenn Sie die in Ägypten populäre »Geschichte« um den letzten Strohhalm kennen, dessen Gewicht dem Kamel den Rücken bricht. Was hierdurch beschrieben wird, ist nichts anderes als das typische Verhalten komplexer Systeme, innerhalb derer kleine Ursachen große Wirkung haben und selbstverstärkend wirken können. Tritt dieser Effekt ein, wird es tatsächlich schwierig, in den Ereignissen eine schlichte Kette von Ursache und Wirkung zu identifizieren. Kann man wirklich sagen, der letzte Strohhalm sei die Ursache für den gebrochenen Rücken des Kamels? Nein, weil der Strohhalm allein nicht ausgereicht hätte. Aber wäre andererseits der Strohhalm nicht gewesen, würde das Kamel nicht zusammenbrechen. In einem komplexen System ist es normalerweise schwierig, spezifische Ursachen und Wirkungen zu erkennen, und es scheint ratsam, von Einflüssen *(forcings)* und Rückkopplungen zu sprechen und zu berücksichtigen, dass Letztere oft selbstverstärkend sind und nicht selten den Einfluss verschleiern, der sie ausgelöst hat.

Was also war der Strohhalm, der dem Römischen Reich den Rücken brach? Mehrere Ideen können wir ausschließen. Erstens wurde das Imperium nicht durch einen jähen Zusammenstoß mit einer überlegenen Militärtechnik ins Wanken gebracht, wie es dem Aztekenreich Moctezumas II. widerfuhr. In seiner gesamten Geschichte verfügte das Römische Reich über eine schlagkräftige Streitmacht, zumindest solange es keine internen Querelen gab. Selbst als das Imperium nur noch ein Schatten seiner selbst war, gelang es ihm noch, in der Schlacht auf den Katalaunischen Feldern 451 n. Chr. Attilas Hunnen zu besiegen. Dieser Sieg läutete das Ende des Hunnenreichs ein, aber er verhinderte nicht das Verschwinden Westroms als politisches Gebilde wenige Jahrzehnte später. Auch können wir ausschließen, dass der Klimawandel beim Untergang des Römischen Reichs eine Rolle spielte. Es ist zwar richtig, dass Dürren in einigen Fällen ganze Zivilisationen – wie etwa die der Maya[18] und vielleicht auch andere[19] – ausgelöscht haben könnten. Aber das europäische Klima blieb bis in seine letzten Jahre hinein ziemlich stabil.[20] Mehrere andere Erklärungen für den Fall Roms sind ebenfalls zweifelhaft, etwa die durchaus populäre Hypothese, die den Untergang des Reichs auf Bleivergiftung zurückführt.[21] Sie ist ganz einfach deshalb unwahrscheinlich, weil der Bleigehalt in römischen Knochen aus der Kaiserzeit nicht einmal halb so hoch war wie bei modernen Europäern.[22] Ebenso sind andere phantasievolle Erklärungen wie Völlerei oder der Verlust an Charakterstärke abzulehnen, insbesondere weil sie nicht durch reale Daten gestützt werden können.

Was bleibt also übrig? Eine Möglichkeit wäre, dass dem Imperium unverzichtbare Ressourcen ausgingen. Wie alle komplexen Systeme war das Römische Reich eine gigantische Maschine, die Energie benötigte, um zu funktionieren, Energie hauptsächlich in Form von Lebensmitteln für ihre Bürger. Im Prinzip zählt die Erzeugung landwirtschaftlicher Güter zu den erneuerbaren Technologien, aber es ist denkbar, dass ein wesentliches Element dafür ausgeht: fruchtbarer Boden. Die Humusschicht bewirtschafteter Felder ist empfindlich und kann durch Erosion abgetragen werden. Also könnte die Erschöpfung der Böden die Ursache für den Kollaps des Imperiums gewesen sein, so wie die Erschöpfung fossiler Brennstoffe unserem globalen Imperium zum Verhängnis werden könnte. Das wäre eine Erklärung, die völlig im Einklang mit unseren Kenntnissen über komplexe Systeme steht. Aber so einfach ist es wohl nicht.

In der Fachliteratur finden wir viele Studien über Bodenzerstörung in der Antike und deren Auswirkungen[23], aber dieses Phänomen wird eher selten als wesentlicher Treiber für den Zusammenbruch des Römischen Reichs beschrieben. Thomas Homer-Dixon vertritt in einer neueren Untersuchung, *The Upside of Down,*[24] die These, das Römische Reich sei an sinkenden landwirtschaftlichen Erträgen zugrunde gegangen. Homer-Dixon verwendet moderne Messgrößen aus der Biophysik nach dem Konzept der energetischen Amortisation (*Energy Return on Energy Invested*, EROI).[25] Dahinter steht die Hypothese, die Römer hätten ihren fruchtbaren Boden nach und nach übernutzt und hätten dann wegen der Bodenverarmung mehr Arbeit (Energie) aufwenden müssen, um denselben Ertrag (an Lebensmitteln = Energie) zu erhalten. Folglich nahm der EROI der imperialen Maschine ab. Das Römische Reich wurde zusehends schwächer und konnte sein früheres Komplexitätsniveau nicht mehr halten. Schließlich ging es zwangsläufig unter. Diese Erklärung zielt direkt auf den Kern des Funktionierens komplexer Systeme: keine Energie – keine Komplexität. Aber ist das tatsächlich mit dem Römischen Reich passiert?

Das Problem mit der Hypothese der sinkenden landwirtschaftlichen Erträge ist, dass sie sich nur schwer mit quantitativen Daten untermauern lässt. Homer-Dixon legt beeindruckende Daten zu den hohen Energiekosten für den Bau der gewaltigen Gebilde vor, die in der Blütezeit des Imperiums entstanden, vom Kolosseum bis zum Hadrianswall. In der Endphase des Römischen Reichs entstanden solche Bauwerke nicht mehr, aber lag das tatsächlich am Niedergang der Landwirtschaft? Das ist schwer einzuschätzen. Wir haben keine ausreichend verlässlichen Daten zur landwirtschaftlichen Produktion des Römischen Reichs; allenfalls können wir sagen, dass es, abgesehen von den letzten Jahrzehnten des Imperiums, keine Berichte über große Hungersnöte gab. Auch wissen wir, dass das römische System fast bis zu seinem Ende Nahrung produzierte, die auf dem Seeweg befördert wurde, und die Versorgung Roms mit Lebensmitteln erst zum Erliegen kam, als die Vandalen 455 n. Chr. die Stadt plünderten. Es gibt Hinweise auf einen Bevölkerungsrückgang, aber die Daten sind nicht belastbar genug, um zu zeigen, inwieweit dieser vor dem Untergang des Imperiums schon eine tragende Rolle spielte.[26] Und selbst wenn die Bevölkerungszahl in der Zeit des Imperiums sank, weist nichts darauf hin, dass sie schon vor dem Ende des Reichs drastisch eingebrochen wäre. Man beachte im Übrigen, dass die Bevölkerungsdichte in römischer Zeit erheblich geringer war als heute. Zum Beispiel lebten auf dem Gebiet des heutigen Italien zur Zeit des Augustus nur etwa 5 bis 6 Millionen Einwohner, während dort aktuell rund 60 Millionen Menschen leben. Mit nur einem Zehntel der heutigen Bevölkerung ist es durchaus möglich, dass die Erosion unter Kontrolle gehalten werden konnte, und es ist bekannt, dass dies in antiken Gesellschaften auch gelang, sofern sie nicht von Kriegen oder Unruhen daran gehindert wurden.[27] Nach all dem bisher Gesagtem scheint der politische Zusammenbruch vor dem landwirtschaftlichen Kollaps eingesetzt zu haben bzw. diesen verursacht zu haben, und nicht umgekehrt. Wir brauchen also eine Erklärung für den politischen Verfall.

Hier können wir auf einen Historiker zurückgreifen, der erstmals den Untergang Roms unter dem Aspekt der Komplexität untersuchte: Joseph Tainter. In seinem Buch *The Collapse of Complex Societies* aus dem Jahr 1988[28] stellt er fest, dass Komplexität ein notwendiger Faktor für die Selbsterhaltung großer sozialer Strukturen ist. Er bezieht sich dabei offenbar auf all diejenigen Strukturen, die für die Führung und Steuerung eines Systems wichtig sind: Polizei, Armee, Justiz, Bürokratie, der kaiserliche Hof und so weiter. Ferner merkt Tainter an, dass Komplexität Kosten verursacht, die mit wachsender Größe des Systems zunehmen und eine immer komplexere Kontrollstruktur benötigen. Der springende Punkt von Tainters These lautet: Komplexität bringt abnehmende Größenvorteile mit sich, eine Eigenschaft, wie sie auch für Wirtschaftssysteme beschrieben wird.[29] Das heißt: Wird das Steuerungssystem sehr groß, wachsen die Erträge nicht mehr proportional dazu an, sondern fallen im Gegenteil geringer aus (siehe Abbildung A1 im Anhang, Seite 285).

Aber wie hängt das Phänomen der abnehmenden Erträge mit dem Verfall und Kollaps von Zivilisationen und Imperien zusammen? Tainter zufolge versuchen Gesellschaften meist, die Probleme, vor denen sie stehen, durch Ausweitung ihrer Steuerungsstrukturen zu lösen. Zum Beispiel reagieren sie auf eine militärische Bedrohung in der Regel durch Vergrößerung ihrer Armee und genau das hat das Römische Reich getan. Das wiederum bedeutet, dass man Lebensmittel und Unterkunft für die Soldaten bereitstellen, die Kommandostruktur ausbauen, die kaiserliche Bürokratie ausweiten musste und anderes mehr. All das brachte enorme Kosten mit sich und irgendwann war der Punkt erreicht, an dem das Imperium die Last nicht mehr tragen konnte. Nach Tainters Ansicht haben alle Gesellschaften Schwierigkeiten, ihre Strukturen und damit ihre Komplexität abzubauen – und das galt auch für Rom. Die »erforderlichen« Strukturen werden im Lauf der Zeit immer kostspieliger und bringen letztlich irgendwann mehr Schäden als Nutzen mit sich. Mit anderen Worten, die Gesellschaft erstarrt und kann ihre Komplexität nur noch durch Kollaps abbauen. Hier scheint Tainter das Konzept des »Tipping Point« (Kipppunkt) aufzugreifen,[30] ein Merkmal komplexer Systeme, das sie (ab einem bestimmten Punkt) daran hindert, auf eine Störung von außen mit Anpassung zu reagieren.

Diese Deutung hat viel für sich und wir alle wissen, dass große Organisationen von einer zunehmenden Bürokratisierung erfasst werden und sich nicht mehr verändern können – man denke nur an eine beliebige moderne Regierungsbehörde. Für das Römische Reich liegen Daten vor, die zeigen, in welchem Maße die römische Armee in der imperialen Zeit anwuchs (siehe Abbildung 3, Seite 42).

Tainters Theorie passt gut zu der Beobachtung, dass komplexe Systeme auf den Kollaps zusteuern, sobald sie an ihre Grenzen stoßen und es ihnen zusehends schwer fällt, ihre vernetzten Strukturen aufrechtzuerhalten. Aber der Zusammenbruch des Römischen Reichs weist noch andere Merkmale auf, die wir untersuchen und verstehen sollten. Der springende Punkt ist hier, dass die ersten beunruhigenden Symptome schon deutlich vor Ende des 3. nachchristlichen Jahrhunderts auftraten, als Diokletian beschloss, die römische Armee auf ein offenbar unhaltbares Niveau aufzustocken. Schon im 1. nachchristlichen Jahrhundert hatte das Imperium aufgehört, die wundersame Militärmaschinerie zu sein, die es einmal gewesen war. Es fiel Rom allmählich schwer, Invasoren abzuwehren,

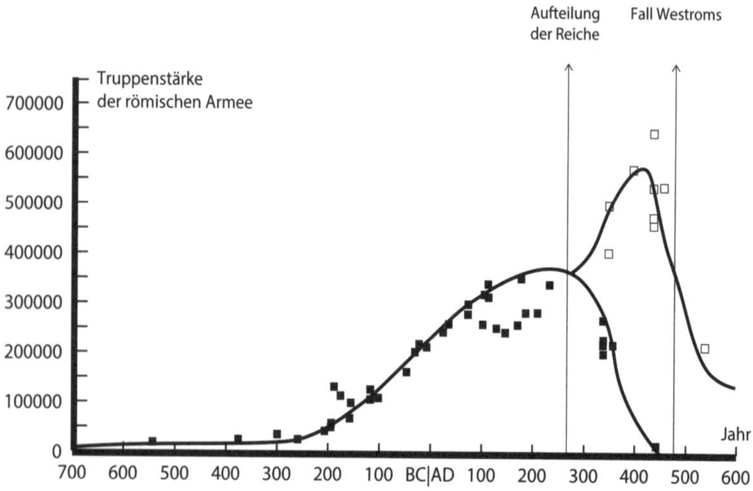

Abbildung 3 Auf und Ab in der römischen Armee. Diese Daten sind mit großer Vorsicht zu genießen, aber man beachte die »Seneca-Gestalt« des Zusammenbruchs.[31]

es erlitt herbe Niederlagen wie in der Schlacht im Teutoburger Wald im Jahr 9 n. Chr. und es hatte alle Ambitionen zu blitzkriegartiger Expansion aufgegeben, die in früheren Zeiten an der Tagesordnung gewesen waren. Aber im 1. und 2. nachchristlichen Jahrhundert war die Armee nicht wesentlich vergrößert worden. Also kann es auch keinen spürbaren Anstieg der Kosten für die Aufrechterhaltung der Komplexität gegeben haben, die im Sinne von Tainters Theorie interpretiert werden könnten. Und dennoch: Etwas setzte dem Imperium von innen zu – was war das?

Tainter selbst liefert uns die Antwort mit dem Verweis auf die Appelle der Kaiser der ersten beiden nachchristlichen Jahrhunderte: Aus ihnen geht hervor, dass sie meist mit massiven Geldproblemen zu kämpfen hatten und kaum über die Runden kamen. Über die Kassenlage des kaiserlichen Staatshaushalts ist wenig überliefert, aber das Problem zeigt sich deutlich sichtbar in den archäologischen Befunden, die eine Münzverschlechterung der römischen Währung, des Denarius, zeigen (siehe Abbildung 4).

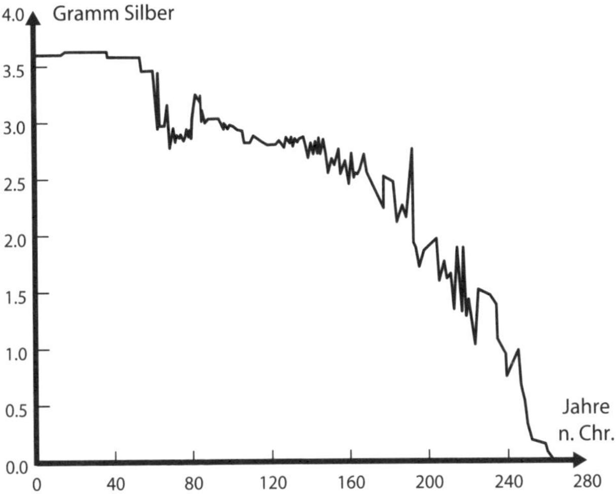

Abbildung 4 Der Silbergehalt des römischen Denarius. Im 3. Jahrhundert n. Chr. bestand der Denarius fast nur noch aus purem Kupfer.[32]

Eine mögliche Erklärung mögen die steigenden Ausgaben des Imperiums gewesen sein, was die Kaiser dazu zwang, immer mehr Münzen zu prägen. Aber in dieser Periode waren die Grenzen des Reichs gesichert, die Größe der Armee fast stabil und die meisten Herrscher verzichteten auf gefährliche militärische Abenteuer. Eine bessere und einfachere Erklärung könnte darin liegen, dass die Bergwerke in Nordspanien Silber nicht mehr in den gewohnten Mengen liefern konnten. Über die Produktion dieser Bergwerke liegen uns kaum direkte Daten vor, aber wir wissen, dass keine Mine ewig vorhält, und die Erschöpfung von Bodenschätzen scheint die logische Erklärung für die sinkende Produktion von Edelmetallen im Römischen Reich und die entsprechende Verschlechterung der Münzen zu sein. Dies ist keine gängige Deutung unter Historikern, zum Beispiel erörtern weder Tainter noch Homer-Dixon die Erschöpfung von Bodenschätzen, obwohl beide die Münzverschlechterung erwähnen. Das Problem ist offenbar, dass Erschöpfung in der Regel mit der Vorstellung verbunden ist, dass ein Rohstoff zur Neige geht, und das war bei den römischen Bergwerken nicht der Fall. Noch in der Neuzeit wurden in spanischen Minen erhebliche Mengen an Gold und Silber entdeckt, sodass sie um die Wende zum 20. Jahrhundert für einige Jahrzehnte wieder geöffnet und ausgebeutet wurden.[33] Wenn also die Bergwerke selbst Jahrhunderte später immer noch Edelmetalle enthielten, scheint es für ihren Schwund andere Gründe zu geben als Erschöpfung.

Aber Erschöpfung ist ein kniffliger Begriff und er hat wenig oder gar nichts damit zu tun, dass ein Rohstoff tatsächlich knapp wird oder gar ausgeht. Vielmehr geht es um die Frage von Kosten und Nutzen. Bergbau ist mit Kosten verbunden, die im Lauf der Zeit steigen, weil die Bergleute zunächst die leicht zugänglichen und hoch konzentrierten Erze ausbeuten. Zu Beginn ihrer Expansion bezogen die Römer ihr Gold aus »Seifenlagerstätten« in den Flüssen der Alpen und benutzten beim Abbau dieselbe Technik wie die Amerikaner während des kalifornischen Goldrauschs im 19. Jahrhundert. Ein Abbauverfahren, für das lediglich eine Goldpfanne benötigt wird, um Nuggets aus dem Sand der Flüsse zu waschen, war eine höchst lohnende Betätigung. Aber diese Quelle versiegte für die Römer (ebenso wie für die Goldsucher von 1849) schnell und sie mussten sich der weitaus schwierigeren und kostspieligeren Aufgabe zuwenden, Gold und Silber aus den schroffen nordspanischen Bergen zu gewinnen. Die Erze der Region waren reich an Gold, die Verarbeitung aber kostspielig, und die Römer mussten für die damalige Zeit komplizierte Abbautechniken entwickeln. Zu Anfang förderten sie eine Menge Gold, aber mit dem allmählichen Schwund der reichhaltigsten Erze konnten die Abbaukosten nur steigen. Ein weiteres Problem mag darin bestanden haben, dass mit der Entwaldung der Region rund um die Bergwerke das Holz knapp wurde, das die Minenarbeiter für den Stollenbau und die Schmelzprozesse brauchten.[34] Irgendwann kam wohl der Zeitpunkt, an dem die Produktionskosten für Gold und Silber höher waren als ihr Marktwert, und an diesem Punkt musste der Bergbau eingestellt werden.

Das ist Erschöpfung: Bergwerke werden nicht geschlossen, weil sie kein Erz mehr enthalten, sondern weil sie nicht mehr rentabel sind. Es überrascht nicht, dass die Goldminen in Nordspanien in der Neuzeit wieder ausgebeutet wurden. Mit Dampflokomotiven und Bohrmaschinen hatten die modernen Bergleute Möglichkeiten, von denen römische Minenarbeiter der Antike nur träumen konnten, und es war zu dieser Zeit erneut lukrativ, Erz zu fördern, dessen Abbau für die Römer zu teuer geworden war. War es also die Erschöpfung der Goldminen, die in der Zeit des Römischen Reichs so stark voranschritt, dass sie zu einem Mangel an Edelmetallen führte und sich im abnehmenden Silbergehalt römischer Münzen widerspiegelte? Eine Frage bleibt jedoch auch mit dieser Erklärung noch offen: Metalle lösen sich nicht in Luft auf. Vorausgesetzt, die spanischen Bergwerke hatten ihre Gold- und Silberproduktion tatsächlich eingestellt – was war mit dem bereits geförderten Metall passiert?

An diesem Punkt verknüpft sich die Geschichte des Römischen Reichs mit jener der in China herrschenden Han-Dynastie am anderen Ende Eurasiens. Die Entfernung zwischen beiden Reichen war so groß, dass es lange Zeit keine Kontakte zwischen ihnen gab. Das änderte sich jedoch mit einer technischen Revolution, die wir heute oft nicht genügend würdigen: dem Einsatz von Lasttieren für den Transport. Im 21. Jahrhundert sehen wir den Warentransport durch Esel und Kamele als primitive Technik an, vergessen dabei jedoch, dass Karren und Fuhrwerke Straßen benötigen, deren Bau und Unterhalt teuer ist. Lasttiere hingegen kommen auch ohne sie voran, sie bewältigen Gebirgspässe, Flüsse, Wüsten und anderes Terrain. Manche Tiere sind besonders robust und kommen über lange Strecken mit wenig Nahrung und Pflege aus. Die Domestizierung eines dieser Tiere, des Kamels, in den ersten Jahrhunderten unserer Zeitrechnung stellte eine wahre Revolution im Transportwesen dar.[35] Nicht dass ein einzelnes Kamel die Strecke von Europa nach China bewältigt hätte, aber bereits im ersten vorchristlichen Jahrhundert waren Straßen und Pfade in Zentralasien zu einem Handelsweg zusammengewachsen, der es erlaubte, Güter von einem Ende Eurasiens zum anderen zu bewegen. Aber dieser Handelsweg bestand nicht nur aus Pfaden für Karawanen, sondern umfasste auch eine Schiffsroute, die vom Roten Meer nach Indien führte und von dort weiter nach China und wieder zurück. Das chinesische und das Römische Reich standen nun, wenn auch indirekt, miteinander in Kontakt. Und das hatte langfristig verheerende Folgen für das Römische Reich.

Der lange Weg, der die Mittelmeerregion mit China verband, wurde aus gutem Grund als »Seidenstraße« bezeichnet. Die Chinesen hatten die Technik der Seidenproduktion aus den Kokons von Maulbeerspinnern wahrscheinlich schon im 2. (oder sogar schon im 3.) vorchristlichen Jahrtausend entwickelt. Damit war ein Stoff geschaffen, der konkurrenzlos war, solange für Kleidung nur Wolle und Leinen zur Verfügung standen. Lange Zeit hüteten die Chinesen das Geheimnis dieser Technik streng und die Begehrlichkeit der Römer wuchs, sobald Seide auf der Seidenstraße den Weg nach Westen nahm. Lucius Annaeus Seneca selbst empfand es als seine Pflicht, die Gewohnheiten der Römerinnen zu brandmarken, und zeigt mit seinem Tadel, wie wichtig Seide zu seiner Zeit geworden war:

> *Ich sehe seidene Gewänder, wenn sie die Bezeichnung Gewänder verdienen, an denen nichts ist, womit man sich schützen kann, entweder den Körper oder überhaupt die Scham; wenn eine Frau sie angelegt hat, wird sie mit zu wenig gutem Gewissen schwören, sie sei nicht nackt. Sie werden um einen riesigen Betrag von auch für den Handel unbekannten Völkern herbeigeschafft, damit unsere Damen nicht einmal ihren ehebrecherischen Liebhabern mehr von sich im Schlafzimmer als in der Öffentlichkeit zeigen.*

Natürlich wurde auf der Seidenstraße nicht nur mit Seide gehandelt, sondern auch mit Gewürzen, Elfenbein, Perlen, Edelsteinen und vielem mehr. Aber Seide kann durchaus die Ware gewesen sein, die den finanziellen Ruin des Imperiums heraufbeschwor. Bei jedem Handel fließen Güter in beide Richtungen; irgendetwas mussten die Römer den Chinesen im Tausch gegen die Seide also geben. Aber von den im Römischen Reich produzierten Gütern konnten weder

Getreide noch Legionen bis nach China exportiert werden. Damit blieben nur Gold und Silber als Bezahlung für die von Rom eingeführte Seide. Nicht dass es im China der Antike an Goldminen gefehlt hätte; im Gegenteil, die Chinesen besaßen zahlreiche Bergwerke.[36] Aber sie wurden offenbar von einem unersättlichen Verlangen nach Edelmetallen geplagt und so tauschten sie gern ihre Seide gegen das Gold und Silber aus dem fernen Europa. Zum Problem wurde dieser Umstand als die Produktion der römischen Minen zurückging, denn von da an sorgte der Handel mit China für den allmählichen Abfluss der im Lauf der Zeit angesammelten Edelmetalle. Das kann letztlich ein destruktives Rückkopplungsphänomen ausgelöst haben: Deflation. Die Menschen bemerkten, dass Edelmetalle knapp und teurer wurden, und begannen, Gold und Silber zu horten, in der Hoffnung, dessen Wert würde noch weiter steigen. In vielen Fällen wurden Edelmetalle an Stellen vergraben, wo sie heute von modernen Schatzsuchern entdeckt werden. Das Verschwinden großer Mengen an Edelmetallen im Erdboden mag vielleicht sogar der Grund für die Beliebtheit mittelalterlicher Legenden von Drachen und anderen Fabelwesen sein, die in ihren Höhlen sagenhafte Schätze hüteten.[37]

Auch wenn uns heutzutage eher die Sorge um eine drohende Inflation beschäftigt, ist und bleibt Deflation viel gefährlicher, weil sie mangels Währung den Handel unmöglich macht und damit das Gefüge der Gesellschaft an sich zerstören kann. Möglicherweise ist hier die Ursache für den Ruin des Römischen Reichs zu suchen.

Offensichtlich begriffen die Römer, worin das Problem lag, und einige ihrer militärischen Abenteuer der Kaiserzeit dienten dem verzweifelten Versuch, Gold aufzutreiben, ganz gleich zu welchen Kosten. Bereits im Jahr 26 v. Chr. führte Konsul Aelius Gallus Legionen nach Arabien, um einen Teil des Goldes zurückzuholen, das durch den Handel über die Seidenstraße dort gelandet war. Seine Expedition scheiterte kläglich, als Hitze und Seuchen seine Truppen dezimierten. Im Jahr 101 n. Chr. griff Kaiser Trajan die Region Dakien an, die in groben Zügen dem heutigen Rumänien entspricht, vermutlich um die Goldminen der Karpaten unter seine Kontrolle zu bringen. Vom militärischen Standpunkt war das Unternehmen ein Erfolg und vielleicht der letzte Feldzug, bei dem das römische Militärsystem seine ganze Macht demonstrierte. Aber es brachte Rom wohl keine größeren Mengen an Edelmetallen ein, vielleicht nicht einmal genug, um die Kosten des Feldzugs zu bestreiten. Wenn wir die Kurve des Silbergehalts im Denar betrachten, scheint das Silber aus Dakien allenfalls kurzfristig eine Stabilisierung gebracht zu haben.

Gold wurde offenbar so dringend gebraucht, dass sich das Imperium teilweise gezwungen sah, die eigenen Gebiete zu plündern. Das geschah im 1. Jahrhundert unserer Zeitrechnung, als der Aufstand in Judäa römische Legionen in die Provinz führte. Im Jahr 70 n. Chr. schlugen die Römer den Aufstand nieder, plünderten Jerusalem und den Tempel der Stadt, der anschließend niedergebrannt wurde (ein Ereignis, das bis in unsere Zeit nachwirkt). Vielleicht war es das aus Jerusalem gestohlene Gold, das die Finanzierung des Abenteuers in Dakien ermöglichte. In späteren Zeiten schien die Plünderung von Tempeln zum Zeitvertreib römischer Kaiser zu werden. Von Konstantin »dem Großen« (der von 306 bis 337 n. Chr. regierte) wird berichtet, dass er heidnische Tempel ausrauben ließ, um die Staatskasse mit Gold und Silber zu füllen, möglicherweise einer der Gründe, warum er zum Christentum konvertierte.[38] Später ließ Kaiser Theodosius, ebenfalls als »der Große« bezeichnet (397 bis 395 n. Chr.), das ewige Feuer im Tempel der Vesta löschen und schickte die Vestalinnen nach Hause. Und selbstverständlich raubte er aus diesem und aus vielen anderen Tempeln Gold und Silber.

Nach Theodosius trug kein Kaiser mehr den Beinamen »der Große«. Offenbar war das in heidnischen Tempeln gelagerte Gold ebenso aufgebraucht wie das Edelmetall aus spanischen Minen. In der letzten Phase des Weströmischen Reichs versuchten die Kaiser, ihre Truppen mit Töpferware, mit Landparzellen oder einfach nur mit Lebensmitteln zu entlohnen. Die Letzten ihrer Art wurden als *bucellarii* (Brötchenesser) bezeichnet, was einen Hinweis darauf geben mag, womit sie bezahlt wurden. Aber keine dieser Notlösungen konnte funktionieren; dem westlichen Teil des Imperiums wurde eine Finanzkrise, hervorgerufen durch einen Mangel an Edelmetall, zum Verhängnis. Ostrom beschritt hingegen einen anderen Weg und kam besser davon. Edelmetall war dort nie Mangelware, weil die Kaufleute den Chinesen das Geheimnis der Seidenherstellung gestohlen hatten, somit ihre eigene Seide produzieren und den Abfluss von Gold nach China stoppen konnten. Sie hüteten ihr verbliebenes Gold mit großer Sorgfalt und die Standardgoldmünze, die *Histamenon nomisma* (*nomisma* bedeutet auf Griechisch Geld), gab der Numismatik oder Münzkunde ihren Namen.

Wir sehen, dass das Römische Reich so zusammenbrach, wie man es von einem komplexen System erwartet: auf komplexe Weise. Das heißt, es kollabierte in einer Kaskade von Rückkopplungen, ausgelöst durch Folgeerscheinungen, die auf eine einzige Ursache zurückgingen: die Erschöpfung der Gold- und Silberminen. Die vielfachen Rückkopplungen verstärkten einander: politische Unruhen, interne Konflikte, militärische Schwäche, Niedergang des Handels und wahrscheinlich auch ein Bevölkerungsrückgang. Dies ist typisch für komplexe Systeme, in denen die Rückkopplungen in der Regel weitaus sichtbarer und spektakulärer sind als die Einflüsse, durch die sie verursacht wurden. Folglich neigen Menschen zu der Annahme, die Rückkopplungen seien die Ursache des Zusammenbruchs, und es wird oft behauptet, der Kollaps einer Zivilisation sei das Resultat einer Kombination von Faktoren, die voneinander unabhängig sind und nur zufällig alle gleichzeitig wirksam werden. Diese Hypothese wurde unlängst für den Zusammenbruch der bronzezeitlichen minoischen Kultur vorgetragen.[39] Aber in einem komplexen System ist nichts vom Rest unabhängig und es gilt das bekannte Gesetz der Biologie, das besagt: »Alles hängt mit allem zusammen.«

Die Geschichte des Römischen Reichs gibt uns einen Vorgeschmack davon, wie ergiebig und faszinierend die Erforschung komplexer Systeme ist, insbesondere dann, wenn es sich um soziale Systeme handelt. Jedes komplexe System ist anders, aber alle folgen gewissen Regeln. Die Kaskade von Rückkopplungen, die ein riesiges

System zu Fall bringen kann, ist eine dieser regelhaften Vorgänge, die ich in diesem Buch als »Seneca-Kollaps« bezeichne. Der Kollaps des Römischen Reichs kann uns jedenfalls eine Menge über die Schwierigkeiten vor Augen führen, vor denen unser derzeitiges Imperium, die globalisierte Welt, steht. Aber die Geschichte wiederholt sich nie exakt, wir können also nicht viel darüber sagen, wie der drohende Kollaps im Einzelnen vonstatten gehen wird. Das Einzige, was wir sicher wissen, ist, dass bislang jedes Imperium, selbst das mächtige Römische Reich, am Ende zusammengebrochen ist. Unser heutiges Imperium ist so schnell gewachsen, dass sein Kollaps mit einem Paukenschlag eintreten könnte. Vielleicht war Seneca prophetischer, als er es sich träumen ließ, als er sagte: »Wachstum vollzieht sich langsam, der Ruin aber kommt rasch.«

Teil II

Von großen und kleinen Zusammenbrüchen

Im Folgenden will ich Bereiche untersuchen, in denen es häufig zu einem Kollaps kommt; ganz grob sind sie nach Komplexität und Letalität geordnet. Diese Reihe praktischer Beispiele wird uns zeigen, wo die Ursachen für Zusammenbrüche liegen. Wir beginnen mit dem einfachsten Fall, dem Auseinanderbrechen alltäglicher Dinge, und kommen am Ende dieses Buchteils zu dem, was wir wohl als den schlimmstmöglichen Kollaps bezeichnen müssen: den Tod Gaias, und damit das Ende des Ökosystems der Erde.

Jeder untersuchte Fall bietet Gelegenheit, die Theorie des Zusammenbruchs komplexer Systeme zu überprüfen. Offenbar gibt es keinen bestimmten theoretischen Rahmen, der den Seneca-Effekt erklärt, aber einen allen gemeinsamen Faktor können wir im Prinzip der »maximalen Entropie« erkennen: Immer wenn ein System eine Möglichkeit findet, zu kollabieren, wird es dies rasch tun, wie Seneca bereits vor zweitausend Jahren herausfand.

Kapitel 4

Das Zerbrechen alltäglicher Dinge

Ring the bells that still can ring
Forget your perfect offering
There is a crack in everything
That's how the light gets in.

LEONARD COHEN, *Anthem*, 1992

Warum Flugzeuge keine rechteckigen Fenster haben

Im Film *Titanic* von 1997 wird in einer dramatischen Szene gezeigt, wie das Schiff in zwei Teile zerbricht, bevor es in den Fluten versinkt. Ob die Titanic tatsächlich zerbrach, bevor sie unterging, ist nicht absolut sicher, aber wir wissen, dass dies mit Schiffen passieren kann, wenn großer Druck auf ihnen lastet. Derart entzweigebrochene Schiffsrümpfe können uns viel darüber sagen, wie Materialbrüche ablaufen und wie komplex dieses Phänomen im Detail ist.

In seinem Buch *Structures*[40] erzählt James Gordon die Geschichte von einem Frachter, dessen Koch auf hoher See einen Riss im Boden seiner Kombüse entdeckte. Der Koch ging zum Kapitän. Der sah sich die Sache an, schüttelte den Kopf und fragte, wann das Frühstück fertig sei. Aber der Koch war noch lange nicht beruhigt. Er stellte fest, dass der Riss jeden Tag ein wenig länger wurde, besonders bei starkem Wellengang. Als systematisch denkender Mensch holte er sich eine Dose roter Farbe und einen Pinsel und markierte täglich neu den Endpunkt des Risses und versah ihn mit dem jeweiligen Datum. Gordon berichtet:

Als das Schiff schließlich auseinanderbrach, zeigte sich, dass die Hälfte, die geborgen und in den Hafen geschleppt werden konnte, zufällig diejenige war, auf der der Koch die Daten auf den Boden gemalt hatte, … und dies ist der beste und zuverlässigste Hinweis auf die Entwicklung eines großen Risses subkritischer Länge.

Diese Geschichte lehrt uns unter anderem, wie heimtückisch Materialbrüche sein können – ein bemerkenswertes Beispiel für den »Seneca-Effekt« – und dass sie oft plötzlich eintreten, zerstörerisch sind und uns unvorbereitet treffen. Der Kapitän des Frachters war gewarnt worden, wusste aber nicht, was der Riss zu bedeuten hatte und wie gefährlich er womöglich war. Offensichtlich hielt er ihn angesichts der Größe des Schiffs für eine Bagatelle und sah keinen Grund, sich deswegen Sorgen zu machen. Man kann sich vorstellen, wie überrascht und schockiert er war, als das Schiff in zwei Teile barst. Der Ruin ist tatsächlich etwas, das uns rasch ereilen kann …

Dass eine technische Konstruktion zusammenbricht, kommt relativ häufig vor. Handelt es sich um große Gebilde, die sich schnell bewegen, schwimmen oder fliegen, werden dabei oft viele Menschen verletzt, manche verlieren sogar ihr Leben. Besonders katastrophale Folgen hat ein Auseinanderbrechen bei Flugzeugen – der wahrscheinlich bekannteste Fall von Strukturversagen ist die Unglücksserie des Typs De Havilland Comet (siehe Abbildung 5) in den 1950er-Jahren. Es dauerte damals eine ganze Weile, bis die Ingenieure der Sache auf die Spur kamen, aber letztlich zeigte sich, dass die Ursache ein Konstruktionsfehler war.

Auf den ersten Blick wirkt der Prototyp der Comet mit dem schlanken Rumpf und den Düsentriebwerken sehr modern. Schaut man jedoch genauer hin, entdeckt man etwas Ungewöhnliches: große quadratische Fenster mit scharfen Ecken. Das ist schon deshalb verblüffend, weil Fenster in Schiffen und Flugzeugen bekanntermaßen rund sind oder zumindest abgerundete Ecken haben, wobei die meisten Menschen wohl nicht die Gründe dafür nennen können. Unter Konstrukteuren gilt es als Grundregel, dass jede Konstruktion

Abbildung 5 Der Prototyp der De Havilland Comet, des ersten in Serie produzierten Verkehrsdüsenjets, der in den 1950er-Jahren hergestellt wurde.[41]

durch Öffnungen an Stabilität verliert, dieser Effekt aber geringer ist, wenn sie rund sind oder gerundete Ecken haben. Die Konstrukteure der Comet hatten dieses alte Wissen aber wohl vergessen. Vielleicht deshalb, weil sie den ehrgeizigen Plan verfolgten, ein innovatives Flugzeug zu bauen, das nicht nur die bis dahin schnellste Verkehrsmaschine sein sollte, sondern den Passagieren einen bislang unerreichten Panoramablick nach draußen erlauben würde. Und wenn Ingenieure Ehrgeiz entwickeln, vernachlässigen sie manchmal alte Weisheiten oder halten sie für überholt. Im Fall der Comet war dies besonders dramatisch, denn die rechteckigen Fenster waren zu einem Großteil Ursache für die Probleme an Teilen des Rumpfs. In großen Höhen wird der Innendruck in der Kabine erhöht und die eckigen Fenster bewirkten, dass die dadurch auf den Flugzeugkörper einwirkenden Kräfte verstärkt wurden – der Hauptgrund, warum mehrere Exemplare der Comet in der Luft zerbarsten.

Die Geschichte der Comet zeigt, wie schwierig es selbst in einer relativ modernen Epoche für Ingenieure ist, zu erkennen, wie es zu Materialbrüchen kommt. Ein Materialbruch ist ein typisches nichtlineares Phänomen, doch Maschinenbauingenieure lernen in der Regel »lineares Denken« und gehen daher davon aus, dass es stets eine direkte Beziehung zwischen Ursache und Wirkung gibt. Mit anderen Worten, Ingenieure erwarten, dass sich Materialien in einem proportionalen Verhältnis zum darauf ausgeübten Druck verformen – was sie normalerweise auch tun. In Ausnahmefällen tun sie es jedoch nicht und dies ist immer dann der Fall, wenn es zum Bruch kommt und als Folge davon Menschen sterben. Auch heute noch hört man immer wieder von Dingen, die im ungünstigsten Augenblick aufgrund von Materialversagen bersten, häufig verursacht durch eine fehlerhafte Konstruktion oder schlechte Wartung. Kleine Flugzeuge scheinen davon besonders betroffen zu sein.[42] Bei ihnen kommt es immer wieder zum Versagen einzelner Komponenten wie etwa Treibstofftanks, die undicht sind, Propellerflügeln bei Hubschraubern, die abbrechen, von entscheidenden Bauteilen, die zerbersten. Doch mechanisches Versagen stellt auch auf vielen anderen Gebieten nach wie vor ein mitunter tödliches Problem dar.

Der erste Wissenschaftler, der sich mit Materialbrüchen befasste, war kein anderer als Galileo Galilei, im 17. Jahrhundert. Ihm folgte eine lange Reihe weiterer Forscher, die das Phänomen untersuchten. Ein erstes Resultat dieser Studien war die Unterscheidung von zwei Hauptkategorien: durch Druck- und durch Zugversagen entstehende Brüche. Druckversagen kommt meist bei Gebäuden vor, also bei Türmen, Häusern und dergleichen, aber auch bei Möbeln, da sie alle dem Druck durch die Schwerkraft ausgesetzt sind. In die zweite Kategorie fallen technische Konstruktionen wie Flugzeuge, Autos oder Schiffe. Die beiden Kategorien unterscheiden sich aus vielerlei Gründen fundamental voneinander. Im Folgenden werden wir uns mit einer besonders heimtückischen Art von Brüchen befassen: dem Zugbruch.

Aus Sicht von Ingenieuren existieren nur Dinge, die man messen kann. Daher bestehen ihre Untersuchungsmethoden darin, die Wirkung einer auf einen Gegenstand ausgeübten Kraft (und somit Energie) zu messen. Ein verbreitetes Instrument für diesen Zweck ist die »Zugprüfmaschine«, die man in verschiedenen Ausführungen in den Maschinenbaufakultäten der meisten Universitäten findet. In der Regel handelt es sich um wuchtige Apparaturen mit zwei Griffen, die die beiden Enden eines Teststücks halten, das wie ein Stundenglas geformt ist. Das Teststück wird mit zunehmender Kraft auseinandergezogen, bis es – oft mit einem knallenden Geräusch – auseinanderbricht. Die Verformung des Teststücks vollzieht sich langsam, der Bruch aber erfolgt mit einem Schlag: Er ist der »Seneca-Ruin« des Teststücks.

Während der Prüfung zeichnet die Maschine die Verformung des Teststücks als eine Funktion der ausgeübten Kraft auf. Bei geringfügigen Verformungen stehen diese beiden Parameter in einem direkten Verhältnis zueinander. Man spricht hier vom »Hookeschen Gesetz« und die Reichweite, bis zu der es gültig ist, wird als »elastischer Bereich« bezeichnet. Im Falle geringfügiger Verformungen ist diese vollständig umkehrbar: Sobald die darauf wirkende Kraft weggenommen wird, kehrt der Gegenstand in seine ursprüngliche Form zurück, so wie es bei einem Gummiband der Fall ist. So funktionieren Federn und auf demselben Prinzip beruhen auch Kraftmesser. Jenseits dieses Bereichs aber können sich Materialien irreversibel verformen, das heißt, sie nehmen nicht wieder ihre ursprüngliche Form an, wenn die Kraft nicht mehr auf sie einwirkt. Diese Phase wird als »plastischer Bereich« bezeichnet, typisch für Materialien wie Kunststoff oder Baustahl. Wenn der Druck in der Prüfmaschine noch weiter erhöht wird, zerbersten fast alle Materialien. Die Kraft, bei der dies eintritt, geteilt durch den Querschnitt des Testobjekts, wird als »Zugfestigkeit« bezeichnet. Die einwirkende Kraft multipliziert mit der Dehnung ist eine Energie, die häufig als »Brucharbeit« oder »Resilienz« des Materials bezeichnet wird. Eine andere Methode, die Rückfederung eines Materials zu messen, ist der Kerbschlagbiegeversuch oder »Charpy-Test«, bei dem ein schwerer Hammer auf das Prüfstück schlägt. Heute wird der Begriff Resilienz in den Sozialwissenschaften besonders gerne verwendet, seinen Ursprung hat er jedoch in diesen technischen Verfahren.

Die Messung der Energie ist deshalb notwendig, weil verschiedene Materialien jeweils unterschiedliche Ergebnisse liefern, wie wir bereits aus der Alltagserfahrung wissen. Wie verschieden hoch der Betrag der Bruchenergie sein kann, zeigt Tabelle 1; sie enthält eine kurze Übersicht über einige geläufige Materialien aus Gordons Buch *Structures*.

Material	**Bruchenergie, in Joule/m²**
Glas	3 – 10
Stein	3 – 40
Polyester	100
Nylon	1000
Knochen	1000
Holz	10.000
Hartstahl	10.000
Baustahl	100.000 – 1.000.000

Tabelle 1 Beträge der Bruchenergie für ausgewählte Substanzen, gemessen mit dem Kerbschlagbiegeversuch.[43]

Warum variieren die Werte so stark? Als Erstes kommt einem in den Sinn, dass die verschiedenartige Stärke der chemischen Verbindungen zwischen den Atomen, aus denen das Material besteht, dafür verantwortlich ist. Das ist nicht ganz falsch – schließlich ist der Grund für einen Materialbruch immer die Trennung von Atomverbindungen. Grundsätzlich aber führt uns dieser Gedanke nicht zum Verständnis der Resilienz. Nehmen wir nur einmal das Beispiel eines gedeckten Tischs: Bei Glas sind die Atomverbindungen (Silizium-Sauerstoff-Verbindung) fester als bei Stahl (Eisen-Eisen-Verbindung) und dennoch bricht Glas viel leichter als Stahl, wie wir alle wissen. An diesem Punkt möchte ich erneut James Gordon zitieren.[44]

Als der letzte Krieg ausbrach, arbeitete ich mit einem sehr fähigen jungen Chemiewissenschaftler zusammen. Er machte sich gleich an die Entwicklung eines starken Kunststoffs und erklärte mir, er müsse festere und mehr Verbindungen als jedes bisherige Material haben. Und da er ein sehr kompetenter Chemiker war, glaubte ich ihm. Wie dem auch sei, er brauchte sehr lange für die Herstellung. Als das kriegsentscheidende Werkstück fertig war und wir es gespannt aus der Form nahmen, erwies es sich als ungefähr so fest wie alter, hart gewordener Käse.

Was man daran sieht, ist, dass einfaches lineares Denken bei der Erklärung von Materialbrüchen in die Irre führen kann – was allgemein bei komplexen Strukturen der Fall ist. Ein großer Schritt nach vorn gelang dem britischen Ingenieur Charles E. Inglis (1875–1952), als er das Volumen eines Materials untersuchte, in dem es überhaupt keine chemischen Verbindungen gibt: den leeren Raum, der einen Riss bildet. Im Jahr 1913 legte Inglis eine Formel für die »Spannungskonzentration« an den Rändern der Risse vor. Wie sich herausstellte, ist die durch den Riss entstehende Spannung proportional zur *Länge* des Risses und umgekehrt proportional zu seiner *Schärfe*. Spielt man mit Inglis' Formel, erkennt man leicht, dass ein scharfer Riss den Druck auf ein Materialstück schnell auf das Zehnfache oder mehr erhöhen kann. Steigerungen um den Faktor tausend und mehr sind ohne Weiteres möglich. Risse sind also der Hauptfaktor dafür, wie sich ein Material oder eine Struktur unter Druck verhält. Ein weiterer Faktor, der Risse so wichtig (und gefährlich) macht, ist die Tatsache, dass sie nicht in einem Zustand verharren. Die Fenster der Comet-Flugzeuge veränderten ihre Größe nicht, der Riss, der sich im Boden der Schiffskombüse geöffnet hatte, dehnte sich hingegen, wie James Gordon berichtete, Tag für Tag weiter aus. Dieses Phänomen bezeichnet man als »kriechen«. Durch wiederholte, vor allem zyklische Belastung führt es zur Schwächung der Struktur, zur sogenannten »Materialermüdung«. Einer der Hauptfaktoren bei den Comet-Katastrophen waren die von den Triebwerken verursachten Vibrationen. Die Triebwerke saßen in den Flügeln in der Nähe des Rumpfs. Durch sie waren an einigen Fensterrändern Risse entstanden und hatten sich stetig fortgepflanzt. Eine solche unentdeckte Ausbreitung kleiner Risse ist einer der Hauptgründe, warum Materialbrüche so heimtückisch sind.

Die Studien von Inglis zeigten die bedeutende Rolle, die Risse für die mechanische Festigkeit von Strukturen spielen. Heute könnte man all die Arbeit, die in die Widerstandsfähigkeit von Strukturen gesteckt wird, als »Krieg gegen Risse« bezeichnen. Zum Teil wird dieses Problem durch die Gestaltung von Konstrukten ohne scharfe Ecken und große Öffnungen gelöst. Aber die Bauform einer Konstruktion kann gegen mikroskopisch kleine Risse im Material und deren Folgen nur wenig ausrichten. Dies ist eher eine Aufgabe der Materialwissenschaft als des Maschinenbaus. Völlig »rissfreie« Materialien herzustellen, ist unmöglich, allerdings kann man durchaus Materialien produzieren, deren innere Struktur die Ausbreitung von Rissen aufhält. Dies kann auf verschiedene Art und Weise erreicht werden, etwa durch die Verwendung von Stoffen, die so weich sind, dass sie sich um den Riss herum leicht verformen, somit dessen Rand abrunden und die Spannungskonzentration reduzieren. Das wäre eine direkte Anwendung des Prinzips, das Bertolt Brecht Lao Tse zuschreibt: »Das Harte unterliegt.«

Die Fortpflanzung von Rissen kann aber auch durch die Verwendung von Verbundstoffen verhindert werden. Hierbei fungieren die Übergangsstellen zwischen verschiedenen Materialien als Sperre gegen die Rissausbreitung. Ein schönes Beispiel dafür, wie gut die Ingenieure ihre Lektionen gelernt haben, ist Flug 243 der Aloha-Airlines im Jahr 1988. Damals verlor eine Boeing 737 nach dem Steigflug ein Stück des oberen Rumpfs, doch anders als bei den Comet-Maschinen brach dieses Flugzeug nicht auseinander, es kam »nur« eine Person ums Leben und die Piloten konnten die Boeing sicher landen. Ein Triumph der Flugzeugtechnik.

Heute sind, nicht zuletzt dank der Arbeit von Inglis, Flugzeuge, Schiffe und alle möglichen anderen von Menschen geschaffenen Konstruktionen, die einer Zugspannung ausgesetzt sind, weitaus sicherer als früher. Aber Materialbrüche sind auch aus anderen Gründen hervorragend geeignet, das allgemeine Verhalten komplexer Systeme zu verstehen und zu erklären, warum sie dem »Seneca-Effekt« entsprechen. Hierzu müssen wir beobachten, wie es zu physikalischen und chemischen Veränderungen kommt, das heißt, wir müssen uns in das Reich der Thermodynamik begeben.

Über Entropie

In der nordischen Mythologie heißt es, der Zwerg Reginn habe die beiden Hälften von Sigmunds Schwert Gram wieder zusammengeschweißt, das der Gott Odin zerbrochen hatte. Doch Reginn gelang dies nur mithilfe eines Zaubers – in der realen Welt ist ein solcher Bruch irreversibel. Dieser Grundsatz der Unumkehrbarkeit gilt aber nicht nur für Gegenstände. Es ist ganz allgemein zu beobachten, dass sich das Universum tendenziell in eine bestimmte Richtung bewegt, und eine solche Bewegung umzukehren, ist nicht ganz leicht und manchmal schlicht unmöglich. Die moderne Wissenschaft kann diese Tendenz messen, was etwa die Sätze der Thermodynamik belegen. Ihr erster Hauptsatz besagt, dass Energie in einem System erhalten bleibt, nicht jedoch, dass sich Systeme zwangsläufig in die eine oder andere Richtung bewegen. Dem zweiten Hauptsatz zufolge aber muss die Entropie in einem geschlossenen System bei sämtlichen Veränderungen stets zunehmen. Daraus entsteht die Tendenz, dass sich Dinge in eine bestimmte Richtung bewegen.

Allerdings wurde Generationen von Schülern die Theorie der Entropie falsch erklärt: Viele von uns haben gelernt, Entropie sei dasselbe wie »Unordnung«, was vielleicht das Durcheinander erklärt, das auf den Schreibtischen der meisten Menschen herrscht. Aber das ist keine Entropie und die Unordnungs-Definition führt zu zahlreichen Schwierigkeiten. Vielleicht sagen Sie selbst, ein zerbrochenes Stück Metall sei ungeordneter als eins, das noch ganz ist, aber damit wäre der Mechanismus des Materialbruchs kaum oder gar nicht erklärt. Das Ganze wird dadurch noch komplizierter, dass man uns häufig wissen lässt, Systeme neigten dazu, sich spontan von einem Zustand hoher Energie in einen Zustand niedriger Energie zu bewegen. Aber den Gesetzen der Thermodynamik zufolge muss sich die Entropie, nicht jedoch die Energie in spontanen Prozessen verändern. Aber wie das? Wieder ein bemerkenswertes Durcheinander.

Zugegebenermaßen ist die Sache ziemlich kompliziert und ich möchte an dieser Stelle nur die korrekte Definition des zweiten Hauptsatzes der Thermodynamik wiedergeben, wonach alle Systeme dazu neigen, ihren wahrscheinlichsten Zustand zu erreichen – was nicht gleichbedeutend mit »Unordnung« ist. Des Weiteren sagt uns der zweite Hauptsatz, dass die Entropie in Prozessen, die in isolierten Systemen stattfinden, stets zunimmt, das heißt, in Systemen, die keine Energie mit der Außenwelt austauschen. Das einzige wirklich geschlossene System ist aber das Gesamtuniversum und daher spricht man bei chemischen und physikalischen Prozessen in der Praxis von »Energiepotenzialen«, die von den *Entropie*- und den *Energie*-Veränderungen im Inneren abhängen. Mit anderen Worten, bei der Betrachtung dieser Potenziale muss man keine Sorge haben, was mit dem Gesamtuniversum geschieht, was tatsächlich ziemlich mühselig wäre.

Auf der Grundlage des zweiten Hauptsatzes der Thermodynamik kann man also sagen, dass hohe Energiepotenziale in der Regel in niedrige Energiepotenziale umgewandelt werden und die überschüssige Energie in Form von Wärme zerstreut wird. Anders formuliert: Die Entropie im Universum nimmt stets zu.

Energiepotenziale sind Entitäten, die ein gewisses »Potenzial« besitzen, etwas zu bewirken. Ein einfaches Beispiel dafür ist ein fallender Körper: Sein Gravitationspotenzial verringert sich, je tiefer er sinkt, und der Fall geschieht spontan, weil er mit dem zweiten Hauptsatz der Thermodynamik übereinstimmt und Wärme abgegeben wird, wenn der Körper auf etwas trifft und sein Fall aufgehalten wird. Wenn ein fester Körper auseinanderbricht, wird Potenzial vermindert, und es ist leicht zu erklären, um welches Potenzial es sich dabei handelt: das Energiepotenzial in den chemischen Verbindungen. Diese Reduzierung ist das Ergebnis des durch eine äußere Kraft auf den Körper ausgeübten Drucks. Wenn der feste Körper auseinanderbricht, kehren die Verbindungen zu ihrer natürlichen Länge zurück und geben dabei Wärme ab. Die Hauptsätze der Thermodynamik sind erfüllt: Wenn die Bedingungen stimmen, ist der Bruch ein spontaner Prozess. Wichtig ist hier, dass Energiepotenziale häufig einfach als »Energie« bezeichnet werden, und genau das verursacht den Wirrwarr um den Satz, dass »sich Energie bei einer Transformation verringern muss«. Energie bleibt immer erhalten, ein Energiepotenzial nicht.

Damit sind wir bei dem faszinierenden Thema der »Nichtgleichgewichtsthermodynamik«, einem Unterbereich der allgemeinen Thermodynamik, der erklärt, wie Systeme die verfügbaren Potenziale zerstreuen oder, entsprechend, im höchstmöglichen Maß Entropie erzeugen. Man spricht hier vom »Satz der maximalen Entropieproduktion«[45] – und bewegt sich auf einem Feld, in dem noch geforscht wird und wo manche Ideen und Theorien noch nicht den allgemein anerkannten Status eines Gesetzes haben. Dennoch finden wir hier die grundlegenden thermodynamischen Ursachen für Materialbrüche – eine stringentere Formulierung für den »Seneca-Effekt«.

Bei der Verringerung oder Zerstreuung von Energiepotenzialen in Nichtgleichgewichtssystemen ist häufig von »dissipativen Strukturen« die Rede, ein Begriff, den Ilya Prigogine 1978 vorschlug.[46] Dieser Begriff ist sehr allgemein und gilt für Menschen ebenso wie für Hurrikane und die Wirbel in einem Topf mit kochendem Wasser. All diese Systeme geben stetig potenzielle Energie ab, solange ihnen Energie zufließt. Bleibt dieser Energiezufluss konstant, neigt das System einem Zustand zu, der als »Homöostase« bezeichnet wird, das heißt, es behält über lange Zeiträume nahezu konstante Parameter. Sie können das anhand eines kleinen Experiments mit Ihrer Badewanne beobachten: Der kleine Wirbel, der sich normalerweise bildet, wenn man den Stöpsel am Abfluss herauszieht, ist eine dissipative Struktur. Er bewirkt, dass das Wasser rasch abläuft. Wenn Sie nun den Wirbel mit der Hand unterbrechen, verschwindet er. Nehmen Sie Ihre Hand wieder weg, entsteht der Wirbel wieder neu. Das ist Homöostase.

Das Ökosytem der Erde ist ein homöostatisches System, das seit fast vier Milliarden Jahren das Energiepotenzial der Sonne dissipiert. Ein Mensch kann im Zustand der Homöostase verharren (also leben), solange er Energiepotenzial aus Nahrung gewinnen kann – wenn nicht, befindet er sich im Zustand des thermodynamischen Gleichgewichts (er ist also tot).

Daher können wir sagen, dass ein Materialbruch den Gesetzen der Gleichgewichtsthermodynamik folgt (er vergrößert die Entropie), aber auch der Nichtgleichgewichtsthermodynamik (er bietet einen schnellen Weg zur Dissipation von Entropie). Dieses Verhalten von Materialbrüchen ist generell auch anderswo zu beobachten und ähnelt vielen Phänomenen, die wir als Zusammenbruch bezeichnen und die umso schneller ablaufen und umso größer und gefährlicher sind, je größer das entsprechende Potenzial ist: Sprengstofflager, Atomkraftwerke, Hochspannungstransformatoren, Hochgeschwindigkeitsfahrzeuge, all dies sind Beispiele für Systeme, die eine Menge potenzielle Energie in vielerlei Gestalt in sich bergen. Die Thermodynamik zeigt uns also, wovor wir uns fürchten sollten, jedoch nicht, was genau bei einem Zusammenbruch passiert. Anhand des Materialbruchs fester Körper können wir aber die allgemeinen Merkmale dieser Vorgänge bestimmen, wie wir im nächsten Abschnitt sehen werden.

Warum Ballons platzen

Wenn ich ein Seminar über Materialbrüche abhalte, zeige ich meinen Studenten zunächst einen aufgeblasenen Ballon und bringe ihn dann mithilfe einer Nadel zum Platzen. Dann frage ich sie: »Können Sie mir mit dem, was Sie aus Physik und Chemie wissen, erklären, was hier geschehen ist?« In der Regel sind die Studenten dazu nicht in der Lage. Nicht etwa, weil sie nicht schlau genug wären oder keine Lust hätten, sondern weil sie nur »lineare« Naturwissenschaft gelernt haben, wonach sich Dinge unter Einwirkung von äußeren Kräften allmählich verändern. Aber mit dieser linearen Sicht lässt sich ein Materialbruch nicht erklären, denn dies ist ein typisches nichtlineares (auch als »kritisch« bezeichnetes) Phänomen, das ganz plötzlich auftritt und eine enorme Veränderung der Systemparameter mit sich bringt.

Dieses Verhalten ist auf den diskontinuierlichen Charakter des Materials zurückzuführen, das aus chemisch miteinander verbundenen Atomen besteht. Bei einem Materialbruch werden chemische Verbindungen auseinandergerissen. Doch die Trennung chemischer Verbindungen allein verursacht noch keinen Bruch, dafür müssen sehr viele Verbindungen im selben Bereich getrennt werden – es muss eine wahre Lawine solcher Trennungen stattfinden. Man spricht dann von einem »kollektiven« Phänomen, das nicht nur einen kleinen Ausschnitt des Gegenstands betrifft, sondern nach und nach den Großteil davon. Wie es dazu kommt, ist eine faszinierende Geschichte, die erstmals von Alan Arnold Griffith (1893–1963) erzählt wurde.

Nehmen wir ein Objekt, das eine klare, kristalline Atomstruktur hat, bei dem also die Atome in einem regelmäßigen Gitter angeordnet sind. Wenn man den Gegenstand ein wenig auseinanderzieht, zieht man die Atome ein Stückchen weiter voneinander weg und erhöht folglich die Energie in den chemischen Verbindungen. Je mehr man den Gegenstand auseinanderzieht, desto mehr Energie wird in den verformten Verbindungen gespeichert, zumindest so lange, wie sich die Atome nicht allzu sehr von ihrer ursprünglichen Position im Gitter entfernen. Damit hat man ein »Potenzial« geschaffen und die verschobenen Atome würden auf ihren ursprünglichen Platz zurückkehren und die gespeicherte Energie freigeben, würde man den Gegenstand loslassen. Doch das würde noch keinen Bruch verursachen. Bei einem einfachen Festkörper, etwa einem Stück reinen Kupfers, sind alle Atome und Verbindungen gleich. Wenn all diese Verbindungen in derselben Weise gedehnt werden, könnte man das Metallgitter im Prinzip strecken, bis es sich auflöst, weil alle Verbindungen im selben Augenblick auseinanderbrechen. Aber das passiert natürlich nicht. Bei den meisten Konstruktionsmaterialien (Kupfer, Stahl, Aluminium, Keramik und so weiter) beträgt die maximale Dehnbarkeit etwa ein Prozent. Versucht man, einen Festkörper über dieses Maß hinaus zu dehnen, bricht er – Peng! – auseinander. Warum? Weil am Bruchpunkt das nichtlineare Phänomen komplexer Systeme wirkt.

Um einen Bruch hervorzurufen, muss man mindestens zwei Bereiche des betreffenden Gegenstands voneinander trennen und somit zwei Flächen entstehen lassen, die vorher nicht vorhanden waren. Die Bildung dieser Flächen kann als chemische Reaktion betrachtet werden, weil dabei chemische Verbindungen getrennt werden. Und hier haben wir ein Problem: Für die Trennung chemischer Verbindungen wird Energie benötigt. Mit anderen Worten: Sie verlangt die Steigerung des inneren Systempotenzials und das ist, wie wir gesehen haben, kein spontanes Phänomen. Der Festkörper »möchte« eigentlich keine Bruchfläche erzeugen, weil es der natürlichen Neigung physikalischer Systeme, innere Potenziale zu zerstreuen, zuwiderläuft. Wie aber kommt es dann zu einem Materialbruch? Er beruht darauf, dass die Zerstreuung des Energiepotenzials nicht nur die Bruchfläche betrifft, sondern den ganzen Festkörper. Wenn dieser auseinanderbricht, setzt er die *gesamte* elastische Energie frei, die in den verformten chemischen Verbindungen in seinem Inneren gespeichert ist.

Der Griffith-Mechanismus besteht im Kern darin, dass ein Teil der im gesamten Festkörper gespeicherten elastischen Energie bereits vor dem Bruch freigesetzt wird, weil die beiden Hälften des Festkörpers ein klein wenig voneinander weggezogen werden können. Je länger der Bruch, desto mehr elastische Energie wird freigesetzt, es handelt sich also thermodynamisch betrachtet um eine Abwärtsbewegung. Bis zu einer bestimmten Länge des Bruchs reicht die zerstreute Energie nicht aus, um die nötige Energie für eine Vergrößerung des Risses zu kompensieren. Ab einer bestimmten »kritischen« Länge jedoch wird bei der Ausdehnung des Risses mehr Energie vom Gesamtvolumen freigesetzt als für die Ausdehnung nötig. Das ist der Kipppunkt, an dem es zum Bruch kommt. Der Prozess verstärkt und beschleunigt sich also selbst: Je länger der Riss, desto mehr Energie wird freigesetzt – ein Phänomen, das man als »sich selbst verstärkende Rückkopplung« bezeichnet (darauf werde ich später näher eingehen). Das Endresultat ist ein Seneca-Effekt!

Eine weitere Erkenntnis, die wir aus der Bruchtheorie von Griffith gewinnen, ist, dass es keine »Bruchformel« gibt. Die Theorie sagt uns, bei welcher Risslänge ein bestimmter Festkörper auseinanderbricht, nicht jedoch, wie sich der Riss entwickelt und wie schnell und in welche Richtung er sich fortpflanzen wird. Ganz allgemein fehlen uns einfache mathematische Instrumente, um die raschen, jähen Veränderungen zu beschreiben, die wir als kritische Phänomene bezeichnen. Das heißt jedoch nicht, dass wir Brüche nicht auf der atomaren Ebene untersuchen könnten. Dies ist mithilfe der sogenannten Molekulardynamik möglich, die die Bewegung der einzelnen Atome berücksichtigt. In Abbildung A4 im Anhang (siehe Seite 286) ist die Simulation eines Bruchs dargestellt. Hier kann man sehen, dass der Bruch beginnt, sobald einzelne Atome auf beiden Seiten des Risses den Kontakt zueinander verlieren, als würden sie sagen: »Ich kann es nicht mehr halten, jetzt bist du an der Reihe.« So pflanzt sich der Riss fort, bis es schließlich zum Bruch kommt.

Nun können wir also die Frage beantworten, die ich meinen Studenten gerne stelle: Warum platzen Ballons, wenn man hineinsticht? Griffiths Theorie liefert uns eine exakte Erklärung: Das Loch, das man in den Ballon sticht, ist der Riss. Die elastische Energie, die auf das Gebilde einwirkt, stammt daher, dass der Ballon aufgeblasen wurde – was in der Tat Energie erfordert! Wenn dieses Loch die kritische Risslänge übersteigt, explodiert der Ballon und gibt plötzlich die durch das Aufblasen in ihm gespeicherte elastische Energie frei. Je größer der Druck, desto kleiner kann das Loch sein. Erreicht er die Obergrenze, platzt der Ballon von selbst, ohne dass man ein Loch hineinsticht, weil in der Hülle bereits Mikrorisse vorhanden sind. Das Schicksal eines durchstochenen aufgeblasenen Ballons veranschaulicht gut, was mit den Flugzeugen vom Typ Comet geschehen ist, weil deren Passagierkabinen unter Luftdruck gesetzt waren. Die Fenster waren sozusagen die Risse, groß genug, um das Auseinanderbrechen des Rumpfs zu bewirken. Wenn allerdings ein Ballon nur wenig aufgeblasen ist, wird er durch einen Einstich nicht platzen, sondern lediglich langsam in sich zusammenfallen. Aus diesem Grund brach die Comet nur in großen Höhen auseinander: Die Spannung im Material stieg in dem Maße, wie die Druckdifferenz zwischen Kabine und Außenbereich zunahm.

Griffiths Theorie ist inzwischen beinahe hundert Jahre alt, hat aber die Zeit überdauert und bildet nach wie vor den Kern unseres modernen Wissens über das Bruchphänomen. Natürlich gibt es inzwischen viele weitere Studien und sie wurden mithilfe ausgefeilter theoretischer Instrumente erweitert.[47] Mittlerweile kann man auch Phasenübergänge in festen Materialien und allgemein in allen Systemen beschreiben, die man als »Netz« bezeichnen kann.[48] Die Theorie zeigt uns, dass ein alltägliches Phänomen wie das Auseinanderbrechen eines Gegenstands ein subtiler und komplizierter Vorgang ist. Sie illustriert Elemente, die allen komplexen Systemen gemeinsam sind: nichtlineare Phänomene, maximale Entropieproduktion, Vernetzung sowie das typische Charakteristikum, das bei komplexen Systemen stets zu Überraschungen führen kann: ihr unvorhersehbarer und plötzlicher Wechsel von einem Zustand in einen anderen durch das, was ich hier als »Seneca-Effekt« bezeichne. Innerhalb gewisser Grenzen lassen sich diese Eigenschaften auch bei scheinbar nicht verwandten Systemen beobachten: bei sozialen, wirtschaftlichen und biologischen Systemen, die auch den allgemeinen thermodynamischen, das Universum beherrschenden Gesetzen gehorchen.[49] Natürlich sind Menschen in einem sozioökonomischen System nicht dasselbe wie Atome in einem kristallinen Festkörper, aber im Folgenden werden wir sehen, dass diese Systeme gemeinsamen Regeln und Tendenzen folgen.

Kapitel 5

Lawinen

Die Weisen sprechen nur über das, was sie wissen.

J. R. R. Tolkien, *Die zwei Türme*, 1954/55

Der Einsturz der großen Türme

Pharao Snofru, der im 3. Jahrtausend v. Chr. in Ägypten über das Alte Reich herrschte, versuchte, mindestens drei große Pyramiden zu bauen, von denen sich letztlich keine als so beeindruckend und einflussreich erwies wie die drei späteren, besser bekannten Pyramiden von Gizeh, zu denen auch die größte von allen, die »große Pyramide« gehört, die Snofrus Sohn Cheops erbauen ließ. Über die Geschichte dieser drei Pyramiden berichtet Kurt Mendelssohn sehr detailliert in seinem 1974 erschienenen Buch *Das Rätsel der Pyramiden*. Darin legt er eine plausible Theorie dar, die erklären könnte, was damals schief ging.[50] Diese Theorie ist bis heute umstritten, liefert aber interessante Erkenntnisse zu den Problemen, die sowohl bei den Ägyptern als auch in unserer Zeit mit der Errichtung großer Gebäude verbunden waren und sind.

Eine Schlüsselrolle in der ganzen Geschichte spielt die Meidum-Pyramide, die auf Abbildung 6 (siehe Seite 70) zu sehen ist. Wenn man nicht weiß, dass das Gebäude eine Pyramide sein sollte, wird man es nicht als solche erkennen. Doch der Schutt darum herum zeigt uns, was passiert ist: Das Konstrukt brach in sich zusammen, wahrscheinlich mitten in den Bauarbeiten. Wir kennen die Ägypter als große Pyramidenbauer, aber offenbar machten auch sie Fehler mit teilweise katastrophalen Folgen. Doch sie waren beharrlich. Das

Abbildung 6 Aktuelles Foto der Pyramide im ägyptischen Meidum. Sie sollte die größte jemals errichtete Pyramide ihrer Zeit werden, fiel aber während des Baus in sich zusammen.[51]

große Pyramidenzeitalter Ägyptens begann bereits etwa ein Jahrhundert vor Snofru: Die erste große Pyramide, errichtet unter der Leitung des Architekten Imhotep, entstand um 2670 v. Chr., unter der Herrschaft von Pharao Djoser. Sie steht noch heute und wird als »Stufenpyramide« bezeichnet, da sie aus sechs riesigen, nach oben hin jeweils kleiner werdenden Steinabsätzen besteht. Möglicherweise hatten Djoser oder andere bereits vorher versucht, solche Pyramiden zu erbauen, aber entweder wurden sie nicht vollendet oder brachen zusammen und gingen daher nicht in die Geschichte ein. Doch mit der neuen von Snofru gegründeten Dynastie änderte sich alles. Seine Architekten versprachen ihm etwas Größeres und weitaus Imposanteres als alles, was bislang gebaut worden war: glatte Pyramiden, die aussehen würden wie ein einziger, polierter Stein.

Als sie sich anschickten, ihre Pläne umzusetzen, gab es in Meidum anscheinend bereits eine Pyramide mit relativ kleinen Stufen und die Architekten beschlossen, dieses alte Bauwerk zu einer größeren, glatten Pyramide auszuweiten. Das war eine gute Idee, die aber, wie es oft der Fall ist, unerwartete Probleme mit sich brachte. So waren beispielsweise die äußeren Schichten der neuen Pyramide nicht gut mit der alten Stufenpyramide verbunden. Außerdem standen die neuen Schichten auf Sand und nicht wie das bereits vorhandene Gebäude auf Stein. Und schließlich waren die verwendeten Steine nicht komplett rechteckig und fügten sich nicht gut zusammen.

Wie die Erbauer später erkannten, baut man so keine Pyramide. An einem bestimmten Punkt, vielleicht während der Bauarbeiten oder kurz nach der Vollendung, begannen die äußeren Mauern abzurutschen und rissen einen Teil des früheren, gestuften Bauwerks mit sich. Das Ergebnis war der Schuttberg, den man heute noch sehen kann und in dessen Mitte die Überreste des zentralen Kerns in Form eines Turms zu erkennen sind. Der Zusammenbruch muss spektakulär gewesen sein, er kam zweifellos schnell und unerwartet und womöglich haben die Steinmassen Menschen unter sich begraben, die an der Errichtung der Pyramide beteiligt waren. Vielleicht aber hatten sie noch genügend Zeit, sich zu retten – man kann es nur hoffen. Jedenfalls handelt es sich hier um ein gutes Beispiel für den »Seneca-Effekt« in demjenigen Sinne, dass der Ruin rasch über sie kam.

Auch bei den anderen beiden Pyramiden, die Pharao Snofru erbauen ließ, gab es Schwierigkeiten. Eine davon wird heute als Knickpyramide bezeichnet und wie der Name schon ahnen lässt, ist sie ein seltsames und wenig elegantes Bauwerk. Sie hatte zunächst denselben Winkel wie die späteren großen Pyramiden von Gizeh, doch mitten im Verlauf der Bauarbeiten entschied man sich für einen flacheren Winkel. Das Ergebnis ist eher irritierend als eindrucksvoll. Die zweite, die »Rote Pyramide«, ist zweifellos ein imposanter Steinhaufen, aber wegen ihres flachen Winkels ebenfalls nicht annähernd so überzeugend wie die Pyramiden von Gizeh.

Mendelssohn schildert nun in seinem Buch eine Theorie, die die seltsamen Formen dieser Pyramiden erklären könnte.[52] Zu allererst waren für den Bau einer Pyramide zunehmend weniger Arbeiter nötig, je weiter sie wuchs, weil sie sich nach oben verjüngte. Und damit die übrigen Arbeiter nicht untätig blieben, wurden wahrscheinlich

Abbildung 7 Die »Knickpyramide« von Dahschur, Ägypten. Die merkwürdige Form dieses Bauwerks ist wahrscheinlich die Folge des Versuchs, zu verhindern, dass es dasselbe Schicksal erlitt wie die zusammengebrochene Pyramide von Meidum.[53]

mehrere Pyramiden gleichzeitig errichtet. Ebenso ist anzunehmen, dass bei der Errichtung der einzelnen Pyramiden die Erfahrungen an den anderen Baustellen einflossen und man jeweils die dort gemachten Fehler zu vermeiden suchte. Womöglich wetteiferten die Baumeister auch darum, wer die größte und höchste Pyramide zustande brachte. So etwas aber kann Zeitdruck auslösen, wodurch es oft zu – möglicherweise schwerwiegenden – Fehlern kommt. Nehmen wir einmal an, die Meidum-Pyramide sei die bautechnisch am höchsten entwickelte gewesen, als es zur Katastrophe kam. Ferner, dass zu diesem Zeitpunkt die Arbeiten an den beiden anderen Pyramiden bereits im Gange waren. Die »Knickpyramide« war also womöglich eine Folge der Nachricht vom Zusammenbruch der Meidum-Pyramide zu einem Zeitpunkt, als sie bereits zur Hälfte vollendet war. Die Architekten ersannen daraufhin vielleicht einen Notfallplan, um einen weiteren Zusammenbruch zu vermeiden, und ließen deshalb den Rest der Pyramide in einem flacheren und sichereren Winkel bauen. Noch drastischer angepasst an den erlebten Zusammenbruch war die Planung der Roten Pyramide, die von Anfang an in einem flachen Winkel erbaut wurde.

Das alles ist natürlich nur Theorie. Die Möglichkeit, dass die Ägypter die Knickpyramide errichteten, weil sie sie so haben wollten, und die Rote Pyramide, weil sie glaubten, es sei eine gute Idee, sie so zu bauen, wie sie es taten, lässt sich nicht ganz ausschließen. Dennoch klingt Mendelssohns Theorie einleuchtend. Wir wissen nicht, ob Pharao Snofru mit diesen Pyramiden glücklich war, von denen wahrscheinlich keine dem entsprach, was er sich vorgestellt hatte. Offenbar aber musste er sich damit begnügen. Es blieb seinem Sohn Khufu (auch Cheops genannt) überlassen, die erste »echte« Pyramide erbauen zu lassen, die wir zusammen mit zwei weiteren, später erbauten, bis heute bewundern können.

Interessant ist, dass wir die Geschichte der Meidum-Pyramide nur aus ihren Überresten rekonstruieren können. Bislang wurden keine schriftlichen Dokumente über ihren Zusammenbruch gefunden. Aber er war ein Ereignis, das wohl in ganz Ägypten Widerhall fand, vielleicht sogar in ganz Nordafrika und im Nahen Osten. Beruht womöglich die Legende vom Turmbau zu Babel auf diesem »Kollaps«? Wir wissen es nicht, aber wir können vermuten, dass das absolute Stillschweigen um dieses Ereignis ein Zeichen für das Entsetzen der Erbauer ist – ein Phänomen, das allenthalben zu beobachten ist: Es hat mit der Schwierigkeit zu tun, das Verhalten komplexer Systeme zu verstehen.

Ein weiteres Beispiel für dieses Problem ist der Einsturz des World Trade Center in New York bei den Angriffen des 11. September 2001. Damals glaubten offenbar viele, es sei einfach undenkbar, dass die Twin Towers, zwei wirklich großartige Gebäude, wie ein Kartenhaus in sich zusammenfallen würden, nur weil zwei Flugzeuge in sie hineinflogen. So entwickelte jemand die Theorie von der »kontrollierten Zerstörung«, wonach der Einsturz auf die Zündung einer Reihe in den Gebäuden versteckter Sprengsätze zurückzuführen sei – eine Legende, die bis heute in Umlauf ist.[54] Das Seltsame an dieser Theorie ist, dass der Zusammensturz eigentlich weitgehend auf einer völlig verständlichen Tatsache beruht, nämlich dass die Türme mit einer Geschwindigkeit fielen, mit der alles auf diesem Planeten fällt. Die Vertreter der Theorie von der kontrollierten Zerstörung erklärten jedoch, das sei eben nicht normal. Aber die Türme stürzten aufgrund desselben Mechanismus ein, der auch ein Kartenhaus zusammenfallen lässt: aufgrund einer Kettenreaktion.[55] Es handelte sich um ein typisches nichtlineares Phänomen, für das die Flugzeuge, die in die Türme rasten, bloß ein Auslöser waren.

Was genau verursachte eigentlich den Ruin der Meidum-Pyramide? Könnte es sein, dass die Feinde des Pharao Manipulationen an dem Bauwerk vorgenommen hatten? Es ist nicht auszuschließen, dass Snofru genau das dachte und dann eine beträchtliche Zahl politischer Gegner unter dem Vorwurf der Sabotage enthaupten ließ. Doch das Schicksal der Meidum-Pyramide lässt sich viel einfacher erklären. Vielleicht löste ein kleines Erdbeben, vielleicht eine Windböe, ein Sturm oder einfach ein niesender Arbeiter die Katastrophe aus. Aber das spielt keine Rolle, wichtig ist nur, dass ein Stein herunterrollte und dann das ganze Gefüge folgte. Es ist lediglich ein Beispiel dafür, wie ein kleiner Stups von außen eine Kettenreaktion auslöst und man später nur das Endergebnis sehen und nicht glauben kann, dass das ganze Ding wegen einer so unbedeutenden Ursache so jäh eingebrochen ist.

Der »Seneca-Kollaps« entspricht aber, wie wir wiederholt festgestellt haben, der normalen Funktionsweise des Universums. Doch ein Unterschied zwischen dem Einsturz der Meidum-Pyramide und dem der Twin Towers in New York bleibt bestehen: Bei Letzteren können wir mit hundertprozentiger Sicherheit sagen, dass es sich um eine Verschwörung handelte. Jemand muss die Angriffe auf das World Trade Center heimlich geplant haben, bevor sie ausgeführt wurden, und das ist die eigentliche Definition des Begriffs »Verschwörung«. Aber die Gesetze der Physik werden durch Verschwörungen nicht außer Kraft gesetzt.

Die Physik der Sanduhr

Es bedarf keiner großen Mühe, Lawinen zu erzeugen. Der Schnee, der sich an einem Abhang gesammelt hat, ist in sich instabil, und um ihn ins Rutschen zu bringen, reicht unter Umständen eine laute Stimme oder ein Händeklatschen. Dasselbe gilt für Erde oder Steine an einem steilen Abhang. So starben beispielsweise 1966 im walisichen Aberfan 116 Kinder und 28 Erwachsene in einer Schule, weil ein Berg aus Kohleabraum in unmittelbarer Nähe in Bewegung geraten war.

All diese Ereignisse haben eines gemeinsam: Es handelt sich um *kollektive Phänomene*, eingebettet in ein Netz von Elementen, die miteinander interagieren. Ein Stein allein verursacht keine Lawine, wohl aber ein Steinhaufen wie bei einer Pyramide. Es ist dasselbe Phänomen, das auch ein Kartenhaus zusammenfallen lässt oder eine Atomexplosion auslöst. Der als »Kettenreaktion« bezeichnete Mechanismus läuft immer ähnlich ab: Je länger er anhält, desto umfassender wird er. Und er kommt nicht nur bei Gebäuden vor, sondern bei allem, was zerbrechen, zerfallen, schmelzen oder explodieren kann, also bei allen Formen des Kollapses von Dingen in der realen Welt. Überall ist der »Seneca-Kollaps« zu beobachten.

Jeder weiß, dass auf diesem Planeten mit Lawinen zu rechnen ist, aber kann man sie auch vorhersagen? Dazu benötigte man eine »Lawinentheorie«, möglicherweise mit einer »Lawinengleichung«, die uns genau sagt, wann und wo die Lawine abgeht und wie schnell. Aber eine solche Gleichung gibt es nicht. Geologen haben bereits umfangreiches Wissen über Erdrutsche aller Art gesammelt, doch meistens arbeiten sie mit Datentabellen, verlassen sich auf bisherige Erfahrungen und sorgfältige Messungen der Bewegung von Erd- und Steinmassen. Aber keine Messung kann Auskunft darüber geben, wann genau die schnelle Phase einer Lawine eintritt. Ein gutes Beispiel für dieses Problem ist der Erdrutsch, der 1963 zur Katastrophe im italienischen Vaiont führte.[56] Er bewirkte, dass das Becken eines Wasserkraftwerks überlief und die so entstandene Welle fast 2000 Menschen unter sich begrub. Geologen wussten, dass das Gebiet erdrutschgefährdet war, konnten aber das Risiko hinsichtlich der

Größe und des Zeitpunkts nicht genau bestimmen. Dasselbe gilt für Erdbeben, ein Phänomen, das man als Sonderfall einer Lawine betrachten kann. Es gibt keine »Erdbebengleichung«, anhand derer man voraussagen kann, wo und wann ein Beben stattfinden wird.

Bei alledem ist grundsätzlich eines zu beobachten: Wir haben es mit einem komplexen, nichtlinearen, kollektiven Phänomen zu tun und nur in wenigen Fällen wie beim »Ising-Modell« magnetischer Gitter ist es möglich, eine präzise Gleichung aufzustellen, die die Entwicklung des Systems beschreibt. Wir können jedoch das Verhalten komplexer Systeme mithilfe von Computersimulationen beschreiben. Neueren Datums ist die Untersuchung dieser Phänomene von Bak, Tank und Wiesenfeld[57] anhand des »Sandhaufen-Modells« das Bak 1996 in seinem Buch *How Nature Works*[58] darstellte. In diesem Modell wird das Verhalten eines idealisierten Sandhaufens, auch als Sanduhr bezeichnet, unter dem Begriff »selbstorganisierte Kritikalität« (SOC, »self-organized criticality«) dargestellt und auf verschiedene Systeme übertragen, bei denen kollektives Verhalten beobachtet werden kann – vom Erdbeben bis zum menschlichen Gehirn.

Als Bak und seine Kollegen den Begriff der selbstorganisierten Kritikalität entwickelten, dachten sie nicht an den Einsturz ägyptischer Pyramiden oder moderner Gebäude, sondern gingen von einem abstrakten Modell gekoppelter Oszillatoren aus. Doch im Lauf der Zeit entdeckten sie, dass ihr mathematisches Modell auf die verschiedensten physikalischen Phänomene übertragbar war und es sich bei den meisten – wenn auch nicht allen – um jene jäh eintretenden Ereignisse handelte, die wir als »Katastrophen« bezeichnen und zu denen auch der Einsturz von Gebäuden zählt. Zweifellos kann man die Meidum-Pyramide vor ihrem Kollaps auch als riesigen Sandhaufen betrachten, auch wenn sie nicht als solcher konzipiert war.

Ein typisches Sandhaufen-/Sanduhr-Modell kann man sich als quadratisches Gitter vorstellen – wie ein Schachbrett –, in dem jedes Quadrat null bis vier Sandkörner enthält. Bei jeder Stufe der Berechnung fügt der Computer einem nach dem Zufallsprinzip ausgewählten Quadrat ein Sandkorn hinzu und liefert so eine vereinfachte Beschreibung dessen, was in einer Sanduhr vor sich geht. Wenn im Modell ein Quadrat zufällig vier Körner enthält, »kollabiert« es und verteilt die Sandkörner gleichmäßig auf die vier angrenzenden Quadrate. Möglicherweise befinden sich in einem oder mehreren dieser Quadrate drei Sandkörner, sodass sie durch das zusätzliche Korn ebenfalls kollabieren und die Körner auf die angrenzenden Quadrate verteilen. Dieser Prozess setzt sich weiter fort und bezieht immer mehr Quadrate mit ein, während die Körner, die aus dem Gitter gedrängt werden, als verloren gelten. Die Zahl der an dem Prozess beteiligten Quadrate bestimmt die Größe der Lawine. Im Lauf der Simulation kommt es ständig zu großen und kleinen Rutschungen. Dabei würde man erwarten, dass große Rutschungen seltener sind als kleine. Überraschenderweise aber besteht bei einer doppeltlogarithmischen Darstellung, bei der man die Zahl der Lawinen als eine Funktion ihrer Größe darstellt, ein linearer Zusammenhang zwischen der Zahl der Lawinen und ihrer Größe (man spricht hier auch vom »Paretoprinzip« nach Vilfredo Pareto, einem Schweizer Ökonomen des 19. Jahrhunderts;[59] siehe hierzu den Kasten im Anhang auf S. 281 f.).

Bak und seine Kollegen waren der Meinung, echte Lawinen folgten im Allgemeinen einem Potenzgesetz (vgl. Kasten, S. 281 sowie Abbildung A5, Seite 286, beide im Anhang). Wie man sich vorstellen kann, experimentierten bald viele Labore in aller Welt mit echten Sandhaufen. Anfangs gab es zuweilen negative Ergebnisse, doch später konnte das Potenzgesetz bei Reiskörnern beobachtet werden.[60] Nach einiger Zeit war klar, dass die Theorie der selbstorganisierten Kritikalität eine Vielzahl realer Phänomene beschreibt. Eigentlich waren die Potenzgesetze, die selbstorganisierte Kritikalität erklären, schon bekannt, bevor das Modell beschrieben wurde, allerdings wurden sie als solche noch nicht erkannt.

Was plötzliche Zusammenbrüche betrifft, sind Erdbeben ein gutes Beispiel. Man weiß schon lange, dass nicht nur große Erdbeben weniger wahrscheinlich sind als kleine (glücklicherweise), sondern auch, dass ein eindeutiger Zusammenhang zwischen Größe und Häufigkeit besteht, wie man aus der folgenden Tabelle des United States Geological Survey entnehmen kann, die einen Zeitraum von 47 Jahren umfasst.[61]

Ms (Erdbebenstärke)	**Erdbeben pro Jahr**
8,5 – 8,9	0,3
8,0 – 8,4	1,1
7,5 – 7,9	3,1
7,0 – 7,4	15
6,5 – 6,9	56
6,0 – 6,4	210

Tabelle 2 Verhältnis von Erdbebenstärke und Auftrittshäufigkeit

Die Oberflächenwellen-Magnitude (Ms, vom Englischen *surface wave Magnitude*) wurde in den 1930er-Jahren von Charles Francis Richter und Beno Gutenberg als Zehnerlogarithmus der maximalen auf einem Seismografen verzeichneten Amplitude (Auslenkung) definiert, korrigiert um die Entfernung vom Epizentrum und andere Faktoren. Die Ms-Werte sind also bereits der Logarithmus einer Intensität. Fügen wir diesen Daten nun noch den Logarithmus der Häufigkeit hinzu, das heißt ihrer Zahl pro Jahr, kann das Ergebnis in einer doppeltlogarithmischen Grafik dargestellt werden (siehe Abbildung A6, im Anhang Seite 287). Bei den in der dortigen Abbildung dargestellten Erdbeben ist eine lineare Beziehung zwischen Häufigkeit und Größe zu erkennen, die in der Geologie bereits unter dem Namen »Gutenberg-Richter«-Gesetz bekannt war, lange bevor die Theorie der selbstorganisierten Kritikalität entwickelt wurde. Nach dem Gutenberg-Richter-Gesetz gibt es keine »typische« Erdbebenstärke. Die Wahrscheinlichkeit eines Erdbebens einer bestimmten Stärke nimmt mit steigender Stärke stetig ab. Wenn die Größenverteilung einer Gaußschen Kurve entspricht, was auf viele Phänomene zutrifft, ist die Wahrscheinlichkeit großer Ereignisse sehr viel niedriger als im Falle eines Potenzgesetzes. Deshalb wird zur Beschreibung des Potenzgesetzes der Begriff »fat tail« (dicker Schwanz) verwendet: Die Wahrscheinlichkeit, dass es zu einem Ereignis kommt, ist hier am Ende der Verteilungskurve größer als bei einer exponentiellen oder Gaußschen Verteilung.

Dass die Häufigkeit von Erdbeben mit dem Potenzgesetz zu beschreiben ist, zeigt, dass es einen gewissen Organisationsgrad unter den Elementen des Systems gibt, die miteinander in Wechselwirkung stehen: Sie müssen ein Netz bilden. Das stimmt mit dem überein, was wir über die Erdkruste wissen, ein Ensemble von Platten, die miteinander interagieren. Die meisten Erdbeben sind auf die Freisetzung von Energie zurückzuführen, die sich in Form elastischer Energie in den Verwerfungszonen, wo sich die Platten gegeneinander verschieben, akkumuliert und dort gespeichert wird. Dieses Verschieben verläuft nicht reibungslos und die Energie wird in Stößen entladen, ganz ähnlich wie bei Festkörpern Materialbrüche in einem einzigen Stoß die in den gespannten chemischen Verbindungen gespeicherte Energie freisetzen. Bei diesen Verwerfungszonen handelt es sich um große Bereiche miteinander verbundener Elemente und es überrascht nicht, dass das Ergebnis eine mathematische Relation ist, die die Größe und Häufigkeit plötzlicher Verschiebungsvorgänge in Beziehung setzt.

Wir wissen bereits eine Menge über Erdbeben und können ziemlich genau die Wahrscheinlichkeit von Erdbeben einer bestimmten Intensität voraussagen. Wir wissen außerdem, wo sich die Kontinentalplatten gegeneinander verschieben und in welcher geografischen Region Erdbeben am wahrscheinlichsten sind, etwa an der San-Andreas-Verwerfung, die sich durch Kalifornien zieht und wo sich die nordamerikanische Platte an der pazifischen entlang schiebt. Daher ist diese Region besonders erdbebengefährdet und man wartet nur darauf, dass »The big one« zuschlägt – es also zu einem Großereignis mit möglicherweise apokalyptischen Auswirkungen kommt.

Aber was man nicht sagen kann, ist, wann genau ein Erdbeben eintritt, ein Problem, das sich in allen seismischen Regionen der Welt stellt. Man kann dies als eine Beleidigung des menschlichen Erfindergeists betrachten, was manch einer auch tatsächlich tut. So verurteilte etwa 2014 ein italienisches Gericht eine Gruppe von Geologen zu sechs Jahren Gefängnis, weil sie die Bewohner der Stadt L'Aquila nicht auf die Möglichkeit eines Erdbebens aufmerksam gemacht hatten, bevor dieses 2009 die Stadt traf und über 300 Menschen tötete.[62] Vielleicht waren die Geologen tatsächlich ein wenig leichtsinnig gewesen, weil sie den Bewohnern der Stadt ausdrücklich erklärt hatten, dass es keinen Anlass zur Sorge gebe. Trotzdem war ihre Verurteilung nicht gerechtfertigt, da die Wissenschaft eben keine genauen Aussagen über bevorstehende Erdbeben machen kann. Folglich wurde das Urteil 2015 aufgehoben und die Geologen wurden von allen Vorwürfen freigesprochen.

Daher können wir uns trotz all unserer Kenntnisse über kritische Phänomene vor Erdbeben nur schützen, indem wir Gebäude errichten, die ihnen standhalten, ohne Schaden zu nehmen. In Japan gilt es als normal, dass das Haus, in dem man arbeitet oder wohnt, zumindest ein paar Mal im Jahr für eine kurze Zeit bebt. Die meisten dieser Erdbeben sind völlig harmlos, weil in Japan alle Gebäude, insbesondere Hochhäuser, bis zu einer bestimmten Grenze »erdbebensicher« sein müssen. Aber die Wahrscheinlichkeit, dass eine Erdbebenstärke die Sicherheitsgrenze überschreitet, ist nicht gleich null. Erst 1995 kamen bei dem Großen Hanshin-Erdbeben, auch Kobe-Erdbeben genannt, über 6000 Menschen ums Leben und es wurden über 400.000 Gebäude schwer beschädigt. Ein weiteres verheerendes Erdbeben erschütterte Japan im Jahr 2011, was zur Folge hatte, dass das Atomkraftwerk von Fukushima im Norden Japans durch einen Tsunami zerstört wurde. Die Erbauer hatten Wellen von über sechs Metern Höhe für so unwahrscheinlich gehalten, dass sie glaubten, es sei nicht der Mühe wert, sie in die Planung einzubeziehen. Sie hätten jedoch wissen müssen, dass solche hohen Wellen im Bereich des Möglichen liegen – die Wellen, die auf die Schutzmauer trafen, waren 13 bis 15 Meter hoch und verursachten letztlich die verheerende Kernschmelze in den Reaktoren.

Die Schlussfolgerung, die wir daraus ziehen können, lautet, dass große Ereignisse, die als unerwartete Katastrophen gelten, in Wirklichkeit nur der Extremfall in einer Abfolge von nicht katastrophalen oder weniger katastrophalen Ereignissen sind. Nassim Taleb hat solche Ereignisse auch als »graue« oder »schwarze Schwäne« bezeichnet.[63]

Außerdem ist zu beachten, dass Potenzgesetze nicht für das ganze Spektrum möglicher Parameterwerte eines Systems Gültigkeit haben. Erstens: Würde sich das Gesetz auf den ganzen Bereich bis hinunter zu immer kleineren Ereignissen erstrecken, stünde am Ende eine unendliche Zahl mikroskopischer Phänomene. So ist beispielsweise bekannt, dass die Größe von Städten einer Version des Paretoprinzips, dem Zipfschen Gesetz (siehe dazu Kasten im Anhang, S. 281 f.), folgt, nach dem der Logarithmus der Einwohnerzahl eine gerade Linie erzeugt, wenn er im Verhältnis zum Rang der Stadt dargestellt wird. Dabei werden Städte in der Reihenfolge ihrer Größe aufgelistet und entsprechend eingestuft. Aber natürlich ist eine Stadt mit weniger als einem Bewohner nicht möglich. Dasselbe gilt auch für andere Phänomene wie etwa Ölfelder.[64] Wenn die Verteilung nach der Potenzregel für alle Größen Gültigkeit hätte, gäbe es eine unendliche Zahl kleiner Ölfelder, was eine unendliche Menge Öl bedeuten würde, und das ist offensichtlich nicht der Fall.

Am entgegengesetzten Ende der Verteilung nach dem Potenzgesetz, also bei sehr großen Ereignissen, zeigt sich ein anderer Effekt, der erstmals von Laherrer und Sornette beobachtet und als »King effect« bezeichnet wurde: Es handelt sich um eine starke Abweichung von der Verteilung bei einigen Ereignissen, die unerwartet groß sind.[65] Später verwendete Sornette den Begriff »Dragon King« für solche Ereignisse.[66] Ein Beispiel für diesen Effekt ist die Position von Paris in der Verteilung französischer Städte nach ihrer Größe. Paris ist viel größer, als die Verteilung nach dem Potenzgesetz vermuten ließe. Es ist der wahre »König« unter den französischen Städten.

Lassen Sie mich zusammenfassen: Eine bestimmte Form des Kollapses kann anhand des Modells der »selbstorganisierten Kritikalität« erklärt werden. Dabei stellt sich heraus, dass in einigen Fällen die Stärke des Zusammenbruchs dem Paretoprinzip oder Potenzgesetz folgt, das sie zu ihrer Häufigkeit in Beziehung setzt. In dieser Verteilung sind schwere Katastrophen oft Extremereignisse. Wir wissen nicht, wann eine Katastrophe eintritt, aber durch eine Untersuchung der Eigenschaften ihrer Verteilung können wir zumindest Aussagen über ihre Wahrscheinlichkeit als Funktion ihrer Größe machen. Damit bekommen wir ein Schutzinstrument in die Hand, sofern wir wissen, wie mit den Daten umzugehen ist und welche Vorsichtsmaßnahmen getroffen werden müssen.

Das gilt keineswegs für alle Phänomene. Wird man etwa auf der Straße von einem Meteoriten getroffen, so ist das ein wirklich unvorhersehbares Ereignis: In der Geschichte der Menschheit gibt es keinen belegten Fall, dass einmal jemand von einem herabstürzenden Meteoriten getötet wurde. Es ist also berechtigt, keine Vorsichtsmaßnahmen gegen ein solches Ereignis zu treffen. Wenn man hingegen in einer Erdbebenzone lebt und das eigene Haus oder der Arbeitsplatz nicht »erdbebensicher« ist, darf man sich nicht beklagen, wenn man am Ende unter Schutt begraben wird. Vorsichtsmaßnahmen gegen zufällige Ereignisse zu treffen wird nicht dadurch überflüssig, dass sie zufällig sind. Im Gegenteil, es ist nicht nur klug, sondern auch eine Pflicht.

Netze und Netzwerke

Um das Verhalten von Systemen zu erklären, die aus vielen miteinander verbundenen Elementen bestehen, ist der Begriff des Netzes von großer Bedeutung, und dies gilt vor allem für das Phänomen, das wir Kollaps nennen: kein Netz, keine Lawine. Eine große Zahl von Steinen kann eine Lawine verursachen, ein einzelner Stein nicht. Ebenso kann ein einzelnes Molekül nicht in sich zusammenbrechen, ein Festkörper aus miteinander verbundenen Molekülatomen hingegen schon. Diese Eigenschaft weisen komplexe Systeme grundsätzlich auf.

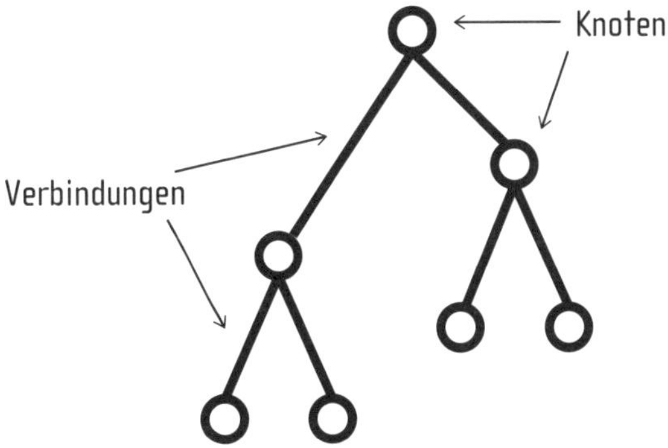

Abbildung 8 Ein generisches Netzwerk bzw. eine schematische Darstellung von Knoten und Verbindungen.

Netze sind Gebilde aus »Knoten«, die durch »Kanten« miteinander verbunden sind. Häufig werden sie als »Graph« dargestellt, also mithilfe eines statischen Modells – etwa so, wie eine Fotografie die statische Darstellung eines realen Menschen ist. Gebilde wie eine ägyptische Pyramide, ein Sandhaufen, eine Gruppe von Facebook-Freunden und ein kristalliner Festkörper – sie alle kann man als »Netzwerke« betrachten (vgl. Abbildung oben). Bei einer Pyramide sind die Netzknoten Steine und die Verbindungen zwischen ihnen die Gravitationskräfte, die dafür sorgen, dass ein Stein auf dem anderen bleibt. Der im Modell der selbstorganisierten Kritikalität beschriebene Sandhaufen[67] ist ein zweidimensionales Netz, bei dem jedes Quadrat für einen Knoten steht. Diese Knoten sind durch die Regeln miteinander verbunden, die die Beschleunigung einer Lawine bestimmen. In einem Facebook-Netz ist jeder Teilnehmer ein Knoten und die Verbindungen sind die »Freundschafts«-Bedingungen, die Facebook vorgibt. In einem kristallinen Festkörper sind die Atome die Knoten, die durch chemische Verbindungen miteinander verknüpft sind. Es gibt also eine enorme Vielfalt von Netzen, sowohl virtuell als auch real.

Ein Netz gilt als »vollständig verbunden«, wenn jeder Knoten direkt mit jedem anderen verbunden ist. Am anderen Ende des

Spektrums kann ein Netzwerk in Cluster zerlegt sein, die sich nicht miteinander verbinden können. Ein Netz gilt als »verbunden«, wenn es einen Weg gibt, der jeden Knoten mit jedem anderen durch Springen von einem zum anderen verbindet. Dies wird anschaulich mit den »Six degrees of separation« (sechs Grade der Trennung) beschrieben, einer Theorie, nach der jeder Mensch jeden anderen auf der Welt (etwa den Präsidenten der Vereinigten Staaten) über lediglich sechs Verbindungen unter Freunden und Bekannten erreichen kann. Das ist nur ein Annäherungswert, aber er verweist auf eine andere Theorie, nämlich die der Kleine-Welt-Netze, in denen die Durchschnittsentfernung zwischen zwei willkürlich gewählten Knoten (die Zahl der Stufen, die überwunden werden müssen, um von einem zum anderen zu gelangen) proportional zum Logarithmus der Knotenzahl in dem Netz zunimmt. Die Klasse von Netzen, bei denen die Zahl der Verbindungen nach einem Potenzgesetz verteilt ist, wird als »skalenfrei« bezeichnet. Das heißt, Knoten mit einer großen Zahl von Verbindungen sind hier seltener als solche mit wenigen und die Wahrscheinlichkeitsverteilung einer bestimmten Zahl von Verbindungen folgt einem Potenzgesetz. Der Mechanismus, der diese Art von Netzen erzeugt, ist das »Preferential Attachment«, das heißt, ein neuer Knoten nimmt mit größerer Wahrscheinlichkeit Kontakt zu einem Knoten auf, der bereits viele Verbindungen hat. Man spricht auch von der Erscheinung, dass der »Reiche immer reicher wird« (oder vom Matthäus-Effekt) – ein bekanntes Phänomen im Alltag.[68]

Bei Netzen kann man einen Zusammenbruch als rasche Neuanordnung der Verbindungen definieren. Hierbei können neue Verbindungen entstehen, alte abbrechen, es kann zum partiellen Verlust der Konnektivität des Netzes kommen, ja sogar zum vollständigen Verlust aller Verbindungen und zum Verschwinden des Netzes. In den meisten Fällen lassen sich derartige Phänomene als Phasenübergang klassifizieren. Phasenübergänge sind vor allem auf atomarer und molekularer Ebene bekannt. Die meisten Menschen erfahren im schulischen Chemieunterricht etwas über Atome und Moleküle, die einer Reihe von Begriffen mit langen Listen von Komponenten und abstrusen Nomenklaturregeln zugeordnet werden. Chemie kann tatsächlich langweilig sein und für die meisten Menschen ist sie das auch, weil es darin hauptsächlich um kleine Teilchen geht; vielleicht schwingen sie, setzen Protonen frei oder absorbieren sie, reagieren miteinander und so weiter, aber sie bilden keine Netze und sie zeigen auch nicht das vielfältige überraschende und interessante Verhalten komplexer Systeme – dafür sind sie schlichtweg zu klein.

Doch auch einzelne Moleküle legen ein komplexes Verhalten an den Tag, sofern sie groß genug sind, um ein Netz zu bilden. Das ist beispielsweise bei Proteinen der Fall, die aus langen Molekülketten bestehen (»Aminosäuren«). Diese Kette »faltet« sich zusammen wie zu einem Wollknäuel. Die schwachen Bindungen unter den verschiedenen Abschnitten der Proteinkette bilden ein Netz von Knoten und Kanten, das umstrukturiert werden kann. Deswegen besitzen Proteine zumindest eines der typischen Merkmale komplexer Systeme: Sie können Phasenübergängen unterliegen.

Vielleicht haben Sie von der Creutzfeldt-Jakob-Krankheit gehört, der Prionenerkrankung, von Amyloidose und anderen Krankheiten. All dies sind »Proteinfehlfaltungserkrankungen«, die oftmals auf eine Veränderung der Faltungen mancher Proteine im menschlichen Körper zurückzuführen sind. Dabei wird das Protein nicht zerstört, die chemischen Verbindungen werden nicht gekappt und auch seine chemische Zusammensetzung verändert sich nicht. Es verändert sich nur die Form/Art und Weise, wie die Atomketten, aus denen das Protein besteht, die schwachen Bindungen, die für eine bestimmte Faltung sorgen, neu ordnen. Diese Veränderung kann die funktionalen Eigenschaften des Proteins in dem Organismus, in dem es angesiedelt ist, zerstören. Die Folgen sind unter Umständen verheerend, weil der Kollaps womöglich selbstverstärkend ist. Ein einziges falsch gefaltetes Protein kann bewirken, dass sich auch andere Proteine falsch falten, sodass eine Kettenreaktion entsteht, die die Funktionsfähigkeit einer großen Zahl von Proteinen im Organismus zerstört.

Feststoffe enthalten in der Regel viel mehr Atome und Moleküle als jedes Protein, und auch sie kann man als Netze betrachten. Während ein Protein aus einer linearen Kette von Knoten besteht, ist ein Festkörper ein dreidimensionales Netz, in dem jeder Knoten durch chemische Verbindungen mit seinen unmittelbaren Nachbarn verknüpft ist. Atome und Moleküle können sich auf vielerlei Weise in einem Netz anordnen, doch bei den »kristallinen« Festkörpern sind die Knoten in einem eigentümlichen Netz miteinander verbunden, dem »Gitter«. So ist beispielsweise ein Atom in einem Metall in der Regel mit zwölf benachbarten Atomen direkt verbunden.

Feststoffe können stabil sein und meistens wünschen wir uns das auch. Aber sie zeigen bisweilen auch ein komplexes Verhalten. Wie wir im Abschnitt über Brüche gesehen haben, können sie in zwei oder mehr Stücke auseinanderbrechen, aber sie können auch ihre innere Struktur verändern, indem die Bindungen zwischen den Atomen eine neue Gestalt annehmen. Im letzteren Fall ist die Veränderung unter Umständen so radikal, dass dabei das Netz zerstört wird und der Festkörper schmilzt oder sublimiert.

Ein Festkörper kann aber auch eine radikale Veränderung erfahren und dabei ein Festkörper bleiben, nämlich im »Fest-fest-Phasenübergang«. Vielleicht haben Sie schon einmal den Begriff »Martensit« gehört. Er weist auf eine spezifische Ordnung oder Phase der Eisenatome in einer kristallinen (Eisen-)Phase hin, in der auch Kohlenstoff vorhanden ist. In der Martensit-Phase entsteht ein sehr hartes Material, viel härter als in anderen Phasen, die Eisenatome bilden können, und es ist daher ein wesentlicher Bestandteil von Stahl. Der spektakuläre Prozess, bei dem rot glühender Stahl in kaltes Wasser getaucht wird, dient genau dazu, den Phasenübergang hervorzurufen, der die Weichphase, den Ferrit, in die Hartphase Martensit übergehen lässt. Die beiden Gitter, Martensit und Ferrit, können in einem Gegenstand aus Eisen gleichzeitig vorhanden sein, einen atomaren Zwischenzustand gibt es jedoch nicht. Und wir haben es hier mit einem kollektiven Phänomen zu tun, weil es einen Großteil der Atome – vielleicht sogar alle – in dem Gitter erfasst.

In virtuellen Netzen finden Phasenübergänge nach ähnlichen Regeln statt wie bei den Gittern von Feststoffen, obwohl in einem virtuellen Netz keine physischen Grenzen für die Zahl der Verbindungen eines Knotens existieren. So gibt es im Internet »hypervernetzte« beziehungsweise per »Hyperlink« vernetzte Knoten wie beispielsweise CNN News, die viel mehr Links zu anderen Websites haben als etwa der durchschnittliche, von einer Person betriebene Blog. Die Zahl der Links ist übrigens eines der Kriterien, nach denen Suchmaschinen Internetseiten einstufen. Ferner müssen die Verbindungen eines virtuellen Knotens nicht auf räumlich nahe Nachbarn beschränkt sein, sondern können viel weiter reichen. Beispielsweise sind Ihre Facebook-Freunde wahrscheinlich Ihnen räumlich nahe und wohnen vielleicht sogar in derselben Stadt wie Sie. Doch nichts hindert Sie, Freundschaften mit Menschen zu schließen, die auf der anderen Seite der Welt zu Hause sind.

Allgemein können wir einen »Zusammenbruch« als einen bestimmten Phasenübergang definieren, der in einem Netz stattfindet, vor allem wenn ein verbundenes Netz zertrennt wird wie beim Bruch, beim Schmelzen oder bei der Sublimation eines Feststoffs. In Analogie zu regelmäßigen Gittern können wir den Kollaps in generischen virtuellen Netzen untersuchen, indem wir jeden Knoten und jede Verbindung betrachten, ein Ansatz ähnlich der Molekulardynamik bei kristallinen Gittern. Bei dieser Methode können einzelne Knoten aus dem Netz verschwinden, wenn die Zahl ihrer Verbindungen unter ein bestimmtes Minimum sinkt.

In gewissem Sinne können wir jede Verbindung als chemische Bindung betrachten und uns vorstellen, dass Knoten »sublimieren«, wenn sie nicht mehr durch ein Minimum an Verbindungen mit dem Netz verknüpft sind. Diese Situation ist mit der in Conways »Spiel des Lebens«[69] vergleichbar, bei dem es um Zellen in einem rechteckigen Netz geht. Die einzelnen Zellen sind entweder »lebendig« oder »tot« und können in Abhängigkeit von der Zahl ihrer Nachbarn von einem Zustand in den anderen übergehen. Zu viele Nachbarn, oder zu wenige, lassen die Zelle absterben, die richtige Anzahl hingegen kann zur Entstehung einer neuen, lebendigen Zelle führen. Dieses Phänomen ist allgemein gültig und nicht unbedingt nur bei einem quadratischen Netz wie in diesem Spiel. Weil mit dem Verschwinden eines Knotens aus dem Netz mindestens eine Verbindung – in der Regel sind es mehr – verloren geht, kommt es möglicherweise zu einer sich verstärkenden Rückkopplung und einer Lawine verlorener Verbindungen, die in einen Zusammenbruch mündet.

Solche Untersuchungen sind in der modernen Netzwissenschaft ein heißes Thema. So werden in einer jüngeren Studie von Yu u. a.[70] Netze mit dem »KQ-Lawinenmodell« untersucht, wobei K für die Zahl der Verbindungen und Q für die Zahl der Nachbarn steht. In der Studie wird davon ausgegangen, dass jeder Knoten eine Risiko-Nutzen-Berechnung für die Aufrechterhaltung der Verbindungen mit anderen Knoten vornimmt und diese Verbindungen abbricht und das Netz verlässt, wenn entweder die Zahl seiner Verbindungen zu niedrig ist oder er mehr als einen bestimmten Anteil seiner Nachbarn verloren hat. Dieses Verhalten kann zu einer Lawine von Verbindungstrennungen führen, wobei zahlreiche Knoten das Netz verlassen und eine sich verstärkende Rückkopplung entsteht. Am Ende bricht das Netz womöglich zusammen und teilt sich in zwei oder mehr kleinere Netze. Solche Zusammenbrüche haben eindeutig eine »Seneca-Gestalt« und gleichen dem Materialbruch von Feststoffen.

Dies ist nur ein Beispiel für den immensen Aufwand unter Beteiligung einer Vielzahl von Forschern, mit dem viele Netzarten untersucht werden. Dabei ist zu beachten, dass diese Ergebnisse für relativ einfache Netze gelten, während es sich bei vielen Netzen in der wirklichen Welt um vielschichtige Strukturen handelt, um »Netze aus Netzen« (NON, »Networks of networks«), deren Verhalten komplexer ist, die aber gleichwohl untersucht werden können.[71]

Eine weitere Methode zur Untersuchung von Netzen und ihrem Verhalten beruht auf der »Katastrophentheorie«, die in den 1970er-Jahren von dem französischen Mathematiker René Thom entwickelt wurde.[72] Sie geht wiederum auf die früheren Arbeiten von Alexander Michailowitsch Ljapunow zur Stabilität von Differenzialgleichungen zurück. Die Katastrophentheorie ist ziemlich komplex, lässt sich aber relativ leicht beschreiben, wenn man lediglich zwei

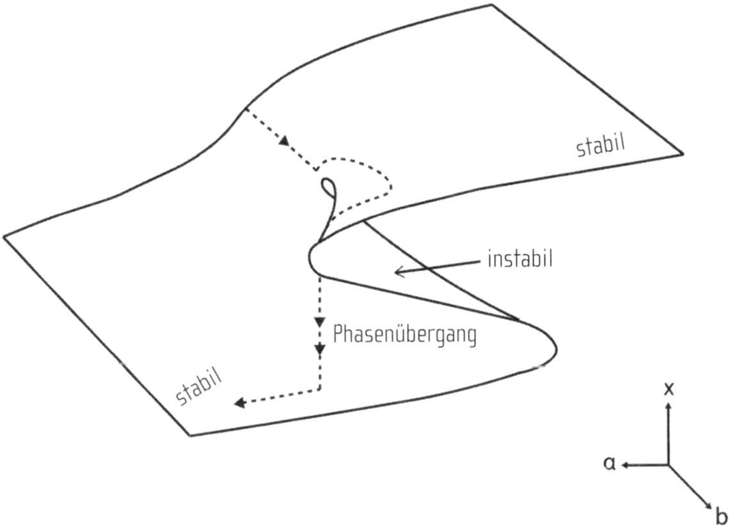

Abbildung 9 Eine schematische Darstellung des Verhaltens eines Systems, das entsprechend der »Katastrophentheorie« kollabiert;[73] »x« bezeichnet den Status des Systems, während »a« und »b« Variablen sind (weitere Erläuterungen im Text).

Parameter des Netzes in den Blick nimmt. Der eine, nennen wir ihn »x«, ist der Zustand des Systems, den wir als Größe des verbundenen Netzes definieren. Wenn das Netz einen Phasenübergang erfährt, wird es getrennt und »x« wird mit einem Schlag kleiner. Gehen wir einmal davon aus, dass der Wert von »x« von einigen Bedingungen oder Parametern abhängt, die wir »a« und »b« – Eigenschaften des Netzes – nennen. Diese Parameter variieren womöglich aufgrund der von außen einwirkenden Störungen, der Zahl der Verbindungen und ihrer Stärke oder anderer Faktoren. Die Variationen wirken in einer strikt nichtlinearen Weise auf das Netz ein, wie Abbildung 9 zeigt.

Hier sieht man, dass in einem bestimmten Bereich des Diagramms die Abhängigkeit des Netzzustands vom Parameter »a« strikt nichtlinear ist: Bei einigen Werten von »a« gibt es zwei mögliche Zustände des Netzparameters »x«. Der Netzzustand kann also plötzlich von einem Zustand in einen anderen springen, wobei er einen klar definierten Kipppunkt durchläuft. Diesen Vorgang haben wir als Phasenübergang bezeichnet, aber man kann ihn auch als einen Seneca-Kollaps betrachten. Eine ägyptische Pyramide kann intakt oder zusammengebrochen, ein Stück Metall ganz oder zerbrochen sein, eine menschliche Gesellschaft kann ein einziges Reich bilden oder aus mehreren Feudalregimen bestehen, die einander bekämpfen. Und es sind noch viele weitere Beispiele denkbar.

Die Katastrophentheorie ist sehr abstrakt und da sie sich nicht ohne Weiteres auf Systeme der wirklichen Welt anwenden lässt, hat sie heute offenbar viel von ihrer Popularität verloren. Doch in jüngerer Zeit haben Forscher Möglichkeiten entdeckt, sie in einer Form zu nutzen, bei der der Netzparameter »x« als von einem universellen Parameter abhängig beschrieben werden kann, der »βeff« heißt und für Netze dieselbe Rolle spielt wie die Temperatur in physikalischen Systemen.[74]

Mit diesem Parameter könnten wir den Punkt des Zusammenbruchs eines bestimmten Netzes vielleicht im Voraus bestimmen.

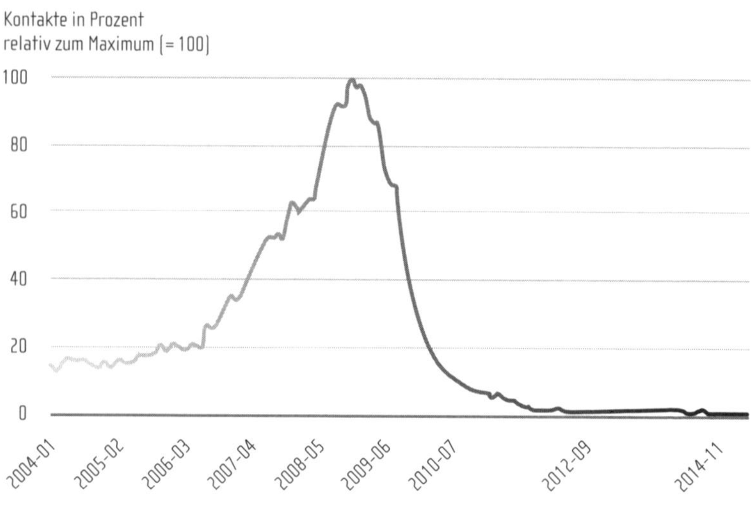

Abbildung 10 Der Zusammenbruch des Online-Netzes »Friendster«, einem Vorläufer von Facebook. Man beachte die »Seneca-Gestalt« der Kurve.[75]

Das heißt, er beschreibt, wie lange ein System Störungen standhält, bevor ein Phasenübergang stattfindet. Das ist ein sehr interessanter Gedanke, man muss aber auch sagen, dass der βeff-Parameter nur in einem sehr abstrakten Sinne mit der Temperatur vergleichbar ist. Temperaturen können bei jedem Material gemessen werden, ohne dass man etwas über dessen Struktur und Zusammensetzung weiß. Im Gegensatz dazu benötigt man für die Bestimmung des βeff-Parameters tiefergehende Kenntnisse über die innere Struktur des Netzes und der verschiedenen Verbindungen zwischen den einzelnen Knoten. Immerhin zeigt diese Theorie, dass die Netzwerkwissenschaft ein sich rasch entwickelndes Gebiet ist.

Manchmal findet der Kollaps virtueller Netze auch in der typischen »Seneca-Gestalt« statt. Dies lässt sich deutlich am Zusammenbruch und Verschwinden des sozialen Netzes »Friendster« illustrieren, das 2009 gestartet und am 14. Juni 2015 eingestellt wurde (siehe Abbildung 10).

Der Kollaps von Friendster wurde in neueren Artikeln beschrieben, die den Rückkopplungsmechanismus des Zusammenbruchs bestätigen.[76] Als sich Teilnehmer von der Plattform abmeldeten, stellten andere fest, dass sie zu wenige Kontakte hatten, als dass es sich lohnen würde zu bleiben, und so meldeten auch sie sich ab. Folglich kam es zu einem raschen Schwund der Netzbevölkerung. Schaut man sich heute die Website von Friendster an, wird einem mitgeteilt, dass »Friendster eine Pause macht«. Das ist eine ziemlich optimistische Aussage, aber auch eine treffende Illustration von Senecas Behauptung, dass »der Ruin schnell kommt«.

Kapitel 6

Finanzlawinen

Money, it's a gas
Grab that cash with both hands and make a stash […]
Money, so they say
Is the root of all evil today

PINK FLOYD, *The Dark Side of the Moon*, 1973

Wiedersehen mit Babylon

Scott Fitzgerald, Autor des Romans *Der große Gatsby*, hinterließ uns eine packende Schilderung des Paris der frühen 1930er-Jahre. Die Kurzgeschichte *Wiedersehen mit Babylon* aus dem Jahr 1931 handelt von einem Amerikaner, der während der Weltwirtschaftskrise nach Paris zurückkehrt, eine Stadt, in der er während der glanzvollen und üppigen »verrückten Jahre« (auch bekannt als die »Goldenen Zwanziger«) gelebt hat. In diesem goldenen Zeitalter bildeten die Amerikaner in Paris eine blühende Community, die sich dem guten Leben und Vergnügungen aller Art hingab, darunter auch so manchem sexuellen Zeitvertreib, durch den sich die Stadt den Beinamen »Babylon« einhandelte. Diese goldene Welt verflüchtigte sich innerhalb kürzester Zeit, nachdem das Geld, auf dem ihre Existenz beruhte, mit dem Börsenkrach von 1929 verschwunden war. Das Paris, das die Hauptperson von *Wiedersehen mit Babylon* besucht, ist nur noch ein Schatten der einstigen Pracht – ein gutes Beispiel für das Verderben, das Menschen und Dinge so leicht dahinrafft. So beschreibt Fitzgerald die Stadt aus der Perspektive seines Helden:

Er war nicht eigentlich enttäuscht, Paris so verlassen vorzufinden. Doch die Stille in der Ritz-Bar berührte ihn seltsam und unheimlich. Das war keine amerikanische Bar mehr. Er kam sich vor wie ein höflicher Gast und nicht, als sei das seine Bar. Sie gehörte wieder zu Frankreich. Er hatte die Stille gleich wahrgenommen, als er aus dem Taxi stieg und sah, wie der Portier, der gewöhnlich zu dieser Stunde in fieberhafter Tätigkeit war, am Personaleingang mit einem Pagen schwatzte […]
Zelli hatte geschlossen, und die billigen zweifelhaften Hotels in der Nachbarschaft waren dunkel. Weiter oben in der Rue Blanche war es heller und von Einheimischen bevölkert, die sich lebhaft unterhielten. Der Literatenkeller war verschwunden, aber das Himmels- und das Höllencafé gähnten einem immer noch weit geöffnet entgegen und verschluckten sogar, während er noch dastand, die spärlichen Insassen eines Touristenbusses: ein deutsches, ein japanisches und ein amerikanisches Paar, die ihn aus erschreckten Augen anstarrten.
Das nannte man also die Betriebsamkeit und Originalität von Montmartre. Diese ganze Versorgung mit Laster und Amüsement hatte etwas ungemein Kindisches, und plötzlich wurde ihm die Bedeutung des Wortes »Zerstreuung« klar – sich zerstreuen, verflüchtigen, verdunsten; aus einem Etwas ein Nichts machen. In den späten Nachtstunden erschien einem jeder Lokalwechsel als ein gewaltiges Unterfangen, und je langsamer die eigenen Bewegungen wurden, desto mehr gab man aus.[77]

Diese Geschichte zeigt, wie größere Veränderungen und Zusammenbrüche durch scheinbar geringfügige Ursachen ausgelöst werden können. Vor dem Schwarzen Donnerstag von 1929 konnten es sich viele Amerikaner leisten, nach Paris zu fahren und sich dort nicht nur kulinarisch verwöhnen zu lassen. Ein Jahr nach dem Crash waren die Amerikaner weg. Dabei war nichts Physisches verschwunden, es hatte weder einen Hurrikan gegeben noch einen Tsunami oder ein Erdbeben. Paris war dieselbe Stadt, die Amerikaner waren dieselben, es verkehrten noch dieselben Schiffe zwischen den Kontinenten, in den Kellern der Pariser Bars lagerte wie zuvor der Champagner und die Pariser Mädchen, die *filles de joie*, warteten in den Seitenstraßen der Stadt nach wie vor auf Kunden. Was es nicht mehr gab, war das nichtphysische Gebilde, das wir »Geld« nennen. Und auch dies war nicht in seiner physischen Form in Gestalt von Metallstücken oder Papierscheinen abwesend. Verschwunden war ein rein virtuelles Gebilde: Zahlen, niedergeschrieben in den Berichten von Geldhäusern.

Der Börsenkrach von 1929 ist wohl der bekannteste in einer langen Reihe von Zusammenbrüchen des Finanzsystems, aber es gab viele weitere. Der wohl erste Crash, der in die Geschichte einging, resultierte aus der Erschöpfung der spanischen Gold- und Silberminen und leitete den Niedergang des Römischen Reichs ein. Es mag auch davor schon monetäre Zusammenbrüche gegeben haben, so wie es auch davor schon Imperien gab, aber die Überlieferung ist undeutlich und wir können keine klaren Aussagen zu den Ereignissen machen. Was wir aber wissen, ist, dass in unserer Zeit Finanzsysteme immer wieder kollabiert sind, obgleich unsere Zivilisation wenigstens bisher die Zusammenbrüche der letzten 200 Jahre überlebt hat.

Der letzte große Finanzkollaps war der Zusammenbruch des »Subprime«-Markts im Jahr 2008. Wie wir später erfuhren, bezeichnet der Begriff »Subprime« Hypothekenkredite, die von Geldinstituten an Kunden vergeben wurden, deren Möglichkeiten, ihre Schulden zurückzuzahlen, als unterdurchschnittlich bewertet wurden. Diese Kredite waren für die Geldinstitute riskant, boten aber attraktive Renditen. Deshalb wurden sie unter andere Finanzinstrumente gemischt, damit kein größerer Schaden entstünde, falls die Kreditnehmer nicht zahlen konnten. Aber offensichtlich hat das nicht so geklappt, wie man es sich vorgestellt hatte. Seit 2007 sanken die Preise für Eigenheime auf dem US-Immobilienmarkt rapide, ein Trend, der später als das Platzen der »Immobilienblase« bezeichnet wurde. Die Folge war eine Kaskade von Zahlungsausfällen bei Hypothekenkrediten, Zwangsvollstreckungen sowie der Kursverfall von Wertpapieren aus dem Immobilienbereich. Diese Katastrophe führte im September 2008 zum Kollaps mehrerer großer Finanzinstitute, zu Unterbrechungen des Kreditflusses an Unternehmen und Konsumenten und zu einer massiven weltweiten Rezession. Für viele Menschen bedeuteten die Ereignisse aber nur eines: Vor dem Kollaps hatten sie ein Eigenheim besessen und danach gehörte es ihnen nicht mehr.

Die Hypothekenkrise von 2008 wurde verschiedentlich interpretiert, wir können sie aber als klassisches Beispiel für einen »Seneca-Kollaps« betrachten, und zwar in dem Sinne, dass der Absturz des Immobilienmarkts viel schneller erfolgte als sein vorheriges Wachstum. Sie veranschaulicht auch, wie eine relativ kleine Störung eine Lawine von Auswirkungen hervorbringen kann, die zum Kollaps des gesamten Systems führen. Der Subprime-Riss wuchs schnell und unerwartet an. Der Ausfall von Subprime-Hypotheken lag in den Vereinigten Staaten lange Zeit bei rund 8 Prozent, stieg aber zwischen 2004 und 2006 rapide auf 20 Prozent und erreichte schließlich ein Maximum von 23,5 Prozent, wobei in einigen Regionen der USA der Anteil noch höher lag.[78] Ebenso wie die Ausbreitung eines kleinen Risses im Rumpf eines Flugzeugs während der Reise zur Explosion führen kann, so war die Subprime-Kreditvergabe der Riss, der sich ausweitete und das gesamte globale Finanzsystem ins Schlingern und schließlich zum Absturz brachte.

Der Crash von 2008 glich vielen anderen, auch dem von 1929, und zwar in der Hinsicht, dass physisch nicht viel passiert war. Die vom Kollaps betroffenen Eigenheime wurden weder von einem Hurrikan noch von einem Erdbeben hinweggefegt. Nach dem Zusammenbruch standen sie noch da wie zuvor, abgesehen von den Fällen, in denen die Besitzer vorsätzlich ihr Heim beschädigten, um sich an den Banken zu rächen. In anderen Fällen sorgten die Banken selbst oder die Kommunalbehörden für den Abriss der Häuser, die keinen Marktwert mehr besaßen. Es kam auch vor, dass Banken auf die Zwangsräumung verzichteten, weil sie der Immobilie, die ihnen zugefallen wäre, keinen Wert beimaßen. So behielten die Besitzer ein wertloses Eigenheim, aber sie sollten weiterhin die anfallenden Grundsteuern, Hypothekenschulden und Instandhaltungskosten bezahlen, obwohl sie längst ausgezogen waren, weil die Bank sie nicht über die Aussetzung der Zwangsräumung informiert hatte. Das war bei den »zombie

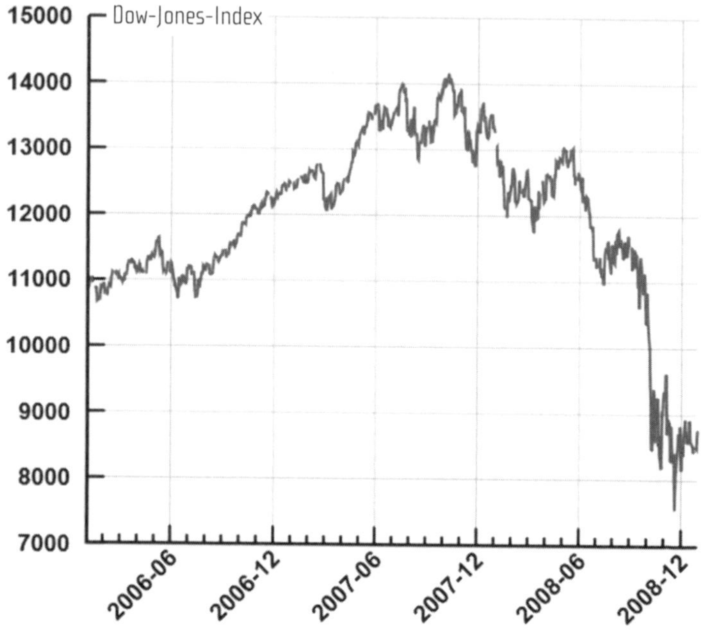

Abbildung 11 Der Kollaps des Dow Jones Industrial Index während der Finanzkrise von 2008. Ein typischer Seneca-Kollaps.[79]

titles« der Fall, die noch heute vielen Menschen in den Vereinigten Staaten das Leben schwer machen.[80] Aber in der Mehrzahl der Fälle wurden ehemalige Besitzer zu Mietern der Immobilie, die jetzt der Bank gehörte.

Die Finanzkrise von 2008 ist nur eines von vielen Beispielen, die illustrieren, wie Finanzblasen wachsen und dann platzen – in der Regel mit verheerenden Folgen (siehe Abbildung 11). Typisch für das Phänomen ist, dass Menschen anfangen, in etwas zu investieren, das sie für wertvoll halten. Das Problem ist: Wie die Schönheit im Auge des Betrachters liegt, so hat auch die Wahrnehmung des Werts einer bestimmten Ware oft wenig mit ihrem tatsächlichen Wert zu tun.

Es gibt sogar Fälle, in denen die Ware gar nicht existiert: Überbewertet werden zum Beispiel Finanzpläne, die Reichtum aus dem Nichts schaffen sollen. Man bezeichnet so etwas als »Schneeballsystem« oder »Ponzi-Trick«, nach Charles Ponzi, der ihn in den 1920er-Jahren mit einigem Erfolg (natürlich nur für sich) einsetzte. Ein Schneeballsystem ist nicht besonders kompliziert und beruht darauf, das Geld von späteren Investoren zu verwenden, um frühere zu bezahlen. Es funktioniert nur, solange die Zahl der Investoren wächst; ähnlich verhält es sich beim Pyramidensystem, bei dem eine kleine Zahl von Menschen oben an der Spitze von den vielen unten am Sockel profitieren. So wie eine Steinpyramide aus Gründen der Schwerkraft zusammenbrechen kann, neigen Finanzpyramiden dazu, aufgrund finanzieller Kräfte zu kollabieren. Der Unterschied ist, dass eine Steinpyramide oft über Jahrtausende stehen bleibt, während Finanzpyramiden allenfalls ein paar Jahre überdauern.

Solche Betrügereien sind erstaunlich verbreitet und viele Menschen fallen darauf herein. Ein gutes Beispiel ist das »Flugzeugspiel«, das in den Vereinigten Staaten und Europa Ende der 1980er-Jahre beliebt war. Die Idee war so albern, dass man sich fragt, wie Leute auch nur erwägen konnten, sich darauf einzulassen: Jemand zeichnete ein Flugzeug auf ein Blatt Papier und lud andere ein, gegen eine Gebühr als Passagiere »an Bord zu kommen«. Man zahlte echtes Geld, um bei dem Spiel einzusteigen, und kassierte ordentlich, nachdem man weitere Passagiere angeworben hatte und »ausgeflogen« war, jedenfalls hofften das die Spieler. Zu Anfang machten einige Leute offenbar Geld damit und für kurze Zeit fand das Spiel als soziales Phänomen große Verbreitung. Aber in der realen Welt gibt es kein grenzenloses Wachstum und das Flugzeugspiel geriet ins Trudeln und stürzte ab, während die Passagiere ein wenig ärmer und – vielleicht – ein wenig klüger zurückblieben.

Wenn Menschen auf so offensichtliche Schneeballsysteme wie das Flugzeugspiel hereinfallen, kann man sich vorstellen, welche Faszination technische Spielereien für Menschen entfalten können, die auf die Behauptung hereinfallen, eine angebliche Innovation könne die Welt verändern. Solche Betrügereien fallen in die Kategorie »Schlangenöl«. In jüngster Zeit standen sie meist im Zusammenhang mit Energieerzeugung, wobei es darum ging, Energie aus dem Nichts zu gewinnen oder sich eines mysteriösen Phänomens zu bedienen, das der offiziellen Wissenschaft unbekannt ist. Solche wunderbaren Erfindungen werden häufig mit ominösen und wohlklingenden Erläuterungen versehen, in denen meist Begriffe wie »Quanten« und als diffuse Subkategorie »kalte Fusion« vorkommen (oder auch die klangvollere Bezeichnung »Low Energy Nuclear Reactions«, LENR).[81] Oft verdoppelt der Erfinder seinen Wetteinsatz mit der Behauptung, er sei das Opfer einer Verschwörung seitens des wissenschaftlichen Establishments, der Erdölkonzerne, der Machthaber und/oder der Gnome von Zürich. Selbst wenn eine Erfindung kein Betrug ist, muss sie doch jene Merkmale aufweisen, die für ihren Erfolg auf dem Markt sorgen: Sie muss zu vernünftigen Kosten produzierbar sein, es muss ein Markt dafür vorhanden sein und sie benötigt vor allem eine zuverlässige finanzielle Rückendeckung in den verschiedenen Phasen von Entwicklung und Vermarktung. Technologische Innovationen sind ein komplexes Feld und es ist gelinde gesagt nicht leicht, in die Fußstapfen von Mark Zuckerberg oder Bill Gates zu treten. Übertriebener Enthusiasmus kann hier leicht zur finanziellen Version des Seneca-Ruins führen.

Offensichtlich haben Zusammenbrüche finanzieller Natur etwas gemeinsam. Und zwar unabhängig davon, ob es sich um reine Finanzbetrügereien handelt oder ob sie mit einer Ware in der realen Welt verknüpft sind. Das verbindende Element bei all diesen Phänomenen ist Geld. Mit dem Geld hat es etwas Spezielles auf sich, das ihm die Fähigkeit verleiht, diese Achterbahnzyklen von Wachstum und Kollaps zu erzeugen. Es ist die Chimäre des pekuniären Gewinns, die Menschen veranlasst, falsche Entscheidungen zu treffen, welche zu weiteren falschen Entscheidungen führen. Es handelt sich um den typischen Fall eines Phänomens, das sich selbst speist, bis es eine gewisse Komplexität erreicht und dann mit einer Finanzlawine zusammenbricht, die wie jede echte Lawine nur Schmerz und Verderben hinterlässt. Das scheint nun einmal der Gang unserer Welt zu sein, aber auf diesem Gebiet kann man noch weit mehr lernen.

Was ist »Geld« überhaupt?

Die Mutter aller Fragen in den Wirtschaftswissenschaften lautet: »Was ist Geld?« Was ist dieses wundersame Gebilde, das, wie Karl Marx 1844, Shakespeare sinngemäß zitierend, festhielt, »schwarz weiß, häßlich schön, schlecht gut, alt jung, feig tapfer, niedrig edel« macht. Man möchte meinen, die Natur des Geldes sei heute, nach fast zweihundertjähriger Arbeit von Ökonomen, wohlbekannt, aber das Thema wirft nach wie vor Streitfragen auf.

Grob betrachtet existieren unter Wissenschaftlern zwei Meinungen über Geld: Die erste sieht es als »Ware« an, das heißt als etwas, das wenigstens eine gewisse physische Beschaffenheit in der realen Welt besitzt. Es mag Gold oder Silber sein oder wie in früheren Epochen Ochsen, Muscheln, Haifischzähne oder was immer sonst zur Hand und nicht zu sperrig war. Diese Sicht kann man bis zu Aristoteles zurückverfolgen, und sie wird gelegentlich als »metallistische« Geldtheorie bezeichnet. Die andere Auffassung sieht Geld als rein virtuelles Gebilde: ein Maß für den Tauschwert von realen Waren. Sie reicht bis Platon zurück, gewann in der Ökonomie aber erst in neuerer Zeit mit der Verbreitung des Papiergelds an Bedeutung. Diese Auffassung wird oft als »Chartalismus« bezeichnet. Die moderne Version dieser Theorie geht auf den britischen Wirtschaftswissenschaftler Alfred Mitchell-Innes[82] und auf den Deutschen Georg Friedrich Knapp[83] zurück. Der Streit zwischen Chartalisten und Metallisten ist noch nicht beigelegt, aber man erkennt leicht, dass Geld immer mehr zu einem rein virtuellen Gebilde wird, und zwar insbesondere seit Präsident Nixon 1971 die nominale Goldbindung des Dollar aufhob (die ohnehin in der neueren Geschichte rein theoretisch gewesen war). Ganz zu schweigen vom Erscheinen des »Bitcoin« in jüngster Zeit. Wenn das kein virtuelles Geld ist, was dann?

Welche Vorstellungen haben also die Chartalisten? Der Begriff leitet sich vom lateinischen *charta* ab, das auf eine Bezeichnung für Papyrus zurückgeht und später für Blätter oder Rollen verwendet wurde, auf die man Texte schrieb. Der Chartalismus betont daher die Vorstellung, dass Geld nicht unbedingt mit Metall oder anderen

Waren in Verbindung stehen muss. Geld ist nichts Materielles, es ist keine Ware, sondern nur eine Aufzeichnung darüber, was Menschen anderen bezahlen müssen, also ist es gleichbedeutend mit *Schulden*.

Schulden gibt es schon sehr lange und die Tatsache, dass man jemandem für irgendeinen Gefallen etwas schuldet, geht wohl auf die Steinzeit zurück, als unsere Vorfahren Waren und Hilfe austauschten, und zwar durch einen Mechanismus, den wir heute noch in einfachen Gesellschaften beobachten und als »Schenken« bezeichnen. Dahinter steht die Idee einer informellen Aufstellung darüber, was man anderen schuldet und was andere einem schulden. Diese uralte Form der Geselligkeit praktizieren wir noch heute zu Weihnachten, wobei es als ungehörig gilt, wenn man den Geldwert der getauschten Geschenke ausrechnet. Aber selbst zu Weihnachten muss eine gewisse Parität beim Wert der Geschenke unter Erwachsenen eingehalten werden, andernfalls könnte die »Weihnachtsstimmung« leiden.

Im Lauf der Zeit wurde die Gesellschaft komplexer; die Menschen zogen aus ihren Dörfern in die Städte und begannen, darüber Buch zu führen, wer wem wie viel schuldete. Damit begann die Verbreitung der Idee des »Geldes« und wahrscheinlich nahm sie im Nahen Osten im 3. vorchristlichen Jahrtausend ihren Anfang, als erste Handelsverträge auf Tontafeln geschrieben wurden. In diesen Verträgen wurde zum Beispiel festgelegt, dass einer einem anderen zu einem bestimmten Zeitpunkt ein Schaf bezahlen sollte. Dann konnte der Vertrag einem dritten überlassen werden und es war, als hätte diese Person das Schaf erhalten. Mit diesen Schuldbriefen konnte innerhalb bestimmter Grenzen gehandelt werden. Sie waren virtuelles »Geld«.

Bei auf Tontafeln niedergeschriebenen Verträgen bestand das Problem, dass ihr Wert davon abhing, ob die Schuld durch eine Autorität eingetrieben werden konnte, falls jemand betrügen wollte. Solange die größte politische Einheit der Stadtstaat war, waren Verträge nur an dem Ort von Wert, an dem sie ausgestellt wurden: Ein in Uruk, Mesopotamien, unterschriebener Vertrag, hatte im benachbarten Eridu, wo ein anderer *Lugal* (König) herrschte, nur geringen Wert. Das erschwerte den Fernhandel, der nur über Warentausch stattfinden konnte. Mit der Zeit kam daher »Primitivgeld«, basierend auf Metall, in Umlauf, nachdem ebenfalls im 3. vorchristlichen Jahrtausend der Bergbau und die Metallurgie entwickelt wurden. Metalle erfüllten sowohl praktische als auch dekorative Zwecke, aber wahrscheinlich wurden sie von Anfang an benutzt, um Werte aufzubewahren und sie dann gegen Güter zu tauschen, die sperriger und schwerer zu transportieren waren als Metall.

Im Lauf der Zeit wurden Gold und Silber die wichtigsten Zahlungsmittel für den Fernhandel, während Kupfer als Lokalwährung für kleinere Einkäufe diente. So etwas wie »Münzgeld« gab es damals nicht, Edelmetalle wurden zu Barren geformt und bei jeder Transaktion gewogen. Im Nahen Osten geschah das normalerweise im Tempel, vielleicht wurde dabei die Lokalgottheit als Bürge für ehrliches Wiegen angerufen. Diese Form des Umgangs mit der Währung hielt sich zwei Jahrtausende lang. In der Bibel finden wir noch Spuren der Aufgaben, die Tempel hier erfüllten, wenn wir von den Geldwechslern lesen, die Jesus aus dem Tempel von Jerusalem jagte. In Griechenland hießen diese Geldwechsler *trapezitai* vom griechischen Wort *trapeze* für »Tisch«. Und sie leben bis heute unter der Bezeichnung »Banker« oder »Bankier« fort.

Um die Mitte des 1. vorchristlichen Jahrtausends wurde das Konzept des Geldes revolutioniert, als jemand in Lydien, im Westen Anatoliens, ein Verfahren entwickelte, standardisierte Metallscheiben mit identischem Gewicht, also Münzen, herzustellen. Die Einführung dieser Neuerung wird König Krösus, dem letzten lydischen Herrscher, zugeschrieben, wohl bedingt durch die Notwendigkeit, seine Soldaten im Dauerkonflikt mit dem größeren Perserreich zu bezahlen. Es scheint, dass die Münzen König Krösus zwar zu dauerhaftem historischen Ruhm verhalfen, aber letztlich nicht verhindern konnten, dass Lydien vom Perserreich besiegt und geschluckt wurde. Aber die Idee des Münzgelds war so gut, dass die Perser sie rasch aufgriffen und die »Dareike« prägten, eine Silbermünze, mit der sie wiederum ihre Soldaten bezahlten, um ihr Reich zu erweitern. Diese Strategie ging auf, bis die Perser mit Athen zusammenstießen, einem aufsteigenden Reich, das sich ebenso gut oder vielleicht besser darauf verstand, Münzen zu prägen, deren Silber aus den Bergwerken Attikas stammte. Die Niederlage der Perser durch die Hand Athens bei der Schlacht von Salamis 480 v. Chr. setzte der Expansion des Perserreichs ein Ende, nicht aber dem Wachstum anderer Imperien. Die Technik des Münzgelds verbreitete sich bald über die ganze Welt und viele Ereignisse der alten Geschichte können als Folge des Kampfs um Bergwerke und das dort gewonnene Edelmetall gedeutet werden, das Imperien schuf und sie zerstörte, sobald die Minen erschöpft waren. Noch heute zeigt sich der Zusammenhang in dem Wort »Soldat«, das sich vom lateinischen *solidus* ableitet, einer späten Münze des Römischen Reichs.

Im Lauf der Jahrhunderte ist Geld immer tiefer in die Struktur der Gesellschaft eingedrungen. Noch vor 100 Jahren führten viele Menschen auf dem Land, sogar in der westlichen Welt, ein Leben, in dem Geld selten benutzt wurde; was zählte, waren das Wort eines Mannes und sein Ruf. Aber mit der Zeit machte sich Geld in seinen verschiedenen modernen Formen in allen Aspekten des Lebens breit und dieser Prozess ist noch nicht zum Stillstand gekommen. Alles wird auf die eine oder andere Weise monetarisiert und die Menschen gelangen zunehmend zu der Überzeugung, jedes Problem ließe sich durch Geld lösen.

Und nicht nur die Gesellschaft wird monetarisiert, sondern Geld erhält einen zunehmend virtuellen Charakter, Münzen und Scheine verschwinden zusehends und werden durch die allgegenwärtigen Konto- und Kreditkarten ersetzt. Aber wie kann ein derartiges immaterielles Gebilde so großen Einfluss auf unser Leben ausüben? Natürlich wird über dieses Thema viel diskutiert und noch mehr geschrieben. Aber nachdem wir die Dynamik komplexer Systeme untersucht haben, können wir den Versuch wagen, Geld im Kontext des bisher Erörterten zu betrachten, im Kontext von komplexen Systemen und Netzwerken.

Beschreiben wir zunächst Geld in seinem sozialen Kontext: Ein Wirtschaftssystem besteht aus »Agenten« (Menschen, Firmen und Institutionen), die unterschiedlich viel Geld besitzen, und zwar auch in seiner negativen Form, die man »Schulden« nennt. Jeder Agent ist ein Knoten in einem großen Netzwerk, in dem Interaktionen zwischen den Knoten in Form von »Transaktionen« stattfinden. Menschen bewegen Geld von einem Knoten zum anderen im Tausch gegen Güter und Dienstleistungen. Natürlich ist, wie wir alle wissen, Geld unter den Agenten nicht gleichmäßig verteilt, und das ist ein wesentliches Merkmal des Systems: Manche Agenten sind reich und andere arm. Aber wie wird Geld eigentlich verteilt? Das heißt, wie reich sind die Reichen und wie arm die Armen?

Erstaunlicherweise weiß man darüber nur wenig. Ein Problem ist, dass Menschen normalerweise ihr Vermögen nicht offenlegen. Außerdem sind viele Güter nicht ohne Weiteres monetär quantifizierbar: Schmuck, Immobilien, Antiquitäten und Ähnliches. Wir wissen, dass manche Menschen extrem reich sind (wir sprechen auch von »stinkreich«) und andere bitterarm, aber diese Begriffe sind schwer quantifizierbar. Was wir aber quantifizieren können, ist ihr Einkommen. Regierungen besteuern lieber Einkommen statt Vermögen und deshalb scheuen sie keine Mühe, die Steuerbemessungsgrundlage zu ermitteln. Daher werden in vielen Ländern Einkommensdaten veröffentlicht. Das Einkommen ist nicht unbedingt proportional zum Vermögen, aber eine Untersuchung der Einkommensverteilung vermittelt immerhin eine Vorstellung davon, wie der Wohlstand in der Gesellschaft verteilt ist.

Die Einkommensverteilung wird traditionell mithilfe des Gini-Koeffizienten gemessen, den der italienische Soziologe Corrado Gini 1912 erfand. Um zu verstehen, wie der Gini zustande kommt, stellen Sie sich ein Land vor, in dem die perfekte Einkommensgleichheit erreicht wurde, das heißt, jeder verfügt über dasselbe Einkommen wie alle anderen. Nun zeichnen Sie in Gedanken eine Kurve, wobei Sie auf der X-Achse die Personen in beliebiger Reihenfolge anordnen. Auf der Y-Achse platzieren Sie den zunehmenden Anteil am

Reichtum, der den Menschen auf dem entsprechenden Punkt der Achse gehört. In der angenommenen Gesellschaft verfügen die ersten 10 Prozent der Bevölkerung über 10 Prozent des Reichtums (oder genauer gesagt des Einkommens), die ersten 30 Prozent über 30 Prozent, die ersten 50 Prozent über 50 Prozent und so fort. Das Ergebnis ist eine gerade Linie zwischen X- und Y-Achse.

Aber natürlich verhält es sich in der realen Welt anders. Stellen Sie sich nun vor, dass wir die Bevölkerung auf der X-Achse in der Reihenfolge ihres Reichtums anordnen – gemessen an ihrem Einkommen. Als Erste platzieren wir die Ärmsten und bewegen uns dann weiter entlang der Achse bis zu den Reichsten ganz rechts. Die Kurve steigt langsam an und bleibt über einen ganzen Abschnitt der X-Achse niedrig, weil die Armen nur einen geringen Anteil des Ganzen besitzen. Auf dem Weg nach rechts steigt die Kurve jedoch abrupt an, sobald die Reichen auf der Achse erscheinen. Das Ergebnis sieht etwa so aus wie die Kurve in Abbildung 12.

Dem Diagramm zufolge können wir den Gini-Koeffizienten als Verhältnis der Bereiche in der Formel A/(A+B) definieren. Mit anderen Worten, der Gini-Koeffizient ist umso größer, je größer der Bereich »A« im Diagramm ist. Folglich verweist ein höherer Gini-Koeffizient auf größere Einkommensungleichheit. Im Fall der perfekten Gleichheit gilt Gini = 0, weil der Bereich A gleich null ist. Das Gegenteil würde gelten, wenn eine Person den gesamten Reichtum besitzt, während alle anderen nichts haben, vielleicht weil sie seine Sklaven sind. Dieser Zustand würde einen Gini-Koeffizienten gleich 1 ergeben. Beide Situationen sind unwahrscheinlich; in der Regel bewegen sich die Koeffizienten für verschiedene Länder zwischen 0,2 und 0,7 (teilweise werden die Koeffizienten auch als Prozentzahlen mit Werten zwischen 20 und 70 angegeben). Manche Länder sind weniger egalitär als andere: Zum Beispiel haben südamerikanische Länder in der Regel einen hohen Gini-Koeffizienten, wobei Brasilien mit 0,6 einen Spitzenwert erreichen dürfte. Am anderen Ende des Spektrums liegen europäische Länder, die mit Gini-Koeffizienten zwischen 0,2 und 0,4 relativ egalitär sind, wobei die skandinavischen

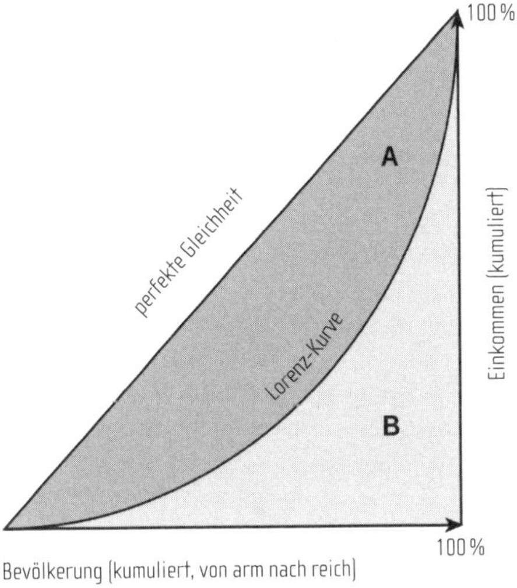

Abbildung 12
Der Gini-Index beschreibt die Verteilung der Einkommen in einem Land oder einer Region. Das Verhältnis A/(A+B) nennt man »Gini-Index« oder »Gini-Koeffizient«. Hohe Werte des Gini verweisen auf größere Ungleichheit. Die Kurve, die die Regionen A und B trennt, heißt »Lorenz-Kurve«.[84]

Länder besonders günstige Werte haben. In den Vereinigten Staaten gab es einen Trend zu weniger Ungleichheit, der im 19. Jahrhundert begann und sich nach dem Zweiten Weltkrieg beschleunigte, sodass die Vereinigten Staaten eine ähnliche Entwicklung verzeichneten wie die meisten europäischen Länder. Aber der Trend kehrte sich in den 1960er- und 1970er-Jahren um und heute weist das Land Gini-Koeffizienten zwischen 0,4 und 0,5 auf, wie sie für südamerikanische Länder typisch sind. Dieses Phänomen hängt mit einem Richtungswechsel in der US-amerikanischen Wirtschaftspolitik zusammen, der von Bluestone und Harrison erstmals beobachtet und als »Great U-Turn« bezeichnet wurde[85] (vgl. Abbildung 13, S. 106).

Es besteht keine Einigkeit darüber, welche Vorgänge in der US-amerikanischen Gesellschaft dafür verantwortlich sind, dass sich der Trend in der Einkommensverteilung umgekehrt hat. Wir wissen nur, dass sehr viel Geld aus dem Besitz der Mittelklasse abgeflossen und in den Taschen der Reichen gelandet ist. Wie Sie sich vorstellen können, haben wir es hier mit einem jener Probleme zu tun, bei denen die große Zahl der vorgelegten Erklärungen darauf verweist, dass im Grunde niemand weiß, wie die Frage zu beantworten ist. Es man-

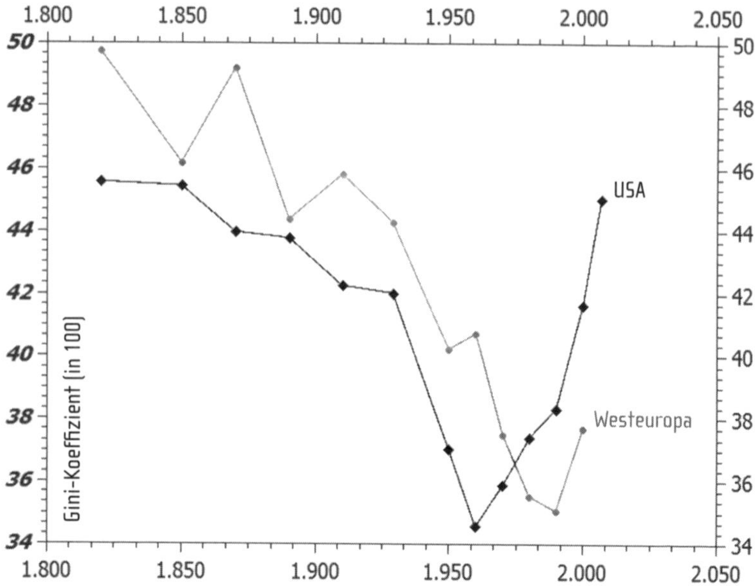

Abbildung 13 Gini-Koeffizienten in Europa und den USA.[86] Die Ungleichheit in der Einkommensverteilung hat in den USA mit den 1960er-Jahren zugenommen, in Westeuropa setzte dieser Trend verstärkt zu Beginn der 1990er-Jahre ein.

gelt nicht an teleologischen Hypothesen und Verschwörungstheorien, die vermuten, dass die Reichen eine geheime Intrige ausgeheckt und ihre Anführer sich in einem verrauchten Hinterzimmer getroffen hätten, um Pläne nach dem Motto »Nehmt es den Armen, gebt es den Reichen« zu schmieden.

Unlängst habe ich dargelegt, dass der »U-Turn« mit Peak Oil zusammenhängen könnte, also dem Ölfördermaximum, das in den Vereinigten Staaten 1970 erreicht wurde.[87] Von diesem Zeitpunkt an erhöhten die Vereinigten Staaten ihre Rohölimporte aus Übersee massiv. Die Folge war, dass das Geld, das die Amerikaner für ausländisches Öl ausgaben, zwar als Investitionen in das US-Finanzsystem zurückkehrte, aber nie wieder den Weg in die Taschen der Mittelklasse fand. Aber ich räume gern ein, dass es sich um eine reine Hypothese handelt.

Der Aussagewert dieser Maßzahlen ist jedoch begrenzt, weil der Gini-Koeffizient alle Daten zu einer schlichten Zahl zusammenfasst, und die verrät uns wenig darüber, wie genau der Reichtum unter den Menschen verteilt ist. Wir wissen, dass sich die Verteilung in den meisten Fällen der im Diagramm dargestellten »Lorenz-Kurve« annähert. Aber im Prinzip könnte derselbe Gini-Koeffizient auch aus anders gearteten Verteilungen hervorgehen: Einige wenige Steinreiche hätten denselben Effekt wie zahlreiche »normal Reiche«.

Die tatsächliche Wohlstandsverteilung in einem Land wurde erstmals von Vilfredo Pareto (1848–1923) untersucht; seine Ergebnisse legte er 1898 vor.[88] Das Datenmaterial, mit dem Pareto arbeitete, war begrenzt, aber er fand klare Belege dafür, dass die Einkommensverteilung einem Potenzgesetz genügt, jedenfalls annähernd (zufällig waren dies die ersten Fälle, in denen deutliche Belege für ein Potenzgesetz gefunden wurden; aus diesem Grund wurden diese Verteilungen als »Paretoprinzip« bezeichnet). Dieses Ergebnis bedeutete, dass die Wahrscheinlichkeit, ein bestimmtes Einkommen zu erzielen, proportional zum Anteil (oder zum kumulativen Anteil) der Menschen mit diesem Einkommen ist, der mit einem negativen Exponenten zur Potenz genommen wird. Dieses Konzept wird oft als »80/20-Regel« formuliert, die besagt, dass 20 Prozent der Menschen 80 Prozent des Reichtums besitzen. Das ist eine Annäherung, aber sie fasst das Wesentliche von Paretos Entdeckung zusammen.

Aufgrund dieser frühen Studie von Pareto lautet die Lehrmeinung der modernen Wirtschaftswissenschaften, die Einkommensverteilung folge stets dem Paretoprinzip. Aber erstaunlicherweise hat sich herausgestellt, dass sich die Dinge seit Paretos Zeit geändert haben. Mehrere Studien von Yakovenko und seinen Mitarbeitern lieferten andere Ergebnisse.[89] Die Paretoverteilung wurde nur beim Einkommen einer kleinen Gruppe sehr reicher Leute festgestellt, während im unteren Bereich der Einkommenskurve eine exponentiell abnehmende Verteilung auftrat (vgl. Abbildung A7, im Anhang Seite 287).

Eine exponentielle Verteilung wurde auch beim Wohlstand verschiedener Länder der Erde ermittelt. All das ändert wenig an der

Tatsache, dass die Zahl der Reichen klein und die der Armen groß ist. Allerdings bewegt sich eine exponentielle Verteilung schneller auf null zu als eine Paretoverteilung. Aus diesem Grund bezeichnet man Letztere auch als »Heavy-tail-« oder »endlastige Verteilung«. Eine exponentielle Kurve bedeutet, dass die Verteilung der Einkommen in gewissem Sinne ausgeglichener ist, weil sie impliziert, dass die Zahl der Reichen kleiner ist. Wenn aber das Paretoprinzip die Kurve bestimmt, verbiegt sie die Verteilung in einer Weise, dass eine relativ große Gruppe ultrareicher Personen entsteht: Milliardäre, von denen einige auf dem besten Weg sind, »Billionäre« zu werden.

Aber wie ist die Existenz exponentieller Einkommensverteilungen zu erklären? Dazu können wir zunächst das »Boltzmann-Game« heranziehen, das von Michalek und Hanson entwickelt wurde, um Studenten statistische Thermodynamik nahezubringen.[90] Offenbar hatten sie nicht vor, ein Wirtschaftssystem zu simulieren, vielmehr wurde das Spiel erdacht, um den Studenten das Konzept der Entropie verständlich zu machen. Aber man kann das Spiel als Wirtschaftssimulation im Kleinen betrachten. Es wird von mehreren Studenten ausgeführt, die in Zufallspaaren »Stein, Schere, Papier« spielen. Jeder Student beginnt das Spiel mit einem Dollar oder einer Spielmarke, die einen Dollar symbolisiert (wenn jeder zu Beginn mehr als eine Spielmarke erhält, bekommt man dasselbe Ergebnis, aber es dauert länger, bis sich die Verteilung stabilisiert). Bei jeder Interaktion erhält der Gewinner einen Dollar vom Verlierer, sofern der Verlierer mindestens einen Dollar besitzt (negativer Wohlstand oder »Schulden« sind in dem Spiel nicht erlaubt). Nach einer Reihe von Interaktionen erreicht das Spiel einen Zustand annähernder Stabilität oder Homöostase. An diesem Punkt stellt sich heraus, dass einige Studenten mehrere Münzen gesammelt haben: Sie sind nun die Reichen, während die meisten gar keine Münzen haben, also arm geworden sind.

Das Interessante dabei ist, dass die Wohlstandsverteilung, die sich aus dem Spiel ergibt, der »Boltzmann-Gibbs-Verteilung« entspricht, die entwickelt wurde, um die Entropie in atomaren Systemen zu beschreiben. In mathematischer Form wird sie als exponentiell absteigende Funktion dargestellt. Mit anderen Worten, die Wahrscheinlichkeit, dass jemand ein gewisses Wohlstandsniveau erreicht, ist proportional zu »*e*« (die Basis natürlicher Logarithmen) nach einem negativen Exponenten, der zum Wohlstand selbst proportional ist. Und genau diesen Sachverhalt stellten Yakovenko und seine Mitarbeiter für den größten Teil der Einkommensverteilung in der realen Welt fest.

Diese Verteilung ist gegenüber anderen weder durch größere Stabilität begünstigt noch wurde sie von den Spielern bevorzugt. Sie ist nur deshalb wahrscheinlicher, weil sie auf vielen unterschiedlichen Wegen erreicht werden kann. Zur Erläuterung: Stellen Sie sich vor, Sie möchten, dass in dem Spiel absolute Gleichheit herrscht. Es existiert nur eine Konfiguration der Gruppe, die diese Eigenschaft aufweist: wenn jeder Student genau eine Münze besitzt. Jetzt bedenken Sie die Situation, in der ein Student keine Münze, ein anderer zwei Münzen und alle anderen eine Münze haben. Es gibt viele Möglichkeiten, wie die Gruppe dieses Merkmal gewinnen kann, je nachdem, wer die zusätzliche Münze besitzt und wer die seine verloren hat. Berechnet man die Zahl der Konfigurationen für jede mögliche Verteilung, stellt sich heraus, dass sich für die exponentielle Verteilung die größte Zahl ergibt; also ist mit ihr am häufigsten zu rechnen. Das Spiel maximiert die Entropie, so wie es die Boltzmann-Gibbs-Verteilung vorhersagt. In diesem Spiel herrscht ebenso wie in der realen Welt die Entropie.

Yakovenko kommt für das reale Spiel zu denselben Ergebnissen, wie man sie mit dem Boltzmann-Spiel erhält. Seine Resultate fasst er mit der Aussage »Money, it's a gas« aus einem Song von Pink Floyd zusammen, und das bedeutet, Geld folgt derselben Verteilung, wie sie sich bei der kinetischen Energie von Gasmolekülen zeigt. Die Übereinstimmung ist nicht exakt, weil reale Gase einer ähnlichen, aber eben auch einer etwas anderen Verteilung folgen, der sogenannten »Maxwell-Boltzmann-Verteilung«, und der wahrscheinlichste Zustand eines Gasmoleküls besteht darin, etwas mehr als null Energie zu besitzen.

Das liegt daran, dass Geld und physikalisches Gas zwei Paar Schuhe sind, insbesondere weil Einkommen eine skalare Größe ist, während das Moment eines Gasmoleküls ein Vektor ist. Wenn wir aber nicht das Einkommen von Individuen, sondern von Familien betrachten, stellen Yakovenko und seine Mitarbeiter fest, dass die Verteilung eine Spitze aufweist, wie wir sie aus der Alltagserfahrung erwarten würden, und das ist bemerkenswert. In den meisten Gesellschaften ist der wahrscheinlichste Zustand, in den eine Familie geraten kann, die Armut, aber nicht, dass ihr Einkommen bei null liegt.

Es ist hochinteressant, dass die Thermodynamik die Einkommensverteilung in der realen Welt beschreibt, aber das ist noch nicht alles. Wie bereits erwähnt, haben Yakovenko und seine Mitarbeiter festgestellt, dass die Boltzmann-Gibbs-Verteilung nicht für die Gesamtbevölkerung gilt, sondern nur für rund 97 Prozent. Die reichsten 3 Prozent der Bevölkerung folgen stattdessen einer anderen Statistik, nämlich einem Potenzgesetz. Dass dieser Unterschied existiert, wird durch die Daten bestätigt, welche die Zeitschrift *Forbes* seit 1987 über das Vermögen der Milliardäre der Welt veröffentlicht, deren Zahl inzwischen bei rund 2000 Personen liegt. Diese Daten sind besonders interessant, weil sie sich nicht auf das Einkommen, sondern auf das tatsächliche Vermögen beziehen. Dieser Parameter kann nur gemessen werden, indem man die Reichen der Welt direkt fragt, wie reich sie sind.[91] Wir könnten bezweifeln, dass sie die Wahrheit sagen, aber offensichtlich lügen sie nicht, denn es zeigte sich, dass die Vermögensverteilung bei Milliardären, in Übereinstimmung mit Yakovenkos Ergebnissen, einem »Potenzgesetz« (oder einer Paretoverteilung) folgt.[92]

Die Reichen können offenbar sogar der Entropie trotzen, denn sie folgen einer Vermögensverteilung, die deren Auswirkungen ignoriert.

Aber was genau macht eine Person reich oder arm? Eine interessante Eigentümlichkeit des thermodynamischen Verteilungsmodells ist, dass reich zu sein dem puren Zufall entspringt; »Stein, Schere,

Papier« ist kein Geschicklichkeitsspiel (ebenso wenig wie das 2. Gesetz der Thermodynamik!). Zweifellos zählen im realen Berufsleben Können und Charakterstärke, aber richtig ist auch, dass die meisten Reichen aus reichen Familien stammen.[93] Wie Sie sich denken können, ist die Idee, dass Reichtum ererbt und nicht verdient wird, bei den Reichen unbeliebt, aber aus irgendeinem Grund gehören sie zu den aktivsten Gegnern einer höheren Erbschaftssteuer.[94] Offenbar ist es also doch Glückssache, ob man reich oder arm ist.

Das erklärt aber noch nicht, warum die Reichen allem Anschein nach in ihrer eigenen Welt leben, in der die Gesetze der Thermodynamik nicht gelten. Vielleicht finden wir eine Antwort auf diese Frage, wenn wir die Entwicklung hochvernetzter Systeme betrachten, das heißt Systeme, in denen jeder Knoten mit mehreren anderen Knoten verbunden ist. Die Boltzmann-Gibbs-Statistik kann man so auffassen, dass sie für ein »lückenloses« Netz gilt, und zwar in dem Sinne, dass jedes Molekül mit jedem anderen wechselwirken kann. Wahr ist aber auch, dass zu jedem beliebigen Zeitpunkt ein Molekül mit keinem anderen Molekül wechselwirkt oder allenfalls mit nur einem anderen Molekül in eine Wechselwirkung tritt, die man in der Physik »paarweise« nennt.

In einem Gas stoßen Moleküle aneinander und entfernen sich dann, nachdem sie etwas kinetische Energie ausgetauscht haben. Wie allgemein bekannt ist, haben Gase keinen Phasenübergang; nur Feststoffe (oder, seltener, Flüssigkeiten) zeigen Phasenübergänge. Ähnliches gilt für die wirtschaftlichen Interaktionen, mit denen wir in der Regel zu tun haben: Wir bekommen unser Gehalt oder Einkommen von einem Arbeitgeber und wir geben es in Geschäften aus, in denen wir Dinge kaufen; und unsere Steuern zahlen wir an den Staat. Dies sind größtenteils paarweise Wechselwirkungen, so wie bei Molekülen in einem Gas, und es überrascht nicht, dass die resultierende Verteilung ähnlich aussieht. Die Reichen sind offenbar viel vernetzter als die Armen und ihre zahlreichen Verbindungen ermöglichen es ihnen, weit mehr Gelegenheiten zur Geldvermehrung zu entdecken und zu nutzen, als uns Normalsterblichen offen stehen. Also spielen sie in Wirklichkeit gar nicht das Boltzmann-Spiel, sondern etwas völlig anderes. Ob diese Beobachtung die festgestellte Einkommensverteilung erklärt, bleibt zu beweisen, aber sie zeigt, wie wichtig Netzwerkfaktoren in unserer Welt sind.

Nun stellt sich aber immer noch die Frage, warum die Einkommensverteilung zur Zeit Paretos Ende des 19. Jahrhunderts so ganz anders aussah als heute. Was ist geschehen, dass wir nun keine reine Paretoverteilung mehr beobachten, sondern einen Mix aus Pareto- und exponentieller Verteilung? An diesem Punkt möchte ich eine Erklärung vorschlagen, die die allmähliche Monetarisierung der Gesellschaft berücksichtigt, die in den letzten 100 Jahren stattgefunden hat. Es mag durchaus sein, dass die meisten Menschen, die im 19. Jahrhundert ein Einkommen hatten, ebenso gut vernetzt waren wie die Reichen von heute. Inzwischen kommen Angestellte, die hauptsächlich in paarweise Wechselwirkungen treten, wohl sehr viel häufiger vor. Es kann also sein, dass im Lauf der Zeit eine Art finanzieller Phasenübergang stattgefunden hat, bei dem etwas Geld von den Reichen »sublimiert« und zu den Armen verschoben wurde, eine Deutung, die sich mit dem Trend zu geringerer Ungleichheit deckt, der im vergangenen Jahrhundert die Regel war. Wenn sich die Zeiten ändern und der Trend sich umkehrt, könnten die Reichen wieder ihre einstigen 100 Prozent der zu verteilenden Summe zurückerobern, während die Armen völlig mittellos wären – womöglich als Folge der »Negativzinsen«, die heutzutage in Mode sind. Aber diese Überlegungen sind derzeit völlig spekulativ.

Scott Fitzgerald soll einmal gesagt haben: »Die Reichen sind anders als du und ich« oder »Die Reichen sind anders als wir«. Worauf Ernest Hemingway erwiderte: »Ja, sie haben mehr Geld.« Aber vielleicht war Fitzgerald auf etwas gestoßen, das der Physiker Yakovenko erst viel später beweisen sollte: Der Unterschied zwischen den Reichen und den Armen besteht nicht nur darin, wie viel Geld sie haben. Sondern darin, wie sie vernetzt sind.

Warum kommt es zum Finanzkollaps?

Kehren wir zu dem Thema zurück, das wir zu Beginn des Kapitels angeschnitten haben: die Frage des Finanzkollaps. Sagt uns das thermodynamische Modell der Einkommensverteilung etwas darüber? Zum einen bringt die Boltzmann-Gibbs-Verteilung keinen Zusammenbruch hervor. Wenn keine Schulden im Spiel sind, hat man entweder Geld oder man hat keines; folglich kann niemand bankrott gehen.[95] Unter diesen Bedingungen könnte das Modell eine ganz einfache Gesellschaft beschreiben, in der wenig Geld kursiert, vielleicht auch eine jener kleinen »Transition-Communities«, in denen eine Lokalwährung benutzt wird, die bei ihrer Einführung oft kostenlos verteilt wird, also nicht durch Schulden belastet ist. Aber in der wirklichen Welt sieht es anders aus.

Um den Bankrott zu erklären, muss das thermodynamische Einkommensmodell um die Möglichkeit des negativen Vermögens (das sind Schulden) erweitert werden. Sobald das erfolgt, produziert das Boltzmann-Gibbs-Modell keine stabile Vermögensverteilung mehr.[96] Die neue Verteilung hat weder Ober- noch Untergrenzen: Es gibt keine Grenzen für den Reichtum, den man anhäufen kann, und auch den Schulden sind keine Grenzen gesetzt. Nach diesem Modell neigen Vermögen und Schulden dazu, sich unentwegt zu vermehren.

Das ist in einem theoretischen Modell denkbar, aber in der wirklichen Welt gibt es Insolvenzgesetze, die verhindern sollen, dass Menschen unbegrenzt Schulden machen oder sich Schulden aufladen, die sie wohl kaum zurückzahlen können. Auch hier leben reiche Bankrotteure und verschuldete Normalbürger in verschiedenen Welten. Wenn Angehörige der Mittelschicht zahlungsunfähig werden, ist kein sich verstärkendes Feedback zu beobachten, das zu einer Lawine führt: Eine Person oder Familie kann ihr Geld und ihr Heim verlieren, aber das heißt normalerweise nicht, dass ihre Freunde und Verwandten dasselbe Schicksal erleiden müssen. Das leuchtet ein: Wie wir gesehen haben, vollziehen Angehörige der Mittelschicht vor allem paarweise finanzielle Interaktionen. Das Verschwinden eines einzigen Kunden von jenem Markt, auf dem Bürger der Mittelschicht ihre Einkäufe erledigen, hat in der Regel keine oder nur minimale Auswirkungen.

Aber die Lage ändert sich, wenn reiche Leute oder große Unternehmen und Institute pleite machen. Hier stellt sich das Problem, dass wir zwar einiges über Vermögensverteilung wissen, aber fast nichts über Schulden bekannt ist. Folgen sie dem Paretoprinzip? Zurzeit fehlen uns Daten zu diesem Punkt. Es mag sein, dass es, in Entsprechung zur kleinen Gruppe der Ultrareichen, eine überschaubare Zahl extrem verschuldeter Personen gibt, die womöglich, wie die Milliardäre am anderen Ende des Spektrums, einer Paretoverteilung folgen. Dann wäre zu erwarten, dass diese hochvernetzten Leute und Institutionen bei ihrem Zusammenbruch gewaltige Finanzlawinen auslösen. Bedeutende, stark vernetzte Strukturen oder Personen scheitern wegen der strikten Anwendung von Insolvenzgesetzen normalerweise nicht. Wie wir im vorhergehenden Abschnitt gesehen haben, waren der Zusammenbruch des Subprime-Markts und zuvor der Börsenkrach von 1929 kollektive Phänomene, bei denen Investoren versuchten, ihr Geld aus Finanzinstituten abzuziehen, denen sie nicht mehr vertrauten, was ihnen aber nicht gelang. Die Regierungen, die in aller Eile die Situation retteten, waren jedoch mehr daran interessiert, den Banken zu helfen als den Bürgern der Mittelschicht, die ihr Eigenheim verloren. So ist es in jüngster Zeit offenbar abgelaufen. Wieder sehen wir, wie wichtig der Netzwerkfaktor für die Auslösung von Zusammenbrüchen ist.

Zusammenfassend kann man sagen, der Finanzmarkt ist eine Netzwerkstruktur, und wie wir im vorhergehenden Abschnitt gesehen haben, sind Netzwerkstrukturen einer sich selbst verstärkenden Rückkopplung unterworfen und diese Rückkopplung führt zu jenen Phasenübergängen, die wir als »Kollaps« bezeichnen. Die Finanzwelt kann auf unterschiedliche Weise kollabieren und es scheint lohnend, die verschiedenen Ausprägungen von Katastrophen zu beschreiben, die sich ereignen können. Deshalb möchte ich hier eine kleine Klassifikation anfügen, in ungefährer Reihenfolge zunehmender Katastrophalität.

Katastrophenszenarien und ihre Bezeichnungen

Schwarze Elefanten.[97] Dabei handelt es sich um die »bekannten Unbekannten«, um eine Formulierung von Donald Rumsfeld aufzugreifen. Es ist der quasi unausgesprochen im Raum stehende Elefant, von dessen Anwesenheit man weiß, den man jedoch geflissentlich ignoriert oder dessen Größe sich schwer einschätzen lässt. Er kann verschiedene Katastrophen auslösen. Schwarze Elefanten können einen Kollaps herbeiführen, weil es sich um »Verschleierung von Informationen« handelt, wie von Chernov und Sornette in ihrem Buch *Man-made Catastrophes* beschrieben.[98] Viele Finanzkatastrophen resultieren aus Verschleierung, wozu auch die Tendenz gehört, in offenkundige Betrügereien zu investieren.

Graue Schwäne.[99] Hier handelt es sich um große Ereignisse, die aber noch Teil einer Paretoverteilung sind und als »folgenreiche, aber wenig wahrscheinliche Ereignisse« definiert werden.[100] Viele Unwägbarkeiten des Markts, darunter auch zahlreiche Zusammenbrüche, fallen unter diese Verteilung. Man beachte, dass Taleb und viele andere Autoren gelegentlich die Definition des Grauen Schwans mit der des Schwarzen Schwans vermischen. Graue Schwäne sind als Einzelereignis nicht vorhersagbar, aber ihre Häufigkeit kann bestimmt werden und daher kann man Vorsichtsmaßnahmen ergreifen. Wenn also ein Grauer Schwan einen Finanzkollaps (Börsenkrach) oder einen physischen Zusammenbruch (ein Erdbeben) auslöst, kann der resultierende Schaden weitgehend darauf zurückgeführt werden, dass von vornherein keine angemessenen Vorsichtsmaßnahmen ergriffen wurden.

Drachenkönige.[101] Diese Vorkommnisse sind physisch Teil von Ereignissen, die eine Paretoverteilung bilden, stellen aber wegen ihrer enormen Größe Ausreißer dar (Beispiel: die Größe von Paris im Vergleich zu den anderen französischen Städten). Diese Ereignisse/Gebilde sind schwer vorherzusagen: Wenn Paris nicht existieren würde, würde man sich wahrscheinlich nicht einmal vorstellen können, dass in Frankreich eine so große Stadt existiert. So weit wir wissen, fällt keiner der Finanzzusammenbrüche der jüngeren Zeit in die Kategorie Drachenkönig, aber das bedeutet nicht, dass ein künftiger Kollaps nicht so groß und so schlimm ausfallen könnte, dass er sich der bekannten Verteilung widersetzen würde. Drachenkönige sind im Grunde nicht vorhersehbar und man kann kaum Sicherheitsvorkehrungen dagegen treffen. Immerhin ist auf der Grundlage bekannter Trends ihre Existenz denkbar.

Schwarze Schwäne.[102] Das sind Ereignisse, die physisch und statistisch außerhalb der Verteilung liegen: Donald Rumsfeld zufolge sind sie die »unbekannten Unbekannten«. Taleb definiert die schlimmsten Finanzzusammenbrüche als Schwarze Schwäne, in dem Sinne, dass sie sich den derzeitigen Kenntnissen und Markttheorien widersetzen. Dasselbe lässt sich von Terrorangriffen wie den Anschlägen vom 11. September 2001 sagen oder – vielleicht – von der hypothetischen Landung feindlicher Aliens auf dem Rasen des Weißen Hauses in Washington: Generell sind das die schlimmstmöglichen Katastrophen, weil völlig unvorhersehbar ist, in welcher Form sie eintreten.

Aus diesen Überlegungen ergibt sich, dass Zusammenbrüche kein Programmfehler, sondern ein Merkmal des Universums sind, eine Regel, die auch für Märkte gilt. Wenn wir es mit vernetzten Systemen in einem Zustand selbstorganisierter Kritikalität zu tun haben,[103] wie im Falle von Finanzmärkten, sind zyklische Zusammenbrüche unvermeidbar, mit verheerenden Folgen für alle. Geld mag virtuell sein, aber Menschen brauchen materielle Dinge wie Essen, Energie und anderes zum Überleben. So wie unsere Gesellschaft strukturiert ist, brauchen sie auch Geld, um sich diese Dinge zu beschaffen. Große Zusammenbrüche des Finanzsystems zerstören das rein virtuelle Gebilde, das wir »Geld« nennen, aber sie zerstören auch die Fähigkeit des Systems, Menschen mit dem zu versorgen, was sie brauchen. Mit dem Finanzkollaps von 2008, der den Beinahzusammenbruch des Welthandelssystems verursachte, haben wir bereits ein unheilvolles Vorzeichen gesehen und das Finanzsystem ist nicht wirklich saniert worden.

Aber wie lange können wir das Geldspiel noch spielen, ehe das ganze Gebilde mit einem gewaltigen Seneca-Kollaps auseinanderbricht? Das kann niemand sagen, aber ich darf vielleicht Laotse im *Tao-te-king* zitieren: »Einen mit Gold und Edelsteinen gefüllten Saal kann niemand beschützen.«

Kapitel 7

Hungersnöte

What shall we do for timber?
The last of the wood is down,
…
There's no holly nor hazel nor ash here
But pastures of rock and stone
The crown of the forest is withered
And the last of its game is gone.

Frank O'Connor
From Kings, Lords and Commons, 1959[104]

Malthus war ein Optimist

Im Jahr 1729 schrieb Jonathan Swift einen Artikel mit dem Titel »Ein bescheidener Vorschlag«, in dem er sich in ironischer Weise mit dem Gedanken auseinandersetzte, dass die Iren ihre Säuglinge verspeisen sollten, um die Armut zu mildern, die Bettelei abzuschaffen und Hungersnöte zu vermeiden. Swift ist bis heute vor allem als Autor von Kinderbüchern bekannt, während sein bissig-sarkastisches Werk weitgehend in Vergessenheit geraten ist.

Diese Zeit gilt in Irland bis heute als die »Große Hungersnot« (irisch: »An Gorta Mor«, der Große Hunger). Sie begann 1845 und forderte in nur wenigen Jahren eine Million Todesopfer. Im Lauf eines Jahrzehnts sank die Bevölkerungszahl aufgrund von Mangelernährung, Krankheiten und Emigration von über 8 Millionen auf kaum mehr als 4 Millionen Menschen. Die Daten zeigen, wie abrupt der Zusammenbruch eintrat – ein weiterer Fall eines »Seneca-Kollapses« mit einem raschen Niedergang, der einem langsamen Wachstum folgte.

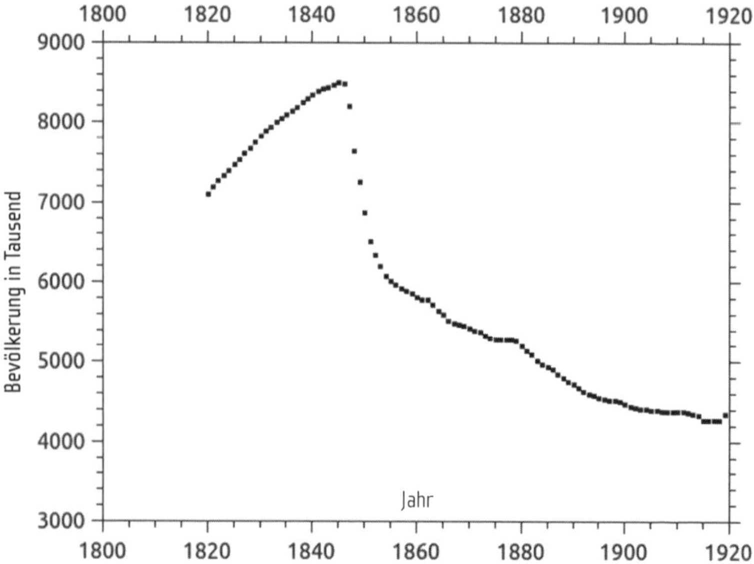

Abbildung 14 Die Bevölkerung Irlands von 1800 bis 1920. Deutlich zu erkennen ist der »Seneca-Kollaps« nach der Großen Hungersnot, die 1845 begann.[105]

In der Geschichte der Menschheit gab es mehrmals große Hungersnöte. Sie lassen sich bis in biblische Zeiten zurückverfolgen, etwa zur Geschichte von den »sieben mageren Kühen«, von denen der ägyptische Pharao träumte und die Joseph, der Sohn Jakobs, als sieben »magere Jahre« deutete. Varianten derselben Legende waren im ganzen Vorderen Orient in Umlauf, ein Hinweis darauf, dass vom Beginn der Landwirtschaft an Hungersnöte gang und gäbe waren.[106]

Doch uns stehen, wenn überhaupt, nur wenige quantitative Daten über solche Hungersnöte zur Verfügung, was nicht überrascht: Bei einem massiven Nahrungsmangel haben die Menschen andere Sorgen, als demografische Trends und Todesraten aufzuzeichnen. Selbst die Daten von Hungersnöten in jüngerer Zeit sind selten vollständig und belastbar. Nahrungsmangel trifft häufig arme Länder, wo kaum demografische Aufzeichnungen üblich sind oder sie, sofern vorhanden, von politischen Interpretationen verschleiert werden, die solche Katastrophen übernatürlichen Kräften und manchmal auch übelwollenden Menschen zuschreiben. So ist die große irische Hungersnot von 1845 nach wie vor diejenige, über die wir die meisten Kenntnisse besitzen, obwohl auch hier viele detailliertere Fakten fehlen – wenn es auch keinen Mangel an teleologischen und ideologischen Erklärungen dafür gibt.

Wir wissen, dass der unmittelbare Auslöser für die An Gorta Mór die »Kartoffelfäule« war, hinter der ein Parasit *(Phytophthora infestans)* stand, der die Ernte vernichtete. Vom Gesichtspunkt des Parasiten aus betrachtet war Irland ein perfekt verbundenes System, ein Netz, das es ihm ermöglichte, sich auszubreiten und zu wachsen. Sobald ein Kartoffelfeld infiziert war, hatte er bei den benachbarten Parzellen leichtes Spiel. Die Folge war ein typischer Lawinenprozess durch Rückkopplungen. Und es überrascht nicht, dass die sich steigernden Rückkopplungen zu einem raschen Niedergang der irischen Landwirtschaft führten. Die Kartoffelernte fiel aus und die irischen Bauern waren ruiniert, hungerten und starben in großer Zahl. Doch obwohl die unmittelbare Ursache der Großen Hungersnot klar ist, bleibt die Frage nach dem Grund für die starke Anfälligkeit der irischen Landwirtschaft. Der Parasit suchte damals auch andere Regionen Europas heim, jedoch nirgendwo mit solch verheerenden Folgen. Es gilt daher, dieses Ereignis genauer zu untersuchen.

Die Große Hungersnot war kein Einzelfall in der Geschichte Irlands, sodass wir eher von irischen *Hungersnöten* sprechen sollten. So beschrieb Jonathan Swift die Hunger- und Armutsprobleme in Irland weit vor der Großen Hungersnot, ja sogar vor der anderen großen Hungerkatastrophe in Irland, die 1740/41 wütete (Bliain an Áir, Jahr des Massakers.[107]) Angesichts der Tatsache, dass dabei fast 40 Prozent der Bevölkerung als unmittelbare Folge von Unterernährung ausgelöscht wurden, war dieses Desaster relativ gesehen noch schlimmer als das von 1845.

Swifts Schriften sind von einer ganzen Reihe früherer Hungersnöte beeinflusst, von denen vier allein im 18. Jahrhundert auftraten.[108]

Irland wurde also mindestens eineinhalb Jahrhunderte lang immer wieder von Hungersnöten unterschiedlichen Ausmaßes heimgesucht – Berichten zufolge zuletzt 1879 von der »Kleinen Hungersnot« oder »An Gorta Beag« –, die anscheinend verschiedene Ursachen hatten. So waren im Gegensatz zur von einem Parasitenbefall ausgelösten Großen Hungersnot für die Hungersnot von 1740 Kälte und Regen verantwortlich, die die landwirtschaftlichen Erträge verminderten und selbst wahrscheinlich durch einen Vulkanausbruch auf Kamschatka ausgelöst worden waren.[109] Die übrigen Hungersnöte waren vielleicht die Folge anderer Parasitenplagen, von Wetterereignissen oder einer Kombination von beidem. Aber die Suche nach dem unmittelbaren Auslöser bringt uns in der entscheidenden Frage nicht weiter: Warum war Irland so anfällig?

Eine übliche Erklärung für die irischen Hungersnöte und vor allem für die Große Hungersnot von 1845 ist Überbevölkerung. Man spricht auch manchmal von der »Malthusianischen« Deutung. Thomas Malthus (1766–1834) ist mit seinem Buch *Das Bevölkerungsgesetz* (engl. 1798)[110] bis heute weithin bekannt und weithin missverstanden. Oft wird er als Schwarzseher bezeichnet, weil er kommende Katastrophen ankündigte.

Sind aber Malthus' Überlegungen für die irischen Hungersnöte relevant? Zum Teil ja, allerdings nicht in der vereinfachenden Weise, in der sie oft dargestellt werden. So ist er beispielsweise nicht der Urheber der Theorie von »Overshoot and collapse«, die heute verbreitet ist und die erst in den 1960er-Jahren durch die Arbeit von Jay Forrester[111] auf sozioökonomische Systeme übertragen wurde. Malthus' Überlegungen gingen vielmehr dahin, dass die menschliche Bevölkerung wachsen werde, bis sie ihr durch die Kapazität des Bodens zur Produktion von Nahrungsmitteln bestimmtes Maximum erreicht habe. Von diesem Punkt an werde sie aufgrund von Epidemien und Mangelernährung nicht mehr zunehmen.

Malthus konnte sich damals nicht vorstellen, dass die Bevölkerungszahl diese Grenze weit überschreiten und dann kollabieren würde. Doch genau das geschah in Irland: Die Bevölkerungszahl brach abrupt ein und sank auf fast die Hälfte ihres Maximums, und das obwohl die Bevölkerungsdichte in Irland in jener Zeit nicht höher war als in anderen europäischen Ländern. Vielfach war sogar eher das Gegenteil der Fall.[112] Im Übrigen: Wenn es tatsächlich so etwas wie eine »Malthusianische Grenze« für die irische Bevölkerung gab, warum fielen dann den verheerenden Hungersnöten Menschen in so unterschiedlicher Zahl zum Opfer wie drei Millionen im Jahr 1740 und acht Millionen im Jahr 1845? Anders gefragt: Wo lag damals die Malthusianische Grenze – bei drei oder bei acht Millionen?

Die tieferen Ursachen für die irischen Hungersnöte zu finden, ist so schwierig, dass, wie so oft in solchen Fällen, unter anderem auch eine teleologische Erklärung herhalten muss. Hier lautet sie, die bösen Engländer seien die Schuldigen gewesen, weil sie sich den Parasiten zunutze gemacht hätten, um sich zumindest eines Teils ihrer verhassten irischen Nachbarn zu entledigen. Zweifellos hatten die Engländer damals keine hohe Meinung von den Iren, wie man beispielsweise im Werk des Anglo-Iren Jonah Barrington[113] nachlesen kann, in dem die Iren als boshaft und dumm, als eine Art »kleine Erdkobolde« dargestellt wurden. Manchmal hieß es sogar, Malthus selbst sei der Übeltäter gewesen[114], obwohl er bereits mehr als zehn Jahre vor Beginn der Großen Hungersnot starb.

Abgesehen von der Behauptung, seine Theorie sei falsch, scheint seine Darstellung als Bösewicht heutzutage ziemlich verbreitet – ein zutiefst ungerechter Vorwurf. In seinen zahlreichen Schriften kann man zweifellos Stellen finden, die aus heutiger Sicht (sehr) kritikwürdig sind, vor allem seine Bezeichnung »einfacher« Menschen als »minderwertig«. In dieser Hinsicht war Malthus ein Kind seiner Zeit, da dies die vorherrschende Meinung der Europäer über Nichteuropäer war (und es zum Teil vielleicht heute noch ist).[115] Darüber hinaus aber war Malthus' Werk Ausdruck eines mitfühlenden Menschen, der etwas kommen sah, was ihm nicht gefiel, was zu beschreiben er jedoch als seine Pflicht ansah. Natürlich hat niemand das Recht, ihn für Dinge zu kritisieren, die er nie gesagt hat, wie es manchmal geschieht, wenn Bruchstücke aus seinem Werk herausgelöst, in einen anderen Zusammenhang gesetzt und anschließend interpretiert werden. So zitiert etwa Joel Mokyr in seinem ansonsten hervorragenden Buch *Why Ireland Starved*[116] folgenden Satz aus einem Brief Malthus' an seinen Freund David Ricardo:

> *In Irland sind die ländlichen Gebiete unendlich viel mehr bevölkert als in England; und um die natürlichen Ressourcen des Landes voll und ganz zur Wirkung kommen zu lassen, sollte ein Großteil der Bevölkerung vom Erdboden gekehrt werden.*

Dieser Satz erweckt zweifellos den Eindruck, dass Malthus die Auslöschung der Iren befürwortete. Doch in Wirklichkeit lautet die zitierte Briefstelle:

> *In Irland sind die ländlichen Gebiete unendlich viel mehr bevölkert als in England; und um die natürlichen Ressourcen des Landes voll und ganz zur Wirkung kommen zu lassen, sollte ein Großteil der Bevölkerung vom Erdboden* ***in große Manufaktur- und Handelsstädte*** [Hervorhebung Autor] *gefegt werden.*[117]

Ich kann mir nicht vorstellen, dass Mokyr diesen Satz selbst derart verfälscht hat, aber zumindest war es Fahrlässigkeit, etwas wiederzugeben, was er irgendwo gelesen hatte, ohne sich die Mühe zu machen, die Originalquelle heranzuziehen. Jedenfalls sieht man hier, dass Malthus nicht vorschlug, irgendjemanden umzubringen; vielmehr setzte er sich für die Industrialisierung Irlands ein, um dem Land zum Wohlstand zu verhelfen.

Im Internet aber verbreiten sich Legenden schnell und der verstümmelte Satz, den Mokyr zitiert, ist immer wieder als Beleg dafür zu finden, dass Malthus die Vernichtung der Armen vorgeschlagen und die britische Regierung davon überzeugt habe, dies auch tatsächlich in die Tat umzusetzen. Aber Malthus hat so etwas nie vertreten und was die britische Regierung betrifft, so war sie zweifellos gleichgültig und ihre Maßnahmen zur Bekämpfung der irischen Hungersnot erwiesen sich als ineffizient, sodass es nicht unbedingt abwegig ist, ihr Bosheit zu unterstellen. Doch aus den vorhandenen Daten lässt sich keineswegs schließen, dass die Mitglieder der britischen Regierung in einem rauchgeschwängerten Raum in London konspirierten, um die Auslöschung ihrer widerspenstigen und allzu gebärfreudigen irischen Untertanen zu planen. Das Versagen im Kampf gegen die irischen Hungersnöte lässt sich am besten mit Inkompetenz und wohl kaum mit schlechten Absichten erklären – ein weiteres Beispiel dafür, wie schwierig es selbst in modernen Zeiten ist, das Verhalten komplexer Systeme zu erklären, ohne auf eine teleologische Argumentation zurückzugreifen.

Doch es bleibt immer noch die Frage, warum Irland im Gegensatz zu anderen europäischen Regionen, die sogar noch dichter bevölkert waren, so schwer getroffen wurde. Nun, Hungersnöte entstehen nicht nur durch Überbevölkerung, die Erklärung ist weitaus komplexer. Wir müssen viel mehr Faktoren in Betracht ziehen als nur die Bevölkerung und die landwirtschaftliche Produktion. Es gilt, das ganze Wirtschaftssystem in den Blick zu nehmen. Wenn wir das im Falle Irlands zur Zeit der Hungersnöte tun, erweist sich, dass Malthus und Mokyr in einem zentralen Punkt übereinstimmen, denn beide weisen darauf hin, wie *arm* Irland war. Das heißt nicht, dass die Iren ständig Hunger litten. Im Gegenteil, es gibt zahlreiche Berichte, denen zufolge die irischen Bauern, anders als ihre englischen Nachbarn, sehr gesund und in guter körperlicher Verfassung waren, was nicht überrascht, wenn man die Arbeitsbedingungen der britischen Minen- und Fabrikarbeiter bedenkt.

Die Armut in Irland war die unvermeidliche Folge einer Ökonomie, die fast vollständig auf Landwirtschaft basierte. Irland besaß kein Industrie- und Handelssystem, das mit dem Englands vergleichbar war. Dies ist auf zwei Faktoren zurückzuführen: Erstens verfügte Irland nicht über Kohlevorräte in derselben Dimension wie England, die diesem Land die Einleitung der industriellen Revolution ermöglichten. Und zweitens war die irische Bevölkerung zahlenmäßig kleiner als die Englands und konnte sich militärisch nicht gegen seinen Nachbarn behaupten. Nach der Eroberung durch die englische Armee unter der Führung Oliver Cromwells (1649–1653) gehörte Irland zu den Besitzungen der britischen Krone. Und obwohl es nie als Kolonie betrachtet wurde, wurde es doch wie eine solche verwaltet. England hatte zweifellos kein Interesse daran, dass Irland die industriellen und kommerziellen Grundlagen entwickelte, um mit seinen englischen Herren zu konkurrieren und sich womöglich gegen sie zu erheben.

So blieb Irland bis weit ins 19. Jahrhundert hinein ländlich. Es war hauptsächlich von »Cotters« bewohnt, von Kleinbauern, die in einfachen Hütten lebten, Parzellen von einem halben bis einem Hektar pachteten, auf denen sie genügend Kartoffeln ziehen konnten, um die ganze Familie zu ernähren, wobei sie die Pacht in Form von Arbeit entrichteten. Derart kleine Anbauflächen reichten selbst für die großen irischen Familien jener Zeit, ein kleines Wunder, das durch eine Pflanze zustande kam, die damals als unerwarteter Segen für das Land galt: die Kartoffel.

Sie war zunächst als Gartengewächs in Irland eingeführt worden, wahrscheinlich bereits im 16. Jahrhundert. Ende des 17. Jahrhunderts war der Anbau von Kartoffeln bereits weit verbreitet, doch sie stellten lediglich eine Ergänzung zum Hauptnahrungsmittel der Iren dar, Getreide. Im 18. Jahrhundert wurde dann die Kartoffel zur Grundnahrung der Armen.[118] In guten Zeiten fiel die Ernte angeblich so reich aus, dass Teile davon weggeworfen werden mussten. (Dies führte übrigens später zu einer weiteren teleologischen Erklärung für die Hungersnot, wonach sie eine Strafe Gottes für den verschwenderischen Umgang seiner Erdenkinder mit seinen Gaben sei.) Jedenfalls waren die riesigen Erträge im Kartoffelanbau erstaunlich und es gibt keinen Grund, der Berechnung von Reverend James S. Blecker aus dem Jahr 1834[119] zu misstrauen, wonach Irland, zumindest theoretisch, mit seinem Kartoffelanbau eine Bevölkerung von 17 Millionen Menschen hätte ernähren können.

Aber das ist eben nur Theorie. Vielleicht konnte Irland auf dem Papier mit seinen Kartoffeln eine viel größere Zahl von Menschen ernähren als je zuvor, aber in der wirklichen Welt funktionieren die Dinge oft weniger gut. Das Problem, das hier auftritt, wird gerne übersehen: Hungersnöte sind nicht nur eine Frage der Nahrungs*produktion*, sondern auch eine der *Versorgung* mit Nahrung – etwas ganz anderes und viel komplexer. Es reicht nicht, Nahrungsmittel produzieren zu können, es muss auch Möglichkeiten geben, sie an die Menschen zu verteilen, die sie benötigen, lokale Produktionsverluste auszugleichen, die Ernte zu speichern und die Abhängigkeit von einer einzigen Kulturpflanze zu vermeiden. Die irische Wirtschaft aber war so schlecht vernetzt, dass sie all dies nicht vermochte.

Das Hauptproblem bestand darin, dass die Handelsinfrastruktur Irlands völlig unterentwickelt war, wie Malthus selbst bereits festgestellt hatte. »Cotters« bauten Kartoffeln für die eigene Familie an, benötigten also kein Geld für ihren Erwerb. Ein anderes unverzichtbares Gut für die Iren war Brennstoff für ihre Öfen. Den holten sie sich selbst aus den reichhaltigen, weitverbreiteten Torfvorkommen. Auch hierfür benötigten sie also kein Geld. Und schließlich entrichteten sie die Pacht für ihre Parzellen in Form von Arbeit statt mit Geld. Mit anderen Worten: Die irischen Bauern konnten ohne jegliches Geld überleben. Gut möglich, dass sie, wenn überhaupt, nur selten eine bedeutende Geldsumme zu Gesicht bekamen. Sie lebten gewissermaßen noch in einem frühen Stadium der Geschichte, als das Geld noch gar nicht erfunden war.

Doch eine Ökonomie ohne Geld ist schlichtweg keine Ökonomie, sie ist nicht einmal das mythische »Tauschzeitalter«, von dem man im Grundkurs Wirtschaft erfährt. Im Falle einer Missernte hatten die irischen Cotters keine Möglichkeit, Nahrungsmittel zu bezahlen, die anderswo hergestellt worden waren. Lokale kleine Hungersnöte kamen daher wahrscheinlich häufiger vor als die großen, über die in den Geschichtsbüchern berichtet wird. Sir John Barrington schreibt über die irischen Bauern: »Es gibt nur drei Arten des Todes, die sie für natürlich halten – still in ihrer Hütte zu sterben, am Gerichtstag erhängt zu werden oder bei einer Missernte zu verhungern.«[120]

Die irische Wirtschaft war so schwach kapitalisiert, dass es nicht einmal eine ansehnliche Fischindustrie gab. Die irische Fischereiflotte des 19. Jahrhunderts bestand noch aus Booten, die als »Currachs«

oder »Curraghs« bezeichnet wurden, eine Variante des walisischen Fellboots. Es war im Grunde lediglich ein Holzgerüst, das mit Rohhaut überzogen war. Vermutlich konnten sich die Fischer das Holz für den Bau stärkerer Boote nicht leisten. Curraghs waren angeblich seetüchtig und konnten auch in den rauen Gewässern des Atlantik fahren. Aber für den Fischfang in großem Maßstab, der nötig gewesen wäre, um das Nahrungsangebot entscheidend zu verbessern, waren sie nicht geeignet. Hinzu kam der Mangel an geeigneten Häfen entlang der zerklüfteten Küste Irlands. Offenbar war die irische Fischwirtschaft so ineffizient, dass es die meisten Fischer zur Zeit der Großen Hungersnot vorzogen, ihre Boote zu verpfänden, um Geld für Nahrungsmittel zu bekommen, statt sich dieses durch Fischen zu verdienen.[121]

Ernteverluste waren daher praktisch ein unlösbares Problem, auch wenn nicht ganz Irland davon betroffen war. Belege deuten darauf hin, dass die nordöstlichen Regionen Irlands weniger von der Großen Hungersnot betroffen waren als der Südwesten. Doch wenn etwa die Menschen in Connacht Hunger litten, hatten sie keine Möglichkeit, Nahrungsmittel von ihren Landsleuten in Ulster zu kaufen, die vielleicht über einen Überschuss verfügten. Die englischen Gutsherren, unter deren Kontrolle die Nahrungsproduktion in Irland stand, zogen es plausiblerweise (im rein kommerziellen Sinne) vor, ihre Ernteüberschüsse nach England zu exportieren, wo sie harte Währung dafür bekamen, statt es den Armen in Westirland zu geben, die es nicht bezahlen konnten. Und selbst wenn sie Nahrungsmittel in den von Hungersnot geplagten Westen Irlands hätten schicken wollen, wäre das Transportsystem dafür unzulänglich gewesen. Zur Zeit der Großen Hungersnot gab es im ganzen Land lediglich Bahnstrecken in der Länge von insgesamt etwa 100 Kilometern, die sich vor allem im Ostteil befanden, und in den westlichen Bezirken fehlte es darüber hinaus an brauchbaren Schiffsanlegestellen für den Handel.

Hungersnöte waren also nicht die Folge einer Überbevölkerung Irlands im Sinne einer wortgetreuen (und falschen) Deutung der Gedanken Malthus'. Theoretisch hätte die irische Landwirtschaft mehr als genug Nahrung selbst für die höchsten auf der Insel jemals aufgezeichneten Bevölkerungszahlen produzieren können. Doch das Nahrungsangebot war großen Schwankungen unterworfen. Knappheit führte zu Hungersnöten und Überfülle zu einem weiteren Problem: zum Bevölkerungswachstum. Wenn in guten Zeiten Nahrung im Überfluss vorhanden war, erschien es den Iren zweifellos möglich, vielleicht sogar selbstverständlich, dass ihre Kinder in der Lage sein würden, eigene Parzellen zu finden. Die Menschen heirateten jung und die Familien waren meist kinderreich, was zu einem raschen Bevölkerungswachstum führte. Im Rückblick wird deutlich, dass die hohen Geburtenraten Irland in die Katastrophe führten. Doch erst nach der Großen Hungersnot von 1845 erkannten die Iren das Problem, sodass die Geburtenrate im Land sank.

Das mangelnde Verständnis der Iren für das Bevölkerungsproblem war auch eine Folge der Entwaldung, einer weiteren Plage jener Zeit auf der Insel. Man darf nicht annehmen, dass Irland bei der Eroberung durch Cromwell noch mit üppigen Wäldern bedeckt war wie in der Epoche des mythischen Helden Cuchulain. Aber die von Michael Williams in seinem Buch *Deforesting the Earth*[122] aufgeführten Daten zeigen, dass Irland im 17. Jahrhundert noch zu 12 Prozent bewaldet war, mehr als die meisten anderen europäischen Länder jener Zeit. Diese Wälder waren im 18. und 19. Jahrhundert ein wichtiges Wirtschaftsgut: Nutzholz wurde exportiert, während aus Sträuchern Kohle für die Herstellung von Eisen gewonnen wurde. Die irische Eisenindustrie konnte mit der Englands hinsichtlich der Produktion von schweren Werkzeugen und Maschinen nicht konkurrieren, aber immerhin gab es genügend Eisenerz, um die Schmieden in Gang zu halten und Eisen für den lokalen Gebrauch wie für den Export zu produzieren. Die Einstellung der englischen Grundherren, was die Wälder betraf, lässt sich vielleicht gut in einem Satz zusammenfassen, den Jonah Barrington festhielt:[123] »Bäume sind Stümpfe, die die Natur für die Rückzahlung von Schulden zur Verfügung stellt.«

Wir haben keine genauen Daten über das Ausmaß der Entwaldung Irlands vor der Großen Hungersnot; offenbar führte damals niemand darüber Buch. Aber wir wissen, dass die irischen Holzexporte von beinahe 5000 Kubikmeter Mitte des 17. Jahrhunderts auf fast null im Jahr 1770 sanken.[124] Andererseits stiegen die Holzimporte von 1711 bis 1790 fast um das Zwanzigfache. Offenbar wurde Irland im 18. Jahrhundert also rasch entwaldet. Außerdem wurde die irische Eisenproduktion Ende jenes Jahrhunderts eingestellt, höchstwahrscheinlich weil es kein Holz mehr für die Produktion von Kohle gab, mit der Schmelzöfen beschickt wurden.[125] Die einzigen quantitativen Angaben über die tatsächliche Abholzungsentwicklung können wir daher nur den Waldflächen entnehmen, die in Zeitungen zum Verkauf angeboten wurden (vgl. Abbildung A8, im Anhang Seite 288).

Man kann davon ausgehen, dass die zum Verkauf annoncierten Waldflächen der Abholzungsrate entsprechen, sodass wir hier eine weitere Bestätigung dafür haben, dass in Irland Mitte des 18. Jahrhunderts ein rascher Kahlschlag stattfand. Zu Beginn des 19. Jahrhunderts waren nicht mehr als ein Prozent der Insel bewaldet (wahrscheinlich sogar viel weniger).[126] Diese Situation beschrieb Arthur Young, ein englischer Schriftsteller, in seiner *Tour in Ireland* mit den Worten: »Der größte Teil des Königreichs bietet einen nackten, kahlen, trostlosen Anblick, weil es an Wald mangelt.«

Mit den erwähnten Daten können wir also doch Aussagen über die Verwüstung des Landes treffen, die nicht nur Bäume betraf. Was ebenfalls ohne Bedauern ausgelöscht wurde, waren viele Tierarten. Berichten zufolge wurde 1770 der letzte Wolf auf der Insel erschossen. Sogar Eichhörnchen und Rotwild starben aus und wurden erst im 20. Jahrhundert wieder angesiedelt. Dasselbe Schicksal traf die »Woodkernes«, besitzlose Iren, die sich in die Wälder zurückgezogen hatten und von Gelegenheitsarbeiten und Banditentum lebten. Man ist vielleicht versucht, in diesen Waldbewohnern romantische Freiheitskämpfer zu sehen, eine irische Variante Robin Hoods und seiner fröhlichen Gesellen. Aber die Woodkernes wurden in Irland nie als

Helden des Waldes besungen, sondern vielmehr mit den Wölfen über einen Kamm geschoren und als Geächtete getötet. Angeblich gab es Woodkernes aber noch bis zum Ende des 18. Jahrhunderts.[133] Doch so schwer man sich Robin Hood ohne den Wald von Sherwood vorstellen kann, so konnten auch die irischen Woodkernes nicht ohne Wälder existieren, und ab dem 19. Jahrhundert werden sie auch nicht mehr erwähnt.

So wirkte die Entwaldung in Irland wie eine entsetzliche Maschinerie, die Raum für die landwirtschaftliche Produktion schuf und zum Bevölkerungswachstum beitrug. Man könnte meinen, das Land sei schließlich an die »Malthusianische Grenze« geraten, als alle Wälder abgeholzt und die so gewonnenen Flächen stattdessen zum Kartoffelanbau genutzt wurden. Doch dieses theoretische Limit wurde nie erreicht; in der Praxis ist die Grenze des Bevölkerungswachstums dynamisch, nicht statisch, wie Malthus glaubte. Erreicht aber wurde das »Resilienzlimit« des Landes, das heißt, das System war nicht mehr in der Lage, mit lokalen Störungen der Nahrungsversorgung umzugehen. Dies geschah mehr als einmal, zuerst Anfang des 18. Jahrhunderts, als die Bevölkerungszahl bei etwa 3 Millionen lag, also bei 20 Prozent der 17 Millionen, die Blacker als die Obergrenze (die wahre Malthusianische Grenze) für Irland errechnet hatte.[127] Zur Zeit der Großen Hungersnot 1845 lag die Bevölkerungszahl noch bei weniger als der Hälfte des theoretischen Limits, reichte aber bei Weitem aus, um das Land in die Katastrophe zu führen – ein weiterer Fall des »raschen Ruins«, den Seneca beschrieb.

Japan: Ein resilientes Land

Godzilla ist das Monster des japanischen Science-Fiction-Films schlechthin – eine hässliche und überdimensionale Kreatur, die fiktive Inkarnation der Angst vor der atomaren Massenvernichtung, die für die Japaner wegen der Bombardierung der Städte Hiroshima und Nagasaki 1945 äußerst real ist. Abgesehen von diesen schrecklichen Ereignissen ist Japan seit jeher für seine häufigen Naturkatastrophen

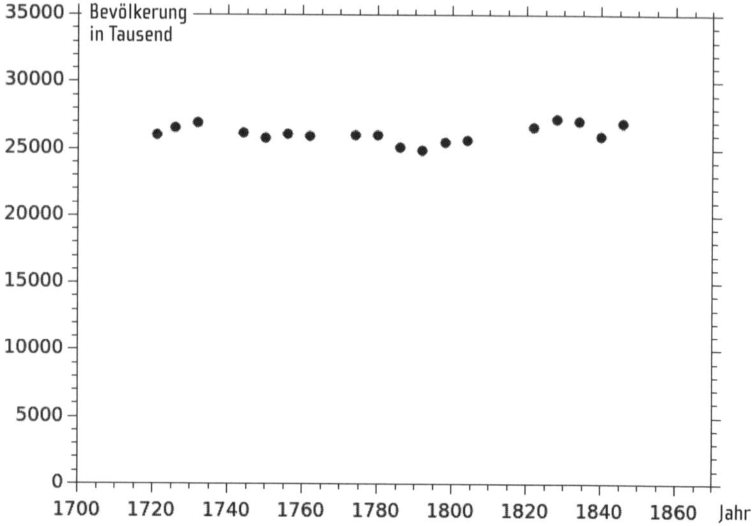

Abbildung 15 Die Bevölkerungszahlen Japans in der Edo-Periode.[362]

bekannt: Erdbeben, Tsunamis und Vulkanausbrüche – Tragödien, die bis heute immer wieder vorkommen.

Doch diese spektakulären Katastrophen scheinen sich bislang nur wenig oder gar nicht auf die japanischen Bevölkerungszahlen ausgewirkt zu haben. Vor allem waren die Japaner in der Lage, die verheerenden durch Hungersnöte bedingten Einbrüche zu verhindern, wie sie in vorindustrieller Zeit in Irland und anderen Ländern häufig auftraten. Die japanische Bevölkerungszahl blieb in den etwa 150 Jahren der Edo-Periode (1603–1868) konstant (vgl. Abbildung 15), also in derselben Zeit, in der Irland eine Folge tragischer Hungersnöte erlebte.[128] Wie Berichte zeigen, waren Hungersnöte in Japan zur Edo-Zeit keineswegs unbekannt, blieben aber offenbar lokal begrenzt und hatten nicht die Ausmaße wie in Irland.

Japan entkam also den extremen Schwankungen vieler anderer vormoderner Zivilisationen und konnte eine stabile und relativ wohlhabende Gesellschaft aufbauen. Natürlich war das Japan der Edo-Zeit nicht das Paradies auf Erden. Die Gesellschaft war stark reglementiert und individuelle Freiheit und Rechte des Einzelnen waren Fremdwörter. Auch herrschte große soziale Ungleichheit und die politische Macht lag in den Händen einer kleinen Zahl reicher Grundbesitzer. Dennoch können wir vom alten Japan viel darüber erfahren, unter welchen Bedingungen eine Gesellschaft keinen Raubbau an ihren Ressourcen treibt und den natürlichen Reichtum ihres Landes bewahrt.

Das Verständnis der Japaner von Nachhaltigkeit ermöglichte es ihnen, eine bemerkenswerte Kultur zu entwickeln. Das Können japanischer Kunsthandwerker ist bis heute legendär und die japanischen Leistungen in Dichtung und darstellender Kunst stellen ein kulturelles Erbe der ganzen Menschheit dar: von den Drucken Hokusais bis hin zu Bashos vielschichtiger Poesie. Vor diesem Hintergrund bricht es einem geradezu das Herz, wenn man sieht, dass die Kulturschätze, die Irland in seiner langen Geschichte hervorbrachte, durch die Gier und Rücksichtslosigkeit seiner Fremdherrscher zerstört wurden. Wie kam es dazu, dass die Japaner nachhaltiges Verhalten entwickelten, Irland hingegen nicht? Natürlich ist das eine komplexe Frage, dennoch kann ich die Hauptfaktoren auflisten, die Japan und Irland im 19. Jahrhundert voneinander unterschieden.

- Japan hatte eine starke nationale Regierung, Irland wurde von einem anderen Land regiert.
- Japan verfügte über ein hochentwickeltes Handelssystem und eine nationale Währung, in Irland gab es weder das eine noch das andere.
- Japan war isoliert und trieb keinen Handel mit anderen Ländern, Irland war in das weltweite britische Handelssystem einbezogen.
- Japan ist ein Land mit steilen Berghängen und einer tiefliegenden Küstenlinie, Irland ist weitgehend flach und hat steile Küsten.

Zum ersten Punkt: Regierungen sind in der Regel keine sozialen Einrichtungen, haben aber auch kein Interesse daran, dass ihr Land bzw. ihre Untertanen unter extremen Schwankungen der Bevölkerungszahl leiden müssen. Indes fördern sie das Bevölkerungswachstum nur, wenn dies ein Vorteil gegenüber einem äußeren Feind ist, den das Japan der Edo-Periode aber nicht hatte – es war ein friedliches Land, das keinen Bedarf an Kanonenfutter hatte. Die Existenz einer starken nationalen Regierung und die wirtschaftliche Isolation des Landes wirkten sich auch auf den Umgang mit den Wäldern aus. Da nichts exportiert wurde, bestand kein Bedarf, mehr Holz zu produzieren, als das Land selbst benötigte. Außerdem hätte in einem bergigen (und regenreichen) Land wie Japan die uneingeschränkte Abholzung des Waldes rasch zu verheerender Erosion geführt, die viele Gebäude zerstört hätte. Die Wirkung auf die Wirtschaft wäre enorm gewesen und die japanische Regierung ergriff deshalb wahrhaft drakonische Maßnahmen, um die Wälder zu schützen: Ungenehmigter Holzeinschlag konnte mit dem Tod bestraft werden.

Diese Politik erwies sich als erfolgreich und es heißt, in vormoderner Zeit seien nahezu drei Viertel der japanischen Landfläche mit Wäldern bedeckt gewesen. Das hatte auch den Nebeneffekt, dass genügend Holz zur Verfügung stand, um große Fang- und Handelsschiffe zu bauen. Zudem hatte Japan wegen seiner flachen Küsten bessere Bedingungen für Häfen als Irland mit seinen Steilküsten. So konnte sich eine gut funktionierende Fischindustrie entwickeln, die sogar den Walfang ermöglichte, ein traditioneller Wirtschaftszweig, dessen Ursprünge auf die Zeit der ersten Kaiser zurückgeht. Fisch war über die gesamte Edo-Periode hinweg für die japanische Bevölkerung eine wertvolle Proteinquelle und ist es heute noch. Walfleisch wird in Japan zwar nicht mehr in bedeutenden Mengen verzehrt, aber die ältere Generation erinnert sich noch daran, wie verbreitet es nach dem Zweiten Weltkrieg war.

Ein weiterer Vorteil Japans gegenüber Irland war sein hochentwickeltes landesweites Handelssystem. Im Japan der Edo-Zeit pulsierte die Wirtschaft, wie wir heute noch auf Drucken aus jener Epoche sehen können. Sie zeigen uns Momentaufnahmen emsiger Handelsaktivität entlang der Tokaido-Straße, einer der »fünf Straßen«, welche die Städte der Zentralinsel miteinander verbanden. Das japanische Inselreich erstreckt sich über viele Breitengrade mit einer großen

Vielfalt an lokalen Klimaten und Standorten, was die Produktion verschiedenster Nutzpflanzen begünstigte. Die Japaner gerieten daher nie in die Falle der Monokultur und produzierten Reis, Weizen, Gerste, Buchweizen und Hirse – eine Diversität, die die Landwirtschaft widerstandsfähig gegen Erschütterungen durch Seuchen und Klimaveränderungen machte.

Auch das Geldwesen war in Japan weit fortgeschritten. Gelegentlich diente zwar Reis als Zahlungsmittel, aber hauptsächlich beruhte das monetäre System auf wertvollen Metallmünzen, die anfangs aus im Land gefördertem Silber und Gold hergestellt wurden. Als zu Beginn des 19. Jahrhunderts die Minen erschöpft waren, verbot die japanische Regierung die Ausfuhr wertvoller Metalle, sodass es ihr gelang, einen hohen Geldanteil im Land zu halten und damit das Handelssystem aufrechtzuerhalten.

Das Wichtigste aber, was wir vom Japan der Edo-Zeit lernen können, ist seine Methode der Stabilisierung der Bevölkerungszahl. Angesichts der Explosion der Weltbevölkerung im 19. und 20. Jahrhundert überrascht diese Stabilität vielleicht. Wir neigen zu der Vorstellung, dass sich die Menschen in der Regel »wie Karnickel« vermehren und menschliche Populationen wachsen, bis dieser Prozess durch Kriege, Hungersnöte und Seuchen gestoppt wird – genauso, wie Malthus angenommen hatte. Doch die Edo-Zeit widerlegt gerade Malthus' Theorie: Die Japaner entgingen der Malthusianischen Falle, weil sie mittels Empfängnisverhütung die Geburtenraten niedrig hielten (auch wenn sie gelegentlich auf extrem verstörende Maßnahmen wie Kindstötung zurückgriffen).[129]

Warum gelang ihnen das und den Iren nicht? Vielleicht spielte die Religion eine Rolle. Die Iren waren Katholiken, die Japaner hingegen Buddhisten, und in den beiden Religionen herrschten unterschiedliche Auffassungen hinsichtlich Geburtenkontrolle und Familiengröße. Aber das ist wahrscheinlich keine gute Erklärung. Die Iren waren zur Zeit der Großen Hungersnot katholisch und blieben es auch danach und doch sanken in der Zeit nach der Katastrophe die Geburtenraten in Irland drastisch. Die Japaner praktizierten den Buddhismus in der

Edo-Periode, in der die Geburtenraten niedrig waren, und auch noch nach dem Zweiten Weltkrieg, doch jetzt schossen die Geburtenraten rasant in die Höhe. Es gibt also keinen wirklichen Zusammenhang zwischen religiösen Überzeugungen und Geburtenraten.

Wir müssen daher nach einer anderen Erklärung für die niedrigen Geburtenraten in der Edo-Zeit suchen. Vielleicht werden wir in unseren bisherigen Erkenntnissen über die Fortpflanzungsstrategien von Lebewesen fündig. Bei allen Spezies haben die Eltern die Wahl (die nicht unbedingt bewusst getroffen wird), wie sie ihre begrenzten Ressourcen nutzen. Eine Methode besteht darin, so viele Nachkommen wie möglich zu zeugen, »wissend«, dass diese für sich selbst werden sorgen müssen, und in der Hoffnung, dass zumindest einer überlebt. Man bezeichnet dies als »r-« oder »Kaninchen-Strategie«. Die andere Möglichkeit ist, in eine kleine Zahl von Nachkommen zu investieren und so für sie zu sorgen, dass sie die größtmöglichen Chancen haben, das Erwachsenenalter zu erreichen. Dies ist die sogenannte »K-« oder »Elefanten-Strategie«. Welche Wahl die Eltern treffen, hängt von der Situation ab:

Vorausgesetzt, dass alles andere gleich bleibt, neigen Spezies, die in instabilen Verhältnissen (z. B. wenn die Menge der zugänglichen Nahrung schwankt) und unter unvorhersehbaren Umständen (z. B. bei großem Prädationsdruck) leben, dazu, »r-selektierende« Eigenschaften zu entwickeln, verbunden mit hohen Reproduktionsraten, geringem Aufwand und relativ kurzen Zeitspannen zwischen den Generationen. Im Gegensatz dazu präferieren Spezies, die unter stabilen und vorhersehbaren Umweltbedingungen leben, »K-selektierte« Eigenschaften, verbunden mit geringen Fortpflanzungsraten, hohem elterlichen Aufwand und langen Zeitspannen zwischen den Generationen.

Das Verhalten der Menschen im Hinblick auf die Fortpflanzung gleicht zweifellos eher dem von Elefanten als dem von Kaninchen. Die Zahl der Kinder, die eine Frau zur Welt bringen kann, ist begrenzt und es ist in der Regel eine gute Strategie, wenn sie für bestmögliche Überlebenschancen weniger Kinder sorgt, statt so viele

Kinder wie möglich zu gebären. Im Lauf der Menschheitsgeschichte bedachte eine Familie oder eine Frau meist ihre Lebensumstände und wog die Überlebenschancen ihrer Kinder bis zum Erwachsenenalter ab. Im Falle beschränkter Ressourcen und starker Konkurrenz ist es sinnvoll, dafür zu sorgen, dass die eigenen Kinder so gesund und fit wie möglich sind, indem man ihre Zahl gering hält und sie optimal versorgt. Und genau das war offenbar im Japan der Edo-Periode der Fall: Angesichts begrenzter Ressourcen auf einer Insel entschieden sich die Menschen für eine begrenzte Kinderzahl, wandten also die »K-Strategie« an.

Das Gegenteil gilt für Zeiten reicher Ressourcen und geringer Konkurrenz. Wenn die Wirtschaft wächst, werden Familien wahrscheinlich dieses Wachstum auf die Zukunft projizieren und damit rechnen, dass ihre Kinder eine Fülle von Chancen haben werden. In diesem Fall ist es plausibel, wenn sie viel oder mehr Nachwuchs zeugen und damit in Ansätzen »r-Strategen« werden. Dies schlägt sich deutlich in den demografischen Daten nach einem drastischen Absinken der Bevölkerungszahl aufgrund von Epidemien oder Kriegen nieder. Nach solchen Katastrophen steigt gewöhnlich die Geburtenrate, sodass die Zahlen wieder die vorherigen Werte erreichen und sogar häufig übersteigen.

Man kann zwar nicht davon ausgehen, dass Familien bewusst auf die Demografie ihrer Gesellschaft Einfluss nehmen, aber wahrscheinlich registrieren sie die Leerstellen (Häuser, Land, Arbeitsplätze etc.), welche die Katastrophe hinterlassen hat, und gehen zu Recht davon aus, dass ihr Nachwuchs von den Chancen profitieren wird, die sich daraus ergeben. Es kann gut sein, dass die tragischen Hungersnöte im alten Irland die Folge einer falschen Einschätzung der Zukunftsaussichten waren, die auf dem extremen Auf und Ab in der landwirtschaftlichen Produktion beruhte. Im Japan der Edo-Zeit hingegen lag das Wirtschaftswachstum nahezu bei null Prozent und die Menschen begriffen, dass sie ihren Kindern nur dann die besten Zukunftsaussichten bieten konnten, wenn sie ihre Zahl gering hielten. Diese Strategie erwies sich eineinhalb Jahrhunderte lang als erfolgreich.

Schauen wir uns die gegenwärtige Entwicklung der Weltbevölkerung im Lichte dieser Überlegungen näher an, sehen wir, dass die Weltgesellschaft sich eher wie das Irland des 19. Jahrhunderts verhält. Das massive Bevölkerungswachstum in den ein bis zwei vergangenen Jahrhunderten ist eine Folge des zunehmenden Gebrauchs von fossilen Brennstoffen, der einen in der Geschichte der Menschheit nie zuvor gesehenen Reichtum hervorbrachte, abgesehen vielleicht von der Zeit, als unsere jagenden und sammelnden Vorfahren den unbewohnten amerikanischen Kontinent betraten. Überall, auch in Japan, reagierten die Menschen auf diesen neuen Wohlstand, indem sie dafür sorgten, dass ihre Kinder gute Zukunftschancen hatten. Auch Japan entwickelte seine Wirtschaft auf der Grundlage eigener Kohlevorkommen und erlebte damit ein explosionsartiges Bevölkerungswachstum. 1910 erreichte die japanische Bevölkerung die Marke von 50 Millionen Menschen. Mit dem Wandel von einer auf Kohle zu einer auf Öl basierten Wirtschaft stieg die Zahl weiter bis zum gegenwärtigen Stand (2015) in Höhe von 127 Millionen an – das Fünffache der Bevölkerungszahl in der Edo-Periode.

Doch in der zweiten Hälfte des 20. Jahrhunderts verlangsamte sich das Wirtschaftswachstum und die Japaner erkannten, dass die Weltbevölkerung in Riesenschritten auf ihr Maximum zusteuerte. Die Folge war der »demografische Wandel«, der auch in vielen westlichen Ländern stattfand. Dieser Wandel wird in der Regel als unmittelbare Folge des zunehmenden Wohlstands erklärt, aber man könnte genauso gut sagen, der Grund dafür sei die Ansicht, die Zukunft werde weniger rosig sein als zuvor. Heute hat Japan eine der niedrigsten Geburtenraten der Welt und seine Bevölkerungszahl sinkt bereits. Wir wissen nicht, wie die zukünftige Entwicklung in der übrigen Welt aussehen wird, aber dasselbe geschieht auch in vielen anderen Ländern.

Man könnte daraus schließen, dass Menschen (irgendwie doch) intelligente Wesen sind und sie, wenn auch in gewissen Grenzen, frei entscheiden, wie viele Kinder sie in die Welt setzen wollen, wenn diese die bestmöglichen Überlebenschancen haben sollen. In Zeiten

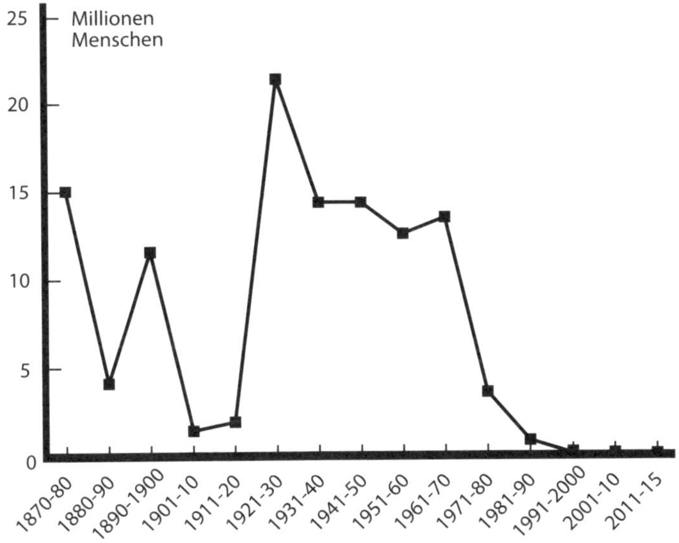

Abbildung 16 Hungersnöte weltweit. Die Daten zeigen, dass es seit fast 40 Jahren keine großen Hungersnöte mehr gibt.[130]

des Wirtschaftswachstums nimmt eine Bevölkerung in der Regel zu, während sie in Zeiten der wirtschaftlichen Stagnation meist auf dem einmal erreichten Stand bleibt. Wenn wir also das Weltwirtschaftssytem auf einem bestimmten Niveau stabil halten könnten und keine großen Kriege führen würden, wäre es sehr wahrscheinlich, dass sich die Weltbevölkerung auf einem bestimmten Niveau einpendelt und Eingriffe von oben, etwa staatliche Zwangsmaßnahmen zur Senkung der Geburtenraten, wären unnötig – was die meisten Menschen zu Recht als Zumutung empfinden. Leider wissen wir nicht, ob eine gleichbleibende Bevölkerungszahl überhaupt möglich ist oder sich schnell genug einstellen würde, um eine Overshoot-Bedingung zu vermeiden, die wieder periodische Zusammenbrüche zur Folge hätte, wie sie menschliche Bevölkerungen im Lauf der Geschichte immer wieder erleben mussten. Wenn wir diesen stabilen Zustand jedoch nicht erreichen, könnte auch hier ein weiterer Seneca-Kollaps der Weltbevölkerung unmittelbar bevorstehen.

Bevorstehende Hungersnöte

Ist die Zeit der großen Hungersnöte vorbei? Gut möglich, hat es doch seit den 1980er-Jahren keine schwerere Katastrophe dieser Art mehr gegeben. Fast 40 Jahre ohne große Hungersnöte reichen vielleicht nicht aus, um sagen zu können, das Problem sei endgültig gelöst. Dennoch ist das eine beachtliche Leistung der Menschheit, bedenkt man, dass es vom Beginn der Landwirtschaft vor etwa 10 000 Jahren an immer wieder zu Hungersnöten kam. Diese positive Entwicklung wird häufig der »Grünen Revolution« in der zweiten Hälfte des 20. Jahrhunderts zugeschrieben, als Technologien entwickelt wurden, welche die landwirtschaftlichen Erträge enorm erhöhten. Doch zweifellos ist das nicht der einzige Faktor. Wie ich bereits zuvor im Zusammenhang mit Irland ausführte, sind Hungersnöte nicht in jedem Fall mit der Höhe der Nahrungsproduktion zu erklären, sondern mit der *Verfügbarkeit* von Nahrungsmitteln: Es ist zwecklos, Nahrungsmittel im Überfluss zu produzieren, wenn sie nicht dorthin geliefert werden können, wo sie benötigt werden. Die gegenwärtige Weltlage ist daher wahrscheinlich zu einem großen Teil auf bessere Speicherungs- und Verteilungsmöglichkeiten zurückzuführen und sicher auch darauf, dass sich die landwirtschaftlichen Erträge in den letzten Jahrzehnten stetig erhöht haben.

Der tiefere Grund für den gegenwärtigen Zustand der Nahrungsversorgung auf der Welt liegt in der Globalisierung. Heute ist die ganze Welt durch ein Handelssystem verbunden, das vor allem auf dem Seetransport beruht. Containerschiffe spielen dabei die Hauptrolle, weil sie Güter über lange Strecken auf dem Seeweg transportieren. Sobald sie in ihrem Zielhafen eingetroffen sind, werden die Container zu bestimmten Drehkreuzen gefahren und von dort mit großen Lkws in der näheren Umgebung verteilt. Schließlich wird die Ware dann mit kleineren Transportfahrzeugen an den Einzelhandel geliefert. All das ist möglich, weil es in dem System ein Steuerungselement gibt: das globalisierte Finanzsystem. Die Integration der regionalen Ökonomien in ein großes weltweites System hat es möglich gemacht, dass für weite Teile der Weltbevölkerung Nahrungsmittel von überall her bezogen werden können. Damit wurden die Folgen lokaler Nahrungsknappheit auf ein Minimum reduziert.

Selbst die Menschen, die zu arm sind, um Nahrungsmittel zu Marktpreisen zu kaufen, können überleben, weil Hilfsorganisationen Nahrung in alle Erdteile schicken und sie kostenlos oder zu niedrigen Preisen verteilen – zumindest ist der Prozentsatz derer, denen nicht geholfen werden kann, gesunken. Heute gibt es 27 derartiger weltweit aktiven Organisationen,[131] die zum Teil von privaten Spendern, zum Teil staatlich finanziert werden. Das Welternährungsprogramm (WEP) der Vereinten Nationen ist wahrscheinlich die weltweit größte Organisation, die sich der Förderung der Nahrungssicherheit widmet. Auf seiner Website *(www.wfp.org/)* berichtet das WEP, dass es 2014 einen Haushalt in Höhe von 4,38 Milliarden Dollar hatte, weltweit 3,5 Millionen Tonnen Nahrungsmittel verteilt und über 97 Millionen Menschen mit Nahrungshilfe unterstützt hat.

Die Arbeit der Hilfsorganisationen, die Nahrung verteilen, ist zweifellos stark von humanitären Motiven geprägt, aber sie verfolgen auch wirtschaftliche und politische Ziele. Das System wurde in den 1950er-Jahren in den USA in der ausdrücklichen Absicht geschaffen, die Ausbreitung des Kommunismus auf arme Länder zu verhindern (zentral war also der Gedanke, Menschen dafür zu bezahlen, dass sie keine Kommunisten werden). Im Lauf der Zeit ist daraus ein System geworden, von dem große Produzenten des Agrobusiness profitieren, die sonst enorme Probleme hätten, ihre Überschüsse loszuwerden. Einer der negativen Effekte ist, dass viele arme Länder mittlerweile völlig von Auslandshilfe abhängig sind, während die Bauern verarmen und die lokale Landwirtschaft zerstört wird.[132] Darüber hinaus ist das Problem des Hungers auf der Welt damit nicht gelöst. Die Ernährungs- und Landwirtschaftsorganisation der Vereinten Nationen (FAO) schätzt, dass 2014 bis 2016 etwa 800 Millionen Menschen chronisch unterernährt waren und ungefähr die Hälfte der weltweiten Bevölkerung zeitweilig Hunger leidet.[133] Von der verbleibenden Hälfte ernähren sich viele weder ausgewogen noch gesund, mit der Folge zunehmender Fettleibigkeit und von Diabetes Typ 2.

Doch all das soll nicht den Erfolg eines weltweiten Ernährungssystems schmälern, wie es bis dato in der Geschichte der Menschheit nicht existierte. Wenn es noch weit in die Zukunft hinein aufrechterhalten bleibt, könnte man sich vorstellen, dass die Weltbevölkerung demselben Pfad folgt wie die Japaner während der Edo-Zeit. Das heißt, sie könnte einen demografischen Wandel durchlaufen, bei dem die Geburtenraten sinken und sich auf einem stabilen Niveau einpendeln, einem Niveau, das der verfügbaren Nahrung entspricht. In vielen reichen Ländern des Westens ist diese Entwicklung bereits erkennbar und die Bevölkerungszahlen stabilisieren sich oder sinken sogar. Eventuell könnte die Weltbevölkerung am Ende des Jahrhunderts mit neun bis zehn Milliarden ihren Höhepunkt erreichen und dann auf diesem Niveau bleiben (oder sogar abnehmen). Einen Seneca-Kollaps der Weltbevölkerung würden wir nicht erleben.

Grundsätzlich ist das nicht unmöglich. Schließlich konnte sich ein resilientes System wie die römische Annona fast ein halbes Jahrtausend lang halten. Warum sollte die moderne globale Annona nicht für einen vergleichbaren Zeitraum Bestand haben? Vielleicht weil unser Ernährungssystem Elemente enthält, die nicht bruchsicher sind (und die es beim römischen System nicht gab).

Die römischen Schiffe, die Getreide über das Mittelmeer transportierten, benötigten keine fossilen Brennstoffe, moderne Containerschiffe hingegen sehr wohl. Auch fahren die Lastwagen, die Nahrungsmittel auf dem Landweg transportieren, mit Diesel und bei der Herstellung des Gummis für die Reifen und des Straßenasphalts werden fossile Kohlenwasserstoffe verwendet. In der modernen Landwirtschaft benötigt man beinahe für den gesamten Produktionsprozess fossile Brennstoffe – für die Maschinen, die auf den Feldern eingesetzt werden, für die Herstellung von Dünger und Pestiziden, um Mineraldünger zu gewinnen und ihn von den Förderminen auf die Felder zu transportieren. Schätzungen zufolge gingen in den 1970er-Jahren 12,8 Prozent der gesamten in den USA verbrauchten Energie auf das Konto des Ernährungssystems.[134] Im Jahr 1994 war dieser Anteil auf 17 Prozent angestiegen.[135] Heute liegt er wahrscheinlich noch höher. Diese riesigen Energiemengen fließen nicht nur in die Nahrungsproduktion, sondern auch in Lagerung, Verpackung und Distribution. Ohne die fossilen Brennstoffe würde das System sofort zum Erliegen kommen. Doch wir müssen uns von fossilen Brennstoffen befreien, um den Klimawandel zu bekämpfen, und selbst wenn wir gar nichts dagegen unternehmen, wird die Erschöpfung der fossilen Brennstoffvorräte das Werk für uns verrichten. Und davon wird unsere gesamte Nahrungsproduktion betroffen sein: keine fossilen Brennstoffe, keine Nahrung.

Zu diesen ohnehin schon massiven Problemen müssen wir noch die negativen Auswirkungen des Klimawandels auf die Landwirtschaft in Gestalt von Dürren und der Störung stabiler Wettermuster hinzuzählen. Man bedenke nur, wie wichtig der alljährliche Monsun für die indische Landwirtschaft ist, und stelle sich vor, was passierte, wenn es ihn nicht mehr gäbe oder er auch nur an Intensität nachließe. Eine noch gravierendere Bedrohung stellt der Anstieg des Meeresspiegels dar. Gegenwärtig beträgt er etwa ein bis zwei Millimeter pro Jahr, eine Größenordnung, die nicht besorgniserregend zu sein scheint. Doch das ist ein typisches Beispiel für die Seneca-Falle: Man nimmt zwar allmähliche Veränderungen wahr, nicht aber die lauernde plötzliche Katastrophe. Das Abschmelzen der Gletscher könnte sich so beschleunigen, dass durch den Anstieg der Meeresspiegel die Häfen weltweit binnen weniger Jahre (längstens weniger Jahrzehnte) nicht mehr nutzbar wären.[136] Dann würde auch das großartige globale System des Nahrungstransports per Schiff in alle Teile der Welt nicht mehr funktionieren, was einer Katastrophe gleich käme.

Sind technologische Lösungen denkbar, mit denen diese Probleme angegangen werden können? Im Prinzip ja. Es ist durchaus vorstellbar, dass jede einzelne fossile Technologie im Ernährungssystem durch eine erneuerbare ersetzt wird.[137] An die Stelle von Diesel-Traktoren könnten elektrisch betriebene treten, die nicht mit voluminösen und teuren Batterien ausgestattet sein müssen, weil ihnen die nötige Energie über Antennen zugeführt wird – eine Technologie, die bereits in den 1930er-Jahren getestet wurde. Künstlicher Dünger könnte ohne den Einsatz fossiler Energie produziert werden, etwa Nitrate mit erneuerbarem Wasserstoff als Ausgangsmaterial statt mit Methan, wie es heute geschieht. Andere Mineraldünger wie beispielsweise Phosphate, könnten mit elektrisch betriebenen Maschinen gefördert werden, obwohl die Erschöpfung der Vorräte die Bauern ohnehin zwingen wird, immer weniger davon zu verwenden (zusätzlich müssen Strategien erdacht werden, Phosphor zu recyclen). Auch existieren Möglichkeiten, Pestizide aus biologischen Vorläufersubstanzen statt aus fossilen herzustellen. Ferner könnten Möglichkeiten für den weltweiten Transport von Nahrung gefunden werden, wobei man zunächst einmal die riesigen Containerschiffe von heute ausrangieren und durch kleinere und umweltfreundlichere ersetzen müsste – vielleicht steht eine neue Ära der Segler bevor. Und man könnte sich schwimmende Häfen als Anpassung an den Anstieg der Meeresspiegel vorstellen.

Natürlich sind die Kosten für all das immens, aber ein solcher Wandel wäre nicht unmöglich, wenn gleichzeitig neue Formen der Landwirtschaft eingeführt würden, die auf mehr Respekt für fruchtbaren Boden und weniger auf der Verwendung von künstlichen Düngern und Pestiziden beruhten.

Leider gibt es, selbst wenn alle technologischen Schwierigkeiten einer nachhaltigen Landwirtschaft gelöst werden könnten, noch ein tieferliegendes und möglicherweise noch gefährlicheres Problem bei der Aufrechterhaltung des Ernährungssystems: seine *Steuerung*. In einem früheren Kapitel haben wir gesehen, dass das Römische Reich wahrscheinlich deshalb unterging, weil sein Finanzsystem außer Kontrolle geriet. Etwas Ähnliches könnte heute mit der Nahrungsversorgung auf unserer Erde passieren, da sie vom weltweiten Finanzsystem abhängig ist. Nahrungsmittel können deshalb weltweit verteilt werden, weil jemand dafür bezahlt. Geschieht dies nicht mehr, bricht die Nahrungsversorgung sofort zusammen: ein weiterer Fall von Seneca-Kollaps.

Wir haben die Finanzkrise von 2008 erlebt, als das Bankensystem beinahe kollabiert ist, und der Gedanke, dass es – vielleicht sogar mit noch verheerenderen Folgen – erneut geschehen könnte, ist nicht abwegig. Noch unheilvoller ist die Tatsache, dass es die internationalen Organisationen für Nahrungshilfe nur deshalb gibt, weil die reichen Länder der Meinung waren, es sei gut, den Armen der Welt kostenlos Lebensmittel zu liefern. Aber wie lange trägt dieser Konsens noch? Fakt ist, die Hilfsorganisationen benötigen öffentliche Gelder und hier stellt sich die Frage, wie lange diese in Zeiten knapper staatlicher Budgets noch fließen (und wie freigiebig die Länder fortan sind). Deshalb ist keineswegs ausgeschlossen, dass wir weltweit in eine Situation der Kriege und Konflikte zurückfallen, in der es wieder Mode ist, Kriege zu gewinnen, indem man seine Feinde aushungert, wie es früher einmal üblich war.

Seit etwa 30 Jahren hat das globale Ernährungssystem das Anwachsen der Weltbevölkerung aufgrund der Kombination von technologischem Fortschritt und Anpassung bewältigen können. Heute steht es massiv unter Druck und man kann nur hoffen, dass es nicht einem Seneca-Kollaps erliegt. Denn wenn es dazu käme, wäre die Folge wahrscheinlich die größte und verheerendste Hungersnot der Menschheitsgeschichte.

Kapitel 8

Verknappung

Die Kohle steht fürwahr nicht neben, sondern ganz und gar über allen anderen Gütern. Sie ist der Treibstoff des Landes – das Hilfsmittel schlechthin – der Produktionsfaktor in allem, was wir tun.

William Stanley Jevons, *The Coal Question*, 1865

Das kurzlebigste Imperium der Geschichte

Am 10. Juni 1940 erklärte Italien Großbritannien den Krieg, eine überraschende Entwicklung in den Beziehungen beider Länder, die über Jahrhunderte freundschaftlich gewesen waren. Der Krieg dauerte vier harte Jahre, in denen auf beiden Seiten Städte bombardiert wurden, große See- und Landschlachten stattfanden und Italien am Ende praktisch in Trümmern lag. Was hatte in einer alten Freundschaft so viel Hass gesät? Es war eine weitere Demonstration der furchteinflößenden Macht fossiler Brennstoffe, die Kriege auslösen können, fast so, als hätten sie eine bösartige Gesinnung.

Die Geschichte beginnt im 18. Jahrhundert, als sich Großbritannien der schwierigen, aber lohnenden Aufgabe widmete, die Welt zu erobern; es war die Ära der Männer aus Eisen und der Schiffe aus Holz. Die militärische Stärke der damaligen Großmächte hing von einem entscheidenden Rohstoff ab: Holz. Es wurde für den Schiffsbau benötigt, aber auch um Holzkohle herzustellen, die man für die Eisenverhüttung und damit für die Waffenherstellung brauchte. Holz war so wichtig, dass die Deckung des Bedarfs eines Landes seine Wälder in Gefahr bringen konnte. Fällte man zu viele Bäume, kam es oft zu Bodenerosion und (in manchen Klimaten) zu Wüstenbildung –

ein Vorgang, der in der Vergangenheit schon mehr als ein Reich zu Fall gebracht hatte, angefangen vielleicht mit dem Attischen Reich zur Zeit von Perikles und Thukydides. In neuerer Zeit war es das spanische Reich, dem Entwaldung und Bodenerosion massiv zusetzten. Im 18. Jahrhundert jedoch konnte Großbritannien dieses Schicksal abwenden, indem es einen Rohstoff einsetzte, den frühere Imperien nicht besaßen: Kohle.

Kohle gab es in England reichlich – ein geologisches Merkmal, das aus einem entlegenen Inselstaat in Nordeuropa eine der großen Weltmächte machte. Ohne Kohle keine britische Industrie, kein britischer Wohlstand und kein British Empire, das erste globale Reich der Geschichte. Dank der Kohle mussten sich die Briten keine Gedanken um Entwaldung machen und sie hatten stets genügend Ressourcen für ihre Industrie. Kohle leitete zudem das Zeitalter der Eisenschiffe ein, die an die Stelle der Holzschiffe traten und für Britannien die »Wellen« beherrschten. Aber die britische Kohle konnte auch exportiert werden. Für den Langstreckentransport über Land war sie zu schwer und zu sperrig, aber mit Kohleschiffen gelangte sie auf dem Seeweg ins Ausland. So schuf die britische Kohle auch in Ländern, die keine Kohle besaßen, eine industriebasierte Wirtschaft. Damit wurde der Industrialisierung eine geografische Grenze gesetzt: Oberhalb eines gewissen Breitengrads war das Klima feucht genug für Wasserstraßen, auf denen die Kohle ins Landesinnere transportiert werden konnte. Unterhalb einer bestimmten Breite war das Klima zu heiß und zu trocken, um Fahrrinnen zu bauen (oder es gab andere Hindernisse dafür, etwa undurchdringlichen Dschungel oder Krankheiten): Die Kohle erreichte zwar die Häfen, gelangte aber nicht ins Inland. Damit wurde es unmöglich, eine moderne Wirtschaft und Militärmacht aufzubauen. Die Länder, die unterhalb der »Wasserstraßenlinie« lagen, zum Beispiel in Nordafrika, hatten kaum eine Chance, dem Schicksal der Kolonisierung durch die aufstrebenden europäischen Reiche zu entgehen.

Die italienische Halbinsel war hinsichtlich der imaginären Linie, die über den Transport auf Wasserstraßen entschied, in einer speziellen Lage: Sie wurde von ihr zweigeteilt. Folglich besaß Norditalien Wasserstraßen und konnte sich mithilfe der britischen Kohle industrialisieren; Süditalien war diese Entwicklung verwehrt und es blieb bäuerlich und arm. Den Intellektuellen Süditaliens entging das nicht und sie beklagten sich bitter darüber,[138] konnten aber an den geografischen Gegebenheiten nichts ändern. Als das Kohlezeitalter voranschritt, wurde Norditalien ein guter Markt für britische Kohle und andere britische Erzeugnisse. Somit spielte Großbritannien für die italienische Wirtschaft und Politik eine zunehmend wichtige Rolle. Und nicht nur das: Die Briten liebten italienische Kunst und Kultur, das italienische Klima und die Tatsache, dass in Italien, anders als in Großbritannien, Homosexualität nicht strafbar war. Die Folge war, dass die Briten, seit im 18. Jahrhundert die »Grand Tour« in Mode gekommen war, nach Italien strömten. Mit der Zeit wurde Italien zunehmend »anglisiert«. E.M. Forsters Roman *Zimmer mit Aussicht* aus dem Jahr 1908 vermittelt einen Eindruck von der besonderen Beziehung, die Italien mit Großbritannien verband – es waren beinahe Schwesterländer.

Schließlich nutzte das Königreich Sardinien-Piemont im Norden seine wirtschaftliche und militärische Überlegenheit, um mit dem Sieg über das Königreich Neapel, das über weite Teile Süditaliens herrschte, die gesamte Halbinsel zu erobern. Großbritannien war an diesen Ereignissen direkt beteiligt, denn es unterstützte das von Piemont mitfinanzierte Abenteuer Garibaldis, der mit einem Freiwilligenheer 1860 in Sizilien landete. General Garibaldis Armee schlug die Truppen Neapels in mehreren Schlachten und übergab Süditalien schließlich an den König von Sardinien-Piemont, der sich fortan »König von Italien« nannte. Großbritannien unterstützte die Geburt des vereinten Italien teils aus idealistischen Gründen, aber auch aus praktischen Erwägungen: Ein vereintes Italien war ein strategischer Verbündeter Großbritanniens im Mittelmeerraum. Auch für Italien war ein Bündnis vorteilhaft, weil Großbritannien das Land nicht nur mit Kohle für die Industrie versorgte, sondern ihm auch die nötige militärische Rückendeckung gab, um sich gegen Frankreich zu behaupten, ein theoretisch freundliches, aber auch sehr viel mächtigeres Land als Italien. Das britisch-italienische Bündnis erwies sich als solide und langlebig. Angesichts der schwierigen Herausforderungen des Ersten Weltkriegs machten Italien und Großbritannien das Mittelmeer zu einem Tummelplatz für die Alliierten. Als die italienische Armee 1917 durch die Hand Österreichs eine schwere Niederlage erlitt, entsandte Großbritannien Truppen, die Italien halfen, den Vormarsch der Österreicher zu stoppen.

In der besten aller Welten schien alles gut zu gehen, bis in den 1920er-Jahren etwas aus dem Lot kam und die Italiener anfingen, sich darüber zu beklagen, Großbritannien liefere ihnen nicht mehr die benötigte Kohle. In seinem Reisebuch *Das Meer und Sardinien* von 1921 berichtet D. H. Lawrence, das Kohleproblem und die schlimmen britischen Machenschaften seien unter Italienern damals das Hauptgesprächsthema gewesen. In der Presse wurde den Briten häufig vorgeworfen, sie seien neidisch auf die wachsende Macht Italiens, und Großbritannien wurde immer häufiger als »Perfides Albion« bezeichnet. In Großbritannien wurde hingegen der Unmut Italiens durchgehend falsch beurteilt; offenbar mochte niemand glauben, dass der Groll so tiefe Wurzeln schlagen und letztlich zum Krieg führen würde.

Hätten die Mächtigen der Epoche das Problem der Erschöpfung verstanden, hätte der bevorstehende Konflikt vielleicht vermieden werden können. Aber sie verstanden es nicht: Die Erschöpfung von Bodenschätzen ist nämlich ein subtiles Problem. Und zwar weil es schrittweise eintritt; es gibt keinen bestimmten Moment, in dem der Industrie ein bestimmter Rohstoff »ausgeht«. Vielmehr verschwinden zuerst die besten Rohstoffe, nämlich jene, die rein, konzentriert und leicht abbaubar sind. Übrig bleiben Rohstoffe, die schmutzig, verstreut und unzugänglich sind und daher teurer in Abbau, Verarbeitung und Reinigung. Ab einem gewissen Punkt werden die Produktionskosten so hoch, dass sich die Sache nicht mehr lohnt. Dann muss sich der Abbau verlangsamen oder ganz aufhören, obwohl theoretisch noch förderbare Vorkommen im Boden sind.

Dieser Zusammenhang ist besonders für Politiker schwer zu begreifen, weil sie nach Ja-Nein-Antworten auf ihre Fragen suchen. Angesichts von Problemen mit der Rohstoffversorgung fragen Politiker ihre Experten: »Gibt es noch Kohle (oder Erdöl oder was immer), die abgebaut werden kann?« Und die einzige Antwort, die auf diese Frage möglich ist, lautet »Ja«. Nun ziehen die Politiker den Schluss, wenn Kohle (oder Erdöl oder was immer) nicht abgebaut wird, dann liege das an den Machenschaften der Gewerkschaften, der Faulheit der Arbeiter, Sabotage durch Feinde oder Ähnliches. Aber es gibt keine einfachen Antworten auf diese komplexen Probleme und die Wirklichkeit hat es an sich, weiterhin zu existieren, auch wenn Politiker sie nicht verstehen (wollen).

Die Frage der Kohleverknappung war allerdings lange Zeit, bevor die Symptome in Großbritannien sichtbar wurden, beantwortet worden. Und zwar von William Stanley Jevons, der nicht nur als Erster das Problem der Erschöpfung intuitiv erkannte, sondern auch versuchte, deren Folgen für Großbritannien abzuschätzen. 1865 verfasste er sein Werk *The Coal Question*, in dem er die Zukunft der britischen Kohle skizzierte. Ihm fehlten die mathematischen Werkzeuge, um quantitative Hochrechnungen durchzuführen, aber er schätzte sehr gut, indem er der Kohleförderung in Großbritannien nicht viel länger als 100 Jahre gab. Tatsächlich war ein Jahrhundert nach Erscheinen von Jevons' Buch die britische Kohleproduktion unaufhaltsam im Abstieg. Zwar fördert Großbritannien auch heute noch Kohle, aber das letzte Bergwerk schloss 2015,[139] und der Zeitpunkt, an dem Großbritannien gar keine Kohle mehr abbaut, wird in nicht allzu ferner Zukunft kommen.

Die fortgesetzte, allmähliche Erschöpfung führte dazu, dass die britische Kohleförderung in den 1920er-Jahren ihr historisches Maximum erreichte; danach konnte sie nicht mehr gesteigert werden. Wahrscheinlich als Folge davon kam es in den 1920er- und 1930er-Jahren immer wieder zu Streiks und Unruhen, die sich auf die britischen Exportkapazitäten auswirkten. Hier lag der Ursprung des Zorns der Italiener auf die Briten. Die Italiener verstanden nicht, dass

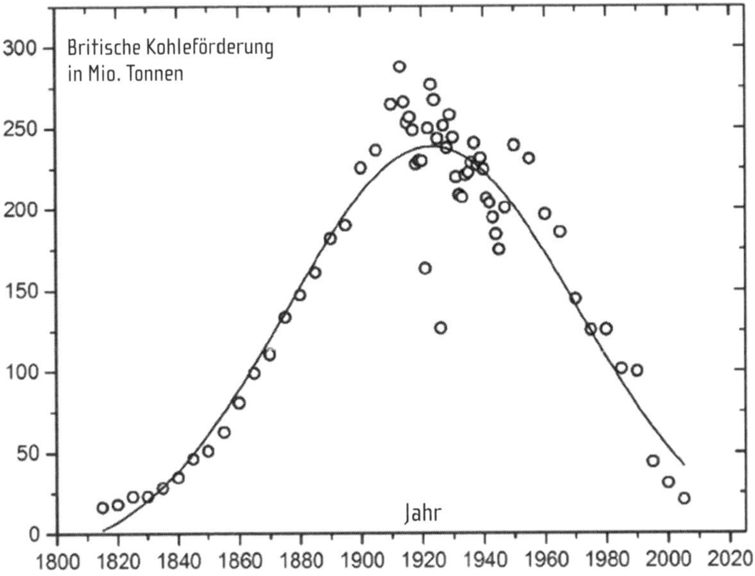

Abbildung 17 Kohleförderung in Großbritannien.[140]

die Briten ihnen keineswegs deshalb Kohle vorenthielten, weil sie Italien hassten, sondern weil die Förderung die durch Erschöpfung bedingten Grenzen erreicht hatte, wie Jevons es ein halbes Jahrhundert zuvor korrekt vorhergesagt hatte. Leider wurde das eigentliche Problem nicht erkannt und das hatte politische Folgen.

Eine erste Folge war die italienische Invasion in Äthiopien im Jahr 1935. Auf den ersten Blick hatte dieses unüberlegte Abenteuer nichts mit der unzuverlässigen Kohleversorgung zu tun, unter der Italien litt. Tatsächlich aber stand Kohle hinter sämtlichen Ereignissen dieser Jahre. Ohne die früher verfügbaren üppigen Kohleimporte war in Italien das Wirtschaftswachstum zum Erliegen gekommen und in der Bevölkerung begann es zu brodeln. Die Regierung fürchtete, zur Zielscheibe des Unmuts zu werden, und hielt es für eine gute Idee, den Zorn der Bürger gegen ein Land zu lenken, das militärisch unterlegen war: Äthiopien. Das Abenteuer wurde den Italienern als Möglichkeit präsentiert, für die wachsende Bevölkerung einen »Platz an der Sonne« *(un posto al sole)* zu finden; gleichzeitig sollte damit das glorreiche Römische Reich der Antike wiederauferstehen und vor allem würde es ein Schlag ins Gesicht der »perfiden Briten« sein, die den Italienern ihre redlich verdiente Kohle vorenthielten. Man wollte demonstrieren, dass Italien sein eigenes Imperium aufbauen konnte. Offenbar glaubten die meisten Italiener dem Propagandafeldzug und unterstützten den Krieg.

Militärisch erwies sich Äthiopien tatsächlich als der schwache Gegner, auf den die italienische Regierung gehofft hatte. Die Äthiopier leisteten beherzt Widerstand, konnten aber gegen die modernen Waffen der Italiener wenig ausrichten. Der Feldzug brachte dem italienischen König sogar die zweifelhafte Ehre ein, sich »Kaiser von Äthiopien« nennen zu dürfen. Dies wurde von der Propagandamaschinerie der Regierung redlich ausgeschlachtet und es gab wahrscheinlich keinen Augenblick in der Geschichte, in dem sich Mussolinis Regierung so großer Beliebtheit bei den Italienern erfreute. Aber der Krieg war strategisch ein schwerer Fehler gewesen. Es gab Gründe, warum Äthiopien zu den wenigen nichteuropäischen Weltregionen gehörte, die bisher der Kolonisierung durch europäische Mächte entgangen war, und einer davon war, dass das arme Land keine nennenswerten Bodenschätze besaß. In Italien mögen die Leute der Regierung abgenommen haben, Äthiopien sei ein Land, in dem sich italienische Bauern niederlassen könnten. Tatsächlich aber wäre es Unsinn gewesen, Leute aus Italien in ein Land zu schicken, dessen Bevölkerung durch die vorhandenen Ressourcen gerade so eben selbst versorgt werden konnte.

Die Eroberung Äthiopiens erwies sich nicht nur als menschliche Katastrophe für die Äthiopier, sondern auch als wirtschaftliches Desaster für Italien, weil es seine Staatsfinanzen dadurch enorm belastete. Den Angaben zufolge wurden in diesem Zeitraum fast 25 Prozent des Staatshaushalts durch die Kosten der Besatzung überseeischer Kolonien verschlungen.[141] Im Übrigen kann das durchaus ein Grund dafür gewesen sein, warum Italien so unvorbereitet und militärisch geschwächt in den Zweiten Weltkrieg eintrat.

Mit der Eroberung Äthiopiens hatten die Italiener ein Imperium gründen wollen, sie hatten aber übersehen, dass es damals bereits ein weltumspannendes Imperium gab. Und das British Empire war nicht nur weit mächtiger als das winzige italienische; es sah darüber hinaus auch keineswegs gnädig über Italiens Versuch hinweg, zur rivalisierenden Macht aufzusteigen. Deshalb verhängte Großbritannien ein Kohleembargo und stoppte 1936 sämtliche Exporte nach Italien. Das war ein schwerer Schlag für die italienische Wirtschaft, vergleichbar mit dem »Ölembargo«, das die OPEC-Länder in den 1970er-Jahren gegen den Westen verhängten. Die Italiener verstanden nicht, warum das geschah; sie fanden, ihre Nationalehre sei befleckt worden, und reagierten entsprechend ungehalten. Noch heute findet man auf Marktplätzen in Italien Steintafeln, die daran erinnern, wie sich das italienische Volk gegen die Zumutung der Sanktionen erhoben habe. Wenigstens zeigt diese Geschichte, dass Wirtschaftssanktionen in der Regel das Gegenteil des Beabsichtigten erreichen und häufig in den Krieg führen.

Als Reaktion auf das Embargo ergriff die italienische Regierung verschiedene Maßnahmen, die man unter dem Begriff »Autarkie« zusammenfassen kann. Dabei ging es hauptsächlich um Propaganda, und die Versuche, aus Karton Schuhe zu machen, Kleidung aus Glaswolle herzustellen und Autos mit Nitroglyzerin zu betanken, brachten nicht die erhofften Ergebnisse. Und die Bemühungen, in Italien neue Kohlebergwerke zu erschließen, endeten noch kläglicher. Die Minen bei Sulcis auf Sardinien waren die Hauptquelle italienischer Kohle, aber im Vergleich zu den britischen und deutschen Lagerstätten waren sie unbedeutend. In besonders günstigen Zeiten konnten sardische Minen zwischen den Weltkriegen allenfalls 10 Prozent des italienischen Kohleverbrauchs abdecken.[142]

Letztlich erreichten die Briten mit dem Kohleembargo das Gegenteil dessen, was sie sich erhofft hatten. Statt sich Großbritannien zu beugen, zog es die italienische Regierung vor, sich mit einer anderen Weltmacht anzufreunden, die Italien mit Kohle versorgen konnte. Ende der 1930er-Jahre war es Italien gelungen, britische Kohle durch deutsche Kohle zu ersetzen (vgl. Abbildung A9, im Anhang Seite 288), aber das hatte einen politischen Preis, der früher oder später beglichen werden musste. Die Ereignisse liefen ab, als würde sich eine vor langer Zeit niedergeschriebene Prophezeiung erfüllen. Ridolfo Mazzucconi, eine zeitgenössische Quelle, berichtet:[143]

> *England befahl durch rasches Handeln die Aufhebung der Verschiffung deutscher, für Italien bestimmter Kohle über Rotterdam zu erreichen. Als Entschädigung erbot sich England, Deutschland bei der Kohlelieferung zu ersetzen. Aber dieser Dienst war Bedingungen unterworfen, die zu akzeptieren bedeuten würde, an die britischen politischen Interessen gebunden zu sein, und unsere Kriegsvorbereitungen schädigen würden. Die faschistische Regierung reagierte mit entsprechender Grobheit; und deutsche Kohle, die nicht mehr auf dem Seeweg kommen konnte, fand die bequemste und kürzeste Route über den Brenner. Die Frage der Kohle war eine gesunde und klärende Krise des politischen Horizonts. Am 9. und 10. März (1940) war Ribbentrop in Rom, und der Besuch gab Anlass zu einer klaren und präzisen Aussage. Die Achse war intakt. Das Bündnis Deutschlands und Italiens lebte weiter. Einige Tage später, am 18., trafen Hitler und Mussolini zum ersten Mal am Brenner zusammen, und da waren selbst die Blinden gezwungen zu sehen und die Begriffsstutzigen zu verstehen.*

Dieser Text zeigt, dass niemand wirklich verstand, was geschah und was geschehen würde. Der Krieg begann und ohne eigene nationale Kohlevorkommen hatte Mussolinis Italien keine größere Chance gegen eine Koalition kohlefördernder Länder als Saddam Husseins Irak 2003 gegen die Vereinigten Staaten. Wir alle wissen um die Katastrophe, die folgte: Italien wurde nicht nur besiegt, sondern zutiefst gedemütigt. Am Ende brach das italienische Reich nur einen Rekord, den des kurzlebigsten Imperiums der Geschichte: Es hielt sich nur fünf Jahre. Und es brach in wenig mehr als einem Jahr zusammen (ein typischer Seneca-Kollaps!). Es war möglicherweise der erste Fall eines sozialen und politischen Zusammenbruchs, verursacht durch die Erschöpfung fossiler Rohstoffe, ein unheilvolles Vorzeichen dessen, was dem modernen globalisierten Imperium blühen könnte.

Tiffany's Trugschluss

In der öffentlichen Debatte um Energie werden häufig Aussagen gemacht wie »Das Erdöl reicht bei der derzeitigen Förderrate noch fünfzig Jahre«. Oft ist auch zu vernehmen: »Wir haben noch Kohle für tausend Jahre« (Donald Trump behauptete genau das im Präsidentschaftswahlkampf von 2016). Als Reaktion auf diese Aussagen hört man gelegentlich ein erleichtertes Seufzen im Publikum, das umso ausgeprägter ausfällt, je selbstbewusster der Sprecher auftritt. Menschen, die sich um das Klima sorgen, ringen hingegen erschrocken nach Luft. Beide Reaktionen wären verständlich, falls diese Einschätzungen mit der langfristigen Verfügbarkeit fossiler Brennstoffe im Einklang stehen würden. Aber tun sie das?

Wir alle wissen, dass es bei Propaganda nicht primär darum geht, Lügen zu erzählen, sondern darum, sich auf nur einen Aspekt der Wahrheit zu beschränken. Das gilt auch für die Verknappungsdebatte. Zu behaupten, ein bestimmter Rohstoff werde noch für Jahrzehnte, Jahrhunderte oder länger reichen, ist keine Lüge, entspricht aber auch nicht der Wahrheit. Solche Zahlen beruhen auf nur einem Aspekt des Problems sowie auf stark vereinfachten Annahmen. Nämlich der statistischen Reichweite von Reserven, die angibt, wie viele Jahre ein Rohstoff reichen wird, vorausgesetzt, der Umfang der Reserven ist bekannt und die Förderrate bleibt gleich.

In der Regel klingen die Ergebnisse dieser Schätzungen beruhigend. Dem BP-Bericht von 2016 zufolge,[144] liegt die statistische Reichweite für Rohöl, berechnet anhand der »bekannten Reserven«, bei etwa 50 Jahren; für Erdgas ergibt sich ein ähnlicher Wert. Kohle soll eine Reichweite von über 100 Jahren haben. Wenn die »möglichen Reserven« zu den »bekannten Reserven« hinzugerechnet werden, stellt sich heraus, dass Kohle eine statistische Reichweite in der Größenordnung von 1000 Jahren oder mehr hätte, und aus dieser Quelle speist sich wohl Mr. Trumps Behauptung.

Die meisten Leute ziehen aus diesen Daten den Schluss, dass es im Hinblick auf Öl wenigstens für die nächsten 50 Jahre nichts zu befürchten gibt, und dann sollen sich andere mit dem Problem herumschlagen. Und wenn wir wirklich noch für 1000 Jahre Kohle haben, was soll dann das Theater? Die Deutschen konnten schließlich im Ersten Weltkrieg Benzin aus Kohle gewinnen, also dürfte das doch auch heute möglich sein, und damit können wir unsere SUVs noch lange Zeit, wenn nicht für immer, fahren. Bedenkt man außerdem, dass die statistische Reichweite im Lauf der Jahre *zugenommen* hat, dann versteht man die Gründe einer wohlbekannten Aussage von Professor Peter Odell, der 2001 erklärte, wir würden »zu Öl kommen«, ausgehen werde es uns jedenfalls nicht.[145]

So gesehen, ist es mit der Förderung eines Rohstoffs wie beim Kuchenessen: Solange noch Kuchen da ist, kann man weiter essen. Dieser besondere Kuchen namens Rohöl hat sogar die Eigenschaft, dass er größer wird, während man isst! Wenn Sie glauben, das sei zu schön, um wahr zu sein, haben Sie recht: Die optimistische Vision, die Ölreserven als Kuchen betrachtet, weckt unrealistische Hoffnungen. Um eine unangenehme Frage aufzuwerfen, möchte ich einen Bericht mit dem Titel »Oil Discoveries at a 70-year low« zitieren, der 2016 bei Bloomberg erschien (nicht gerade ein Hort der Unheilspropheten).[146] Die Daten zeigen, dass die in den vergangenen Jahrzehnten gefundenen Ölmengen weit unter den geförderten Mengen lagen. Mit anderen Worten, die Neuentdeckungen reichen nicht aus, um die Erschöpfung alter Quellen auszugleichen, ein Trend, der schon vor dem Bloomberg-Artikel bekannt war und der sich mit einem Tiefpunkt neu entdeckter Reserven im Jahr 2016 fortsetzt. Wenn wir also tatsächlich bekannte Reserven für die nächsten 50 Jahre haben, wo sind die dann? Eines ist klar: Finden wir sie nicht, dann »kommen« wir auch nicht »zu Öl«, wie Odell meint.

Handelt es sich also etwa um eine Verschwörung der Erdölkonzerne, um die Preise hoch zu halten? Wenn das der Fall wäre, wären diese Wirtschaftsgiganten an der Aufgabe kläglich gescheitert, denn in den vergangenen Jahren ist der Ölpreis eingebrochen. In der Welt des Rohöls gedeihen Verschwörungstheorien jedoch wunderbar. Eine davon besagt, Rohöl sei »abiotisch«, das heißt, es werde fortwährend in enormen Mengen durch anorganische Prozesse in den Tiefen der Erde gebildet – eine »Tatsache«, über die jeder Bescheid wissen könnte, würde sie nicht von den Erdölkonzernen zurückgehalten. Das ist nur eine von vielen Legenden, die sich im Internet finden (zu einer ausführlichen Erörterung zum Thema »abiotisches Öl« siehe den Beitrag von Höök u. a.[147]), und sie ist wie viele andere nur ein Beispiel für unsere teleologische Herangehensweise an Probleme, die zur Erklärung des Problems böse menschliche Verursacher braucht.

Aber bei den Schätzungen der Erdölreserven sind weder Falschmeldungen noch Intrigen oder Verschwörungen im Spiel. Das Problem ist, dass die Nutzung der statistischen Reichweite zur Beurteilung der Zukunft von Rohstoffen nicht sinnvoll ist. Ich bezeichne sie als »Tiffany's Trugschluss«. Vielleicht erinnern Sie sich an den Film *Frühstück bei Tiffany* aus dem Jahr 1961, in dem Audrey Hepburn eine junge Frau verkörpert, die beim Frühstück den Schmuck im Schaufenster von Tiffany's betrachtet. Auf der anderen Seite der Glasscheibe liegt sehr viel Gold, aber es wäre ein Trugschluss anzunehmen, dass man reich ist, weil es dort liegt. Um an das Gold heranzukommen, muss man dafür bezahlen (oder auf illegale Methoden zurückgreifen). Dieses Problem stellt sich auch bei den Schätzungen der »bekannten Reserven« durch die Industrie. Diese Ressourcen existieren zwar wahrscheinlich, aber man braucht Geld (und zwar nicht wenig), um sie zu finden, abzubauen und zu verarbeiten. Folglich sind Rohstoffe keineswegs ein Kuchen, bei dem man bloß zugreifen muss. Sie gleichen eher dem Schmuck bei Tiffany's, den man nur bekommt, wenn man das nötige Geld hinblättert. Man kann sich dazu entschließen, dass man den Schmuck nicht braucht, dann muss man ihn auch nicht kaufen. Aber das industrielle System der Welt kann ohne den ständigen Zufluss mineralischer Rohstoffe nicht überleben, insofern ist das keine Option und die Frage, die bleibt, lautet: Können die Förderkosten bis in alle Ewigkeit getragen werden?

Wie die Förderkosten beglichen werden, ist keine rein finanzielle Frage. Geld kann mit allerlei Finanztricks geschöpft werden, aber man benötigt materielle Ressourcen, um Rohstoffe zu fördern: Bohrer, Lastwagen, Bohrtürme und Ausrüstung aller Art, unter anderem für den Transport, und natürlich Menschen, die sie bedienen können. Wenn es um Energierohstoffe wie Erdöl geht, können wir die für ihre Produktion benötigten physischen Ressourcen mithilfe des Konzepts der »Nettoenergie« messen, das Howard Odum in den 1970er-Jahren entwickelt hat;[148] es wird definiert als die Differenz zwischen der gewonnenen und der verbrauchten Energie, und zwar in jedem Prozess.

Die Nettoenergie der Förderung muss größer null sein, damit sich der Vorgang lohnt; mit anderen Worten, man muss mehr Energie herausholen, als man hineinsteckt. Vor demselben Problem steht jedes Lebewesen: Für einen Löwen ist die Jagd auf eine Gazelle nur sinnvoll, wenn die durch das Fressen der Gazelle gewonnene Energie größer ist als diejenige, die bei der Verfolgung verbraucht wurde. Dasselbe Konzept finden wir bei der energetischen Amortisation (Energy Return on Energy Invested, EROI), die von Charles Hall als Verhältnis der gewonnenen Energie zur verbrauchten Energie eingeführt wurde.[149] Offensichtlich muss die energetische Amortisation eines Energierohstoffs, zum Beispiel Erdöl, größer als eins sein, damit sich die Förderung rechnet. Heute wird die energetische Amortisation von Rohöl auf 10 bis 20 geschätzt.[150] Das heißt, wendet man die Energie von einem Barrel Öl auf, um Öl zu erschließen, zu fördern und zu produzieren, erhält man das Energieäquivalent von 10 bis 20 Barrel Öl zurück. Vor 100 Jahren lag die energetische Amortisation für Öl sehr viel höher, etwa in der Größenordnung von 50 oder mehr. Aber nachdem Öl gefördert und verbrannt wird, nimmt die vorhandene Menge ab. Und weil das leicht zugängliche Öl (etwa oberflächennah gelegenes) zuerst gefördert wird, liegt auf der Hand, dass die energetische Amortisation im Lauf der Zeit sinkt. Die energetische Amortisation von fossilen Brennstoffen ist ein grundlegender Indikator für Verknappung und sie ist in den vergangenen Jahrzehnten kontinuierlich gesunken – ein Hinweis auf die Schwierigkeiten, die auf uns zukommen.

Diese Überlegungen gelten nicht nur für energieproduzierende Rohstoffe, sondern für sämtliche mineralischen Ressourcen, die ebenso vom Phänomen des wachsenden Energiebedarfs für den Abbau betroffen sind. Zum Beispiel konnte ein kalifornischer Goldgräber im Jahr 1849 genügend Nuggets aus purem Gold finden, um sich seinen Lebensunterhalt zu sichern oder gar reich zu werden. Seine Energiekosten waren gering: Im Grunde benötigte er nur die Energie der Nahrung, die er aß. Heute kann der Bergbau das Edelmetall aus Erzen extrahieren, die weniger als ein ppm (parts per million) an Gold enthalten. Diese Konzentration ist immer noch um drei Größenordnungen höher als in der übrigen Erdkruste, aber um aus diesen minderwertigen Erzen Gold zu gewinnen, ist ein sehr viel größerer Aufwand nötig als zur Zeit des Goldrausches. Heute müssen große Gesteinsmengen bewegt werden, die zu Pulver zermahlen und mit teuren und hochgiftigen Reaktanten wie Quecksilber und Cyanid behandelt werden, um das Gold zu extrahieren – Prozesse, die enorme Mengen an Energie verschlingen. Ähnliches gilt für die meisten mineralischen Rohstoffe, obwohl wir nicht einmal davon träumen können, sie aus so minderwertigen Erzen zu gewinnen, wie es bei Gold möglich ist. Bei Kupfer zum Beispiel lohnt sich die Extraktion nur bei Konzentrationen über 0,5 Prozent (5000 ppm).[151]

In der Praxis stellen Erzeuger fest, dass die Förderkosten stetig steigen, wenn mineralische Rohstoffe ausgebeutet werden, deshalb müssen sie, um Gewinn zu machen, die Preise anheben. Der Trend wird von Marktschwankungen, technischen Entwicklungen und Skalenvorteilen beeinflusst, sodass bei manchen Ressourcen nicht einmal langfristig ein klarer Preisanstieg zu beobachten ist.[152] Aber bei einigen kritischen Rohstoffen wie Rohöl ist der Trend, sobald man kurzfristige Schwankungen herausrechnet (was weder in den

Medien noch in der politischen Debatte geschieht), klar zu erkennen. Angesichts höherer Preise können sich Kunden nun entscheiden, auf einen anderen Rohstoff zurückzugreifen oder weniger zu verbrauchen. Das bezeichnet man als »Nachfrageeinbruch« und der führt oft zu Schleuderpreisen, eine Entwicklung, die wir seit 2014 bei Rohöl sehen. Wenn es so weit ist, kann die Branche mit dem Rohstoff, den sie abbaut, keine Gewinne mehr erzielen. Weil Kapital fehlt, wird es schwierig, die Förderraten aufrechtzuerhalten. Die Mittel zur Erkundung neuer Lagerstätten werden deutlich gekürzt und die Zahl der Neuentdeckungen schrumpft. Wenn der Nachfrageeinbruch lang anhält, bleiben Lagerstätten wegen der Niedrigpreise ungenutzt und was einst als Ressource galt, ist keine mehr.

Dieses Schicksal blüht mehreren mineralischen Rohstoffen weltweit. So ergibt sich ein vollständig anderes Bild als beim Blick durch die rosarote Brille der statistischen Reichweite. Das Problem damit ist, dass weder die Reserven noch die Förderrate im Lauf der Zeit konstant bleiben und die Reserven mit dem Nachfrageeinbruch schrumpfen. Daher präsentiert die statistische Reichweite eine allzu optimistische Sicht auf die Zukunft mineralischer Rohstoffe.

Wohin führen uns also diese Trends? Wir brauchen ein Modell der Verknappung, das uns sagt, welche Kurve sich im Normalfall für die Förderung eines Rohstoffs ergibt. Ich habe bereits Jevons erwähnt, der als Erster unter modernen Gesichtspunkten die Frage der Verknappung aufwarf.[153] Sehr viel später, im Jahr 1956, wurde eine quantitative Hypothese über den Förderzyklus mineralischer Rohstoffe aufgestellt, und zwar von Marion King Hubbert, der mit seiner »glockenförmigen« Kurve den Zyklus der Ölförderung in den Vereinigten Staaten für ein halbes Jahrhundert korrekt vorhersagte, bis der Wirbel um das Schieferöl alles veränderte.[154]

Hubberts Ideen gerieten in der Ära des Optimismus, die auf die Ölkrise Ende der 1970er-Jahre folgte, in Vergessenheit, wurden aber durch die »Peak-Oil-Bewegung« ab Ende der 1990er-Jahre wiederentdeckt. Das war vor allem das Werk des britischen Geologen Colin Campbell, der diese Sichtweise bekannt machte und den Begriff »Peak

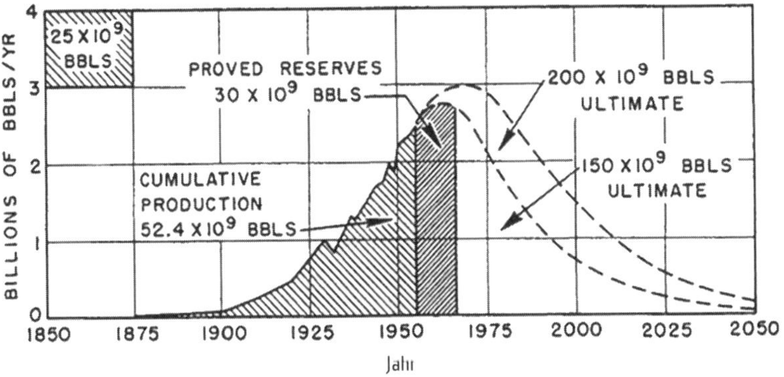

Abbildung 18 Die »Hubbert-Kurve«, wie sie ursprünglich von Marion King Hubbert 1956 aufgestellt wurde.[155]

Oil« (Ölfördermaximum) prägte, um den Augenblick zu bezeichnen, in dem die weltweite Ölförderung ihr historisches Maximum erreicht, an das sich ein irreversibler Abstieg anschließt. In jüngster Zeit ist das Konzept des Peak Oil offenbar aus der Mode gekommen, eine Entwicklung, die hauptsächlich den niedrigen Preisen der letzten Jahre zu verdanken ist, die in der Regel als Zeichen der Fülle gedeutet werden. Das ist eine völlige Fehlinterpretation der Lage, denn die niedrigen Preise verweisen vielmehr auf die Phase des Nachfrageeinbruchs, der am Anfang des unumkehrbaren Niedergangs der Branche steht.

Aber Fehlinterpretationen sind angesichts von »Untergangsprophezeiungen« weit verbreitet, vor allem wenn der vorhergesagte Untergang bevorsteht. Ähnlich verhält es sich mit den Szenarien der *Grenzen des Wachstums*, ein Werk, das nach seinem Erscheinen 1972 eine Zeitlang populär war, dann aber auf Unglauben und Opposition stieß – und obwohl wir offenbar an dem wirtschaftlichen Wendepunkt ankommen, den die Studie für die zweite Dekade des 21. Jahrhunderts vorhersagte, mögen auch heute noch sehr viele nicht daran glauben.[156]

Wir werden später sehen, wie die Hubbert-Kurve durch ein dynamisches Modell generiert werden kann, das die Erdölbranche als komplexes, durch Rückkopplungseffekte beherrschtes System sieht.

Es handelt sich um einen Spezialfall eines allgemeineren dynamischen Modells, das die Trends der Ausbeutung aller natürlichen Ressourcen beschreibt, nicht nur der nichterneuerbaren mineralischen Rohstoffe. Obwohl sie einige historische Fälle korrekt beschreibt, sollte die Hubbert-Kurve weder als Trend noch als physikalisches Gesetz betrachtet werden und schon gar nicht als Prophezeiung. Sie trifft nicht immer zu, tritt aber oft unter bestimmten Bedingungen in Erscheinung. Insbesondere gilt sie, wenn die Branche i) eine nichterneuerbare oder sich nur langsam erneuernde Ressource ausbeutet, ii) auf einem freien oder nahezu freien Markt operiert und iii) einen annähernd konstanten Anteil ihrer Gewinne in Erkundung und Förderung steckt. Wenn diese Bedingungen zutreffen, ist das Ergebnis eine typische »glockenförmige« Förderkurve, auch als Hubbert-Kurve bekannt.

Aber das ist nicht immer der Fall: Politische Eingriffe können die Kurve ebenso verzerren wie die Launen der Finanzmärkte. Finanzinterventionen können zu einer zeitweisen Umkehrung des Hubbert-Trends führen, wie es in den Vereinigten Staaten mit der Schieferölblase geschah, mit der Anfang der 2000er-Jahre ein zweiter Förderzyklus begann. Verschiedene Produktionstrends in unterschiedlichen Regionen der Welt lassen sich als multiple Hubbert-Zyklen erklären, die durch wechselnde wirtschaftliche und politische Faktoren geschaffen wurden.[157] Dennoch bleibt die Hubbert-Kurve ein starker Faktor, der die Förderzyklen sämtlicher mineralischer Rohstoffe bestimmt.

Die Hubbert-Kurve ist, so wie sie normalerweise interpretiert wird, symmetrisch. Das heißt, Wachstum und Niedergang vollziehen sich in derselben Geschwindigkeit, die Kurve weist also keine »Seneca-Gestalt« auf. Symmetrische Kurven wurden bei der Rohölförderung in verschiedenen Regionen der Welt mehrfach, aber nicht immer beobachtet. Es gab auch mehrere Fälle, in denen der Niedergang einer Ölförderregion länger währte als ihr Wachstum;[158] wir könnten dies als »Anti-Seneca-Gestalt« bezeichnen. Diese Entwicklung erklärt sich durch die Auswirkungen finanzieller Faktoren.

Wenn ein Ölfeld oder eine ganze Region einen Niedergang erlebt, werden häufig die Investitionen erhöht, um den Trend zu bremsen. Man könnte sagen, hier wird gutes Geld dem schlechten hinterhergeworfen oder, genauer gesagt, gute Ressourcen den schlechten. Auf jeden Fall ist die Folge, dass sich der Niedergang langsamer vollzieht, als es die schlichte Hubbert-Kurve vorhersagen würde, aber der Trend zum Niedergang eines Ölfeldes oder einer Quelle lässt sich normalerweise nicht umkehren.

Spiegelbildlich ist auch eine Seneca-Gestalt für die Ölförderkurve möglich, obwohl sie bisher auf regionaler Ebene selten beobachtet wurde. Ein entscheidender Punkt ist hier, dass die Produktion von Öl und anderen Energieressourcen in der Regel in Volumen- oder Gewichtseinheiten gemessen wird. Aber diese Messungen sagen nichts über die Nettoenergie aus, die durch diese Produktion für die Gesellschaft verfügbar wird. Da die rentableren Ressourcen nach und nach gefördert und verbrannt wurden, ist immer mehr Energie nötig, um eine bestimmte Energiemenge zu erzeugen, oder mit anderen Worten: Für die Gesellschaft ist eine immer geringer werdende Energiemenge verfügbar.

Der Gedanke, dass dieses Phänomen eine »Seneca-Kurve« erzeugen könnte, wurde wohl erstmals von Nate Hagens in einem Post auf der Website »The Oil Drum« im Jahr 2006 vorgebracht.[159] Der Post zeigte eine qualitative Repräsentation der Seneca-Kurve, angewandt auf die Ausbeutung einer Energiequelle. In jüngster Zeit vertraten mehrere Analytiker (zum Beispiel Antonio Turiel[160] und Gail Tverberg[161]) die These, dass die Erdöl- (oder Energie-)Produktion der Welt im Begriff ist, aufgrund des sinkenden Netto-Energieertrags über die Klippe zu rutschen (vgl. Abbildung A10, Anhang Seite 289).

Möglich, dass das System der Rohstoffproduktion diese Entwicklung nimmt, aber wie so oft kann es sein, dass das System nicht so sehr durch Verknappung als vielmehr durch Kontrollverlust in Gefahr gerät. Wir haben bereits mehrere Beispiele für den maßgeblichen Einfluss finanzieller Faktoren gesehen, die Zusammenbrüche erzeugen, noch bevor die physischen Probleme, die das System zu tragen hat, ernst werden. Der Rohstoffabbau ist Teil des Welthandelssystems und daher anfällig für Zusammenbrüche des Finanzsystems, wie wir sie 2008 erlebt haben. Zudem sind die verschiedenen Sektoren des Rohstoffabbaus miteinander verflochten; kollabiert ein Sektor, reißt er andere mit sich. Wenn zum Beispiel die Ölförderung sinkt, ist immer weniger Diesel für die Maschinen verfügbar, die Kohle und andere Bodenschätze abbauen. Wenn der Kohleabbau abnimmt, wird es schwierig, den Stahl zu produzieren, der für die Bohrgeräte der Erdölbranche benötigt wird. All diese Faktoren machen es nun schwieriger, Kupfer und Eisen abzubauen, die für die Maschinen zum Abbau anderer mineralischer Rohstoffe benötigt werden.

Aber finanzielle Faktoren sind nicht das einzige Problem, das mit dem Kipppunkt der Produktion einer wichtigen Wirtschaftsressource wie Öl verknüpft ist, politische Faktoren könnten sich als noch schlimmer erweisen. Ein regionales Fördermaximum geht oft mit erheblichen sozialen und politischen Unruhen einher, vor allem wenn die Wirtschaft der Region von den Einnahmen aus dem Abbau des Rohstoffs abhängig ist. Das könnte in der Sowjetunion der Fall gewesen sein, die als politisches System zusammenbrach, nachdem sie ihr Ölfördermaximum erreicht hatte,[162] wobei dieser Punkt strittig ist. Ein weiterer Fall ist das Erreichen des Ölfördermaximums im Iran, das mit der Revolution und der Absetzung des Schahs korrespondierte. Nachdem die weltweite Ölförderung (bezogen auf »alle Flüssigkeiten«, nicht nur Rohöl) auf den Peak zusteuert, sind zweifellos weltweit politische Unruhen zu erwarten. Gut möglich, dass die gesamte Welt vor einer »Seneca-Klippe« steht.

Thanathia und die mineralische Eschatologie

Wenn wir aus dem gegenwärtigen weltweiten Trend des abnehmenden Erzgehalts die logische Schlussfolgerung ziehen,[163] müssten wir mit fortschreitend niedrigeren Konzentrationen in den Lagerstätten rechnen, die wir so lange ausbeuten, bis wir in eine Region vorstoßen, in der es keine Lagerstätten mehr gibt (die sogenannte

»mineralogische Barriere«[164]). Am Ende müssten wir in der undifferenzierten Erdkruste Bergbau betreiben – unter Einsatz der von mir so bezeichneten »universellen Bergbaumaschine«,[165] einem im wahrsten Sinne fantastischen Gerät, das gewöhnliches Gestein verarbeitet und in seine Bestandteile spaltet, sodass man alle Elemente des Periodensystems erhält. Das ist vom physikalischen Standpunkt nicht unmöglich, wir haben Technologien, die das leisten können. Aber seltene Elemente sind in gewöhnlichem Gestein in sehr, sehr geringen Konzentrationen enthalten, weshalb eine derartige Maschine in der Praxis komplett versagen würde. Um Mineralien im gegenwärtigen Umfang zu gewinnen, müssten wir ein Vielfaches dessen an Energie einsetzen, was wir heute aufwenden können – und die wird uns in Zukunft wohl nicht zur Verfügung stehen.

Ein weiteres, vielleicht noch gravierenderes Problem ist, dass riesige, schwerfällige universelle Bergbaumaschinen die Umwelt in einem unbeschreiblichen Ausmaß verwüsten und verschmutzen würden. Stellen Sie sich vor, man verarbeitete tausend- oder zehntausendmal so viel Gestein wie heute! Die Erde würde in einen riesigen Steinbruch verwandelt, in dem es kaum noch Lebensraum für Menschen gäbe.

Im Grunde ist unser Rohstoffproblem so banal wie fatal. Die Menschheit hat »irgendwann« damit angefangen, Erz (und andere Rohstoffe, wie Öl oder Kohle) auszubeuten, und dieses Erz ist nichts anderes als ein Überbleibsel geologischer Prozesse in der Erdkruste, die sich über Millionen oder gar Milliarden Jahre vollzogen haben. In der Biologie bezeichnet man Geschöpfe, die von Überbleibseln oder Abfällen leben, als »Destruenten« und ihr Los ist ein schmachvolles Hinscheiden, sobald ihnen die Nahrung ausgeht.

Dieses Schicksal könnte auch uns blühen und es lässt sich nur vermeiden, wenn wir neue Quellen förderbarer Mineralien entdecken. Leider ist das nahezu unmöglich und die meisten Vorschläge in diesem Sinne klingen definitiv nach Science Fiction. Manche sprechen vom Bergbau auf dem Mond oder auf Asteroiden, vergessen dabei aber, dass Erze das Ergebnis tektonischer Prozesse sind, die auf dem

Mond und den Asteroiden nie stattgefunden haben. Wir dürften dort also kaum abbaubare Erze finden. Und Mars und Venus scheiden aus anderen Gründen aus, vor allem aber weil die Kosten der Hin- und Rückreise wahrhaft außerirdisch sind. Dasselbe gilt für Pläne für neue Abbaumethoden auf der Erde, zum Beispiel der Gewinnung von Rohstoffen aus Meereswasser. Die äußerst geringe Konzentration seltener Elemente im Meereswasser sorgt leider auch hier für exorbitant hohe Kosten und macht auch dieses Vorhaben undurchführbar.[166]

Das ultimative Schicksal, das der Menschheit droht, wäre gleichbedeutend mit einem kompletten Stopp des Bergbaus. Das wird geschehen, nicht etwa weil alle Erze erschöpft wären, sondern weil es sich als unmöglich erweisen wird, das industrielle System in der heutigen Form funktionsfähig zu erhalten. Während unsere Vorfahren mit schlichten Spitzhacken und Schaufeln ans Werk gingen, werden unsere Nachfahren weder die Technik noch die Ressourcen besitzen, um die minderwertigen Erze zu nutzen, die wir ihnen hinterlassen. Ohne Bergwerke und ohne Bergleute wäre das Ende des Zyklus gekommen, der begann, als unsere Ahnen Feuersteine in größerem Stil abbauten, den sie für ihre Steinwerkzeuge benötigten.

Ich habe dieses ultimative Schicksal als »mineralische Eschatologie«[167] bezeichnet, abgeleitet aus dem griechischen Wort *eschatos*, was »das Weiteste«, das »äußerste Ende« bedeutet. Alicia und Antonio Valero (Tochter und Vater) gaben dem Planeten Erde den vielsagenden Namen *Thanatia* (»Totenland«)[168]; nicht unpassend für eine Zeit, nachdem Bergleute alle abbaubaren Erze extrahiert und ihren Inhalt gleichmäßig über die Kruste verteilt haben werden.

Was für eine Welt wäre Thanatia? Würden die Menschen in die Steinzeit zurückkehren oder hätten sie wenigstens noch Zugang zu einigen Mineralien, die sie dazu genutzt hatten, die industrielle Zivilisation aufzubauen?

Das hängt natürlich davon ab, welche Mineralien wir betrachten. Manche Elemente sind extrem selten. Zum Beispiel liegt die durchschnittliche Goldkonzentration in der Erdkruste in der Größenordnung von 3 ppb (parts per billion, Teile pro Milliarde) nach Gewichtsanteilen.[169] Das heißt, gediegen vorliegendes (und abbauwürdiges) Gold ist um mindestens acht Größenordnungen konzentrierter als in der durchschnittlichen Erdkruste. Ein weiteres Beispiel ist Kupfer. Es ist nicht so selten wie Gold; der Durchschnittswert dürfte bei 60 ppm (parts per million, Teile pro Million) liegen. Verglichen mit metallischem Kupfer ist die Erdkruste aber immer noch um fünf Größenordnungen »kupferärmer«. Ein derartiges Verhältnis zwischen dem reinen Metall und seiner Konzentration in der Erdkruste ist für die meisten Metalle typisch, die wir als »selten« bezeichnen, etwa Zink, Chrom, Kobalt, Blei und viele andere. Sobald uns die konzentriert vorliegenden Erze ausgehen (die wir heute abbauen), wird die Versorgung mit diesen Mineralien so gut wie unmöglich – jedenfalls wenn wir das derzeitige Förderniveau halten wollen.

Bei anderen Metallen sieht es besser aus, denn sie sind relativ häufig. Eisen, Silizium und Aluminium sind sogar die häufigsten Bestandteile der Erdkruste und es ist kaum vorstellbar, dass sie uns irgendwann einmal in konzentrierter Form ausgehen. Also wird selbst auf Thanatia noch Bergbau möglich sein. Aber könnte Thanatia noch eine industrielle Zivilisation tragen?

Ein nachhaltiges Bergbausystem wäre denkbar, aber wir müssten lernen, ohne extrem seltene Ressourcen auszukommen, die sich nicht so leicht recyceln lassen wie manche Edelmetalle (Platin, Rhodium, Palladium und andere) für die Katalyse, seltene Metalle (Indium, Tantalum, Gallium und Seltene Erden) für die Elektronik und andere anspruchsvolle Hi-Tech-Anwendungen (z. B. Seltene Erden für Magnete). Das ist nicht unmöglich, wenn wir eine reduzierte Leistung in Kauf nehmen; zum Beispiel müssten wir wieder auf Eisenmagnete zurückgreifen statt auf die stärkeren auf der Basis Seltener Erden. Und in Ermangelung des Indiums für LCD-Bildschirme müssten wir zu Bildschirmen mit Kathodenstrahlröhren (CRT) zurückkehren. Wahrscheinlich müssten wir auch wieder Wolframfaden-Glühbirnen in unsere Lampen drehen, weil uns das Gallium für LED-Leuchten und das Quecksilber für Leuchtstoffröhren fehlt. Manche Anwendungen wie der Dreiwegekatalysator zur Abgaskontrolle von Benzinmotoren wären wegen des Mangels an dafür benötigten Edelmetallen (Pt, Pd und Rh) ebenfalls ausgeschlossen und damit wäre das Ende des Benzinmotors und wahrscheinlich sämtlicher Verbrennungsmotoren besiegelt. Das wäre aber kein Unglück, weil sie durch Elektromotoren ersetzt werden können.

Einige seltene Metalle könnten dennoch für das System bereitgestellt werden, wenn auch in geringen, nahezu »homöopathischen« Dosen. Diese Mengen kann man schätzen, wenn man bedenkt, dass die Bergbauindustrie heute rund 3000 Tonnen Gold pro Jahr aus Erzen fördert, die rund 10 ppm des Edelmetalls enthalten.[170] Das entspricht der Größenordnung, in der Kupfer durchschnittlich in der Erdkruste vorkommt, also wäre es möglich, auch ohne Erz vergleichbare Kupfermengen zu fördern – wenigstens solange es uns gelingt, die gegenwärtige Versorgung mit Erneuerbaren Energien aufrechtzuerhalten. Ein so geringes Produktionsniveau wäre auch durch Extraktion von Mineralien aus Pflanzen denkbar, die sie wiederum der undifferenzierten Erdkruste entnehmen.[171] Aber tausend Tonnen Kupfer ist eine so geringe Menge, dass es praktisch undenkbar ist, sie für verbreitete Anwendungen wie Elektroleitungen zu verwenden.

Eine bessere Versorgung ließe sich erreichen, wenn man den Bergbau durch Recyclingtechniken ergänzt, aber um einen wesentlichen Beitrag zu leisten, müsste das Recycling sehr viel energischer vorangetrieben werden. Gegenwärtig recyceln wir Metalle auf einem Niveau von rund 50 Prozent und das heißt, dass ein Großteil des Metalls nach wenigen Zyklen unrettbar verloren ist. Um erhebliche Mengen eines metallischen Rohstoffs über lange Zeit zu erhalten, müsste die Recyclingrate auf deutlich mehr als 90 Prozent angehoben werden, was durchaus eine technologische Herausforderung darstellt: Im Produktionssystem der Welt wurde noch kein Metall auf diesem Niveau recycelt. Anlass zur Hoffnung gibt der Umstand, dass ein derart extremes Recycling für Ökosysteme typisch ist. Pflanzen betreiben seit hundert Millionen Jahren »Bergbau in der Kruste« der Erde und ihnen geht nie irgendetwas aus. In gewissem Sinn haben sie immer auf Thanatia gelebt und sie scheinen dennoch zu gedeihen.

Die wichtigste Strategie, mit der die Industriegesellschaft die Verknappung überleben könnte, besteht darin, sich vorwiegend auf die »Metalle der Hoffnung« zu stützen, wie sie vom niederländischen Forscher André Diederen genannt werden.[172] Dabei handelt es sich um die in der Erdkruste häufigen Metalle, die uns in vielen Fällen dieselben Dienste leisten können wie die seltenen, die wir heute verwenden, zum Beispiel Aluminium und Magnesium im Maschinenbau, Karbonstahl für Werkzeuge, Aluminium für Elektroleitungen, Silizium für Halbleiter. Mit diesen Materialien können wir weitgehend diejenigen Dinge herstellen, die wir brauchen, um über Photovoltaikzellen Solarenergie zu gewinnen und sie in Form von Strom weiterzuverteilen. Wir können Bauwerke, Fahrzeuge, Gebrauchsgegenstände und auch Datenverarbeitungsgeräte produzieren, allerdings wohl nicht mit der Leistung, die wir heute gewohnt sind. Der Planet Thanatia muss also nicht unbedingt das Ende der Industriegesellschaft bedeuten, wenn wir uns rechtzeitig vorbereiten.

Leider sieht es gegenwärtig nicht so aus, als würden die Regierenden der Welt und die Öffentlichkeit das Problem der Mineralverknappung realisieren, und wir bewegen uns nur sehr langsam in die richtige Richtung eines sparsameren Verbrauchs von Ressourcen und eines sehr viel sorgfältigeren Recyclings der Dinge, die wir nutzen. Aber ganz gleich, was heute getan oder unterlassen wird: Das aktuelle Industriesystem der Welt muss großen Veränderungen unterworfen werden, so groß, dass sein Fortbestehen keineswegs gesichert ist.

Kapitel 9

Overshoot

Jeden Morgen wacht in Afrika eine Gazelle auf; sie weiß, dass sie schneller laufen muss als der schnellste Löwe, oder sie wird sterben. Jeden Morgen wacht in Afrika ein Löwe auf. Er weiß, er muss schneller laufen als die langsamste Gazelle, oder er wird verhungern. Es spielt keine Rolle, ob du der Löwe oder eine Gazelle bist – wenn die Sonne aufgeht, lauf los.[173]

Gib einem Mann einen Fisch …

… und du ernährst ihn für einen Tag. Lehre einen Mann zu fischen und er wird den Ozean leerfischen. Wie wahr dieser Spruch ist (der, wenn auch mit einer komplett anderen Aussage, im Kern von Konfuzius stammt), weiß man, wenn man die momentane Situation der Weltmeere betrachtet. Doch wir wollen dieses Kapitel kleiner beginnen, nämlich in Stintino, Sardinien. Stintino hat wunderbare Strände an einem blauen, klaren Meer. Was aber seine Einzigartigkeit ausmacht, ist die Flotte alter Segelboote, die von den Nachkommen der einstigen Fischer des Orts perfekt instand gehalten werden. Diese Boote wurden früher zum Fischen benutzt, heute aber lebt in dem kleinen Dorf niemand mehr vom Fischfang und die Boote dienen nur noch Vergnügungsfahrten. Man kann sie mieten oder vielleicht überlässt Ihnen ein Freund eines der Boote, um damit hinauszufahren. Draußen vor der Küste können Sie dann ankern und schwimmen gehen. Wenn Sie das tun, fällt Ihnen möglicherweise die Klarheit des Wassers auf – über Hunderte Meter im Umkreis kann man bis auf den Grund sehen. Und da werden Sie etwas Seltsames bemerken: Es lassen sich keine Fische blicken, sondern nur Quallen, die Sie scharenweise umschwärmen. Die Chance, von einem dieser ätherischen Geschöpfe gestochen zu werden, zwingt Ihnen eine paranoide Haltung auf. Ständig sehen Sie sich beim Schwimmen um wie ein Kampfpilot im Ersten Weltkrieg, der befürchtet, von der Maschine des Roten Barons verfolgt zu werden.

Der Mangel an Fischen vor Stintino zeigt sich besonders beunruhigend, wenn Sie von einem der einstigen Fischerboote aus tauchen. Was haben die alten Fischer früher eigentlich an Land geholt? Doch wohl keine Quallen. Heute gilt die Qualle in der orientalischen Küche teilweise als Delikatesse, aber ihr Nährwert ist gering und damit ließe sich wohl kaum der Lebensunterhalt eines ganzen Dorfs sichern. Sie können aus diesem Taucherlebnis also nur den Schluss ziehen, dass sich die Welt verändert hat. Früher muss es im Meer vor Stintino vor Fischen nur so gewimmelt haben, aber das ist vorbei. Sie werden Zeuge, wie Fische ein Opfer des Senaca-Ruins werden.

Die Erschöpfung der Fischereigebiete im Mittelmeer ist kein Einzelfall: Die Fischbestände sind weltweit in Bedrängnis. Erzählt man diese Geschichte, beginnt man am besten mit dem ersten Fall, für den wir zuverlässige Daten besitzen (auch wenn hier Meeressäuger betroffen waren): den des amerikanischen Walfangs im 19. Jahrhundert. Wie es dieser Branche erging, berichtet etwa Alexander Starbuck in seinem Buch *History of the American Whale Fishery* aus dem Jahr 1878.[174] Bereits 1851 hatte Herman Melville diese Welt in seinem Roman *Moby Dick* geschildert. Beide Werke erzählen eine ähnliche Geschichte: Starbucks Darstellung ist mit Zahlen und technischen Beschreibungen gespickt, aber bei der Lektüre kann man sich trotzdem die Bestürzung des Autors vorstellen, die er empfunden haben musste, als vor seinen Augen eine Welt verschwand. Melvilles Roman ist hingegen eine Saga, die in der Niederlage endet; die Melancholie, die den Roman durchdringt, verweist womöglich auf die Tatsache, dass der Walfang zu Melvilles Zeit bereits im Niedergang begriffen war, der sich als unumkehrbar erweisen sollte.

Den modernen Leser mutet es seltsam an, dass weder Starbuck noch Melville direkt ansprechen, worum es bei den großen Anstrengungen, die sie schildern, eigentlich geht: Walöl. Im 19. Jahrhundert spielte Walöl oder Tran eine ähnliche Rolle wie das Erdöl unserer Tage. Es war ein vielseitig verwendeter Brennstoff, insbesondere für Öllampen. Da es sauberer und billiger war als die meisten Pflanzenöle, wurde es bevorzugt für die Beleuchtung von Wohnräumen genutzt. So entstand ein lebhafter Markt für Walöl und eine ganze Industrie machte auf den Ozeanen der Welt Jagd auf die großen Meeressäuger.

Wie es bei Menschen leider häufig der Fall ist, scherten sich auch die Walfänger kaum um die Erhaltung der Ressourcen, die sie ausbeuteten. Das hatte für sie, und auch für die Wale, schlimme Folgen. Abbildung 19, die sich auf Starbucks Daten stützt, zeigt die Produktion von Walöl für den amerikanischen Walfang im 19. Jahrhundert. Obwohl Wale theoretisch eine erneuerbare Ressource sind, folgte die Produktion einer »glockenförmigen« Kurve, ähnlich der »Hubbert-Kurve«, wie sie für nichterneuerbare Ressourcen typisch ist.[175] Es handelte sich nicht direkt um einen Seneca-Kollaps, der Niedergang erfolgte ungefähr symmetrisch zur Wachstumsphase. Dennoch war der Fall bemerkenswert, denn es handelte sich um den Kollaps einer ganzen Branche, ein Kollaps, der zu den ersten gehört, zu denen wir quantitative historische Daten besitzen.

Die offensichtliche Erklärung, die einem in den Sinn kommt, lautet, dass den Walfängern die Wale ausgegangen waren. Aber das wurde damals eifrig geleugnet und Starbuck erklärt in seinem Buch mehr als einmal, dass die Schwierigkeiten der Branche keineswegs auf »Walmangel« zurückzuführen seien. Vielmehr liege es daran, so Starbuck, dass die Wale »scheu geworden waren«. Eine andere Erklärung, die der Autor liefert, war die Extravaganz vieler Kapitäne, die ihre Schiffe mit allzu kostspieliger Walfangausrüstung ausstatteten.

Erwähnt man in der Diskussion um Verknappung, dass die Menschen womöglich die Ressourcen zerstören, die ihren Lebensunterhalt sichern, ist die Reaktion oft heftige emotionale Verleugnung. Die Vorstellung, der Niedergang der Waljagd im 19. Jahrhundert habe nichts damit zu tun, dass zu viele Wale getötet wurden, hat sich bis

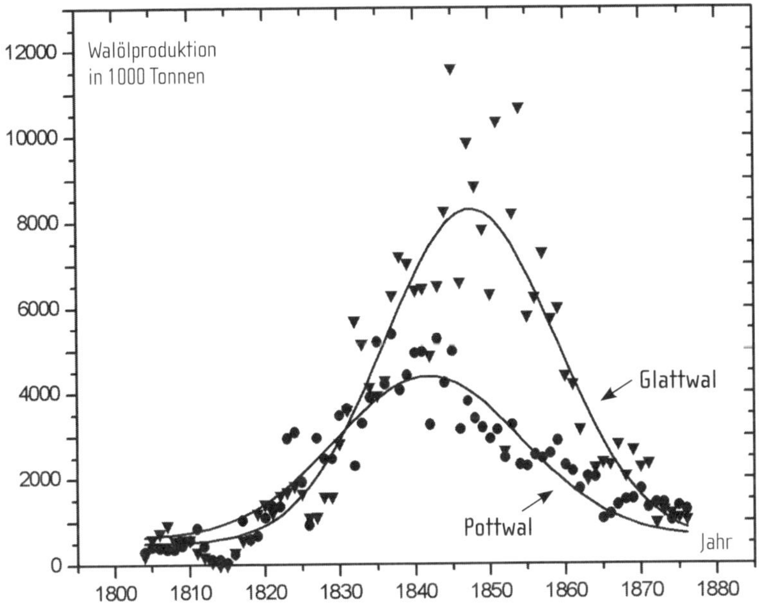

Abbildung 19 Produktion von Walöl durch den amerikanischen Walfang im 19. Jahrhundert. Diese Daten zeigen den Trend für die zwei Hauptspezies, die gejagt wurden: der Glattwal und der Pottwal.[176]

heute gehalten. Unter den verschiedenen Erklärungen erfreut sich die Deutung großer Beliebtheit, die Walfangbranche sei durch Petroleum – ein neuer, billigerer Brennstoff, durch Destillation aus Erdöl gewonnen – zugrunde gerichtet worden. In diesem Licht betrachtet, erscheint der Niedergang des Walfangs als Triumph des menschlichen Erfindungsreichtums: ein weiteres Beispiel dafür, wie neue Technologien die Verknappung überwinden können, und zwar jetzt und in Zukunft. Aber so einfach liegen die Dinge nicht.

Zunächst einmal ist Petroleum ein übel riechendes Öl, sobald man es verbrennt, und die Menschen hätten bestimmt dem Walöl den Vorzug gegeben. Dann war Walöl ein ausgezeichnetes Schmiermittel, das bis ins 20. Jahrhundert in Gebrauch war. Zudem gab es Walerzeugnisse, die sich (bis dato) nicht durch Petroleum ersetzen ließen; eines davon war Fischbein, das in den Korsetts der Damen eingesetzt wurde (vielleicht einer der Gründe, warum die Damen in den Romanen des 19. Jahrhunderts so oft in Ohnmacht fallen). Auch galt Walfleisch in den Restaurants der westlichen Welt als Delikatesse und wegen seines hohen Nährwerts wurde es auch in Asien konsumiert. In seinem Roman Moby Dick präsentiert uns Melville eine unvergessliche Szene, in der Stubb, der Zweite Steuermann, im Lichte einer Walöllampe Walsteak verzehrt.

Aber der springende Punkt ist, dass die Erzeugung von Walöl ihren Höhepunkt erreichte und danach sank, noch bevor die Petroleumproduktion mit vergleichbaren Werten nachziehen konnte.[177] Es ist nur schwer vorstellbar, dass die Walfangindustrie von einem Brennstoff zerstört wurde, den es noch gar nicht gab. Einen anderen Blick auf diese Frage eröffnen die Schätzungen zu den Walzahlen.[178]

Diese Daten sind natürlich mit Unsicherheiten belastet, weil sie auf historischen Fangzahlen beruhen (Abbildung 20). Vielleicht ist also Starbucks Hypothese, die Wale seien »scheu geworden«, aufgrund dieser Resultate nicht ganz auszuschließen. Aber es gibt doch zu denken, dass im Jahr 1920 Glattwale beinahe ausgestorben waren und in den Weltmeeren nur noch 60 Weibchen gezählt wurden.[179] Es fehlte nicht viel, und sie wären für immer ausgelöscht worden. Auch heute noch liegt die Zahl der Glattwale bei nur etwa 10 Prozent der Population, die zu Beginn des industriellen Walfangs die Ozeane bevölkerte. Offensichtlich gab es trotz der Konkurrenz durch Petroleum einen wirtschaftlichen Anreiz, Wale bis zur Ausrottung zu jagen. Letztlich waren Wale Opfer des Phänomens, das wir heute als »Überfischung« bezeichnen, ein schweres Problem der modernen Fischereiindustrie.

Die Daten für viele Sektoren der Fischereiwirtschaft von heute gleichen denen des Walfangzyklus im 19. Jahrhundert. Ein Beispiel sind die in der Abbildung 21 dargestellten Erträge der britischen Fischindustrie. In der oberen Abbildung sehen Sie die Fischproduktion (Anlandung). Diese Daten beziehen sich auf die Grund-

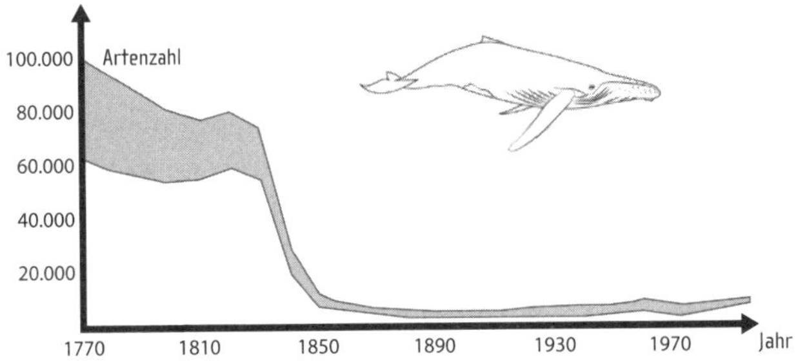

Abbildung 20 Zahl der Glattwale in den Ozeanen[180]

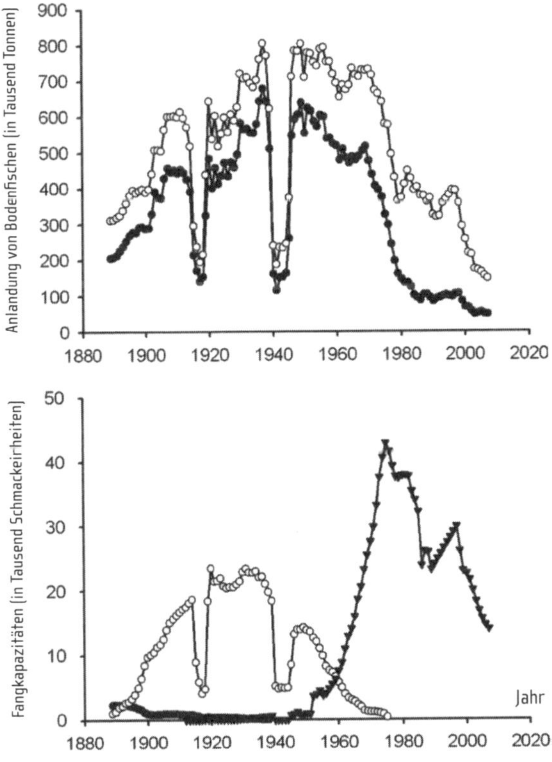

Abbildung 21 Ertrag und Fangleistung der britischen Fischereiwirtschaft, »Bodenfische« leben auf oder nahe dem Meeresboden unweit des Festlandsockels.[181]

schleppnetzfischerei, ein Verfahren, bei dem schwere Netze über den Meeresboden geschleift werden, die alles unter sich zerquetschen und begraben. Diese destruktiven Fangpraktiken sind für das Ökosystem eine Katastrophe.[182] Zudem zerstört die Grundschleppnetzfischerei unersetzliches kulturelles Erbe in Form historischer Schiffswracks.[183] Der untere Teil der Abbildung zeigt den Parameter »Fangleistung«, berechnet anhand von »Schmack-Einheiten«; damit ist die Fangleistung einer Schmack, also eines typischen Küstenseglers der 1880er-Jahre, gemeint. Vergleichen Sie nun den oberen und den unteren Teil und Sie sehen, dass die Fischindustrie in der zweiten Hälfte des 20. Jahrhunderts ihre Fangleistung rapide gesteigert hat. Man beachte, dass dies genau dann geschah, als ein Ertragsrückgang eingesetzt hatte. Dieses Phänomen erinnert an die »Extravaganz« der Kapitäne der Walfangflotten des 19. Jahrhunderts, die Starbuck schildert. Anscheinend reagierte die Industrie auf Fischverknappung typischerweise mit Investitionen in bessere und leistungsfähigere Ausrüstung. Aber ganz gleich wie leistungsstark die Boote der britischen Fischereiflotte sind, sie konnten keinen Fisch fangen, den es nicht mehr gab.

Der Niedergang der britischen Fischereiwirtschaft ist nur ein regionales Fallbeispiel für den Gesamttrend der weltweiten Fischerei. Es handelt sich um ein modernes Phänomen: In der Vergangenheit galt der Reichtum des Meeres als unerschöpflich und der Gedanke, dass uns der Fisch ausgehen könnte, war schlicht unvorstellbar. Im Mittelalter galt Fisch als bescheidenes Nahrungsmittel, das nur die Armen jeden Tag verzehrten, eine Selbstkasteiung für jeden, der sich etwas Besseres leisten konnte. Interessanterweise erörtert Jared Diamond in seinem Buch *Kollaps: Warum Gesellschaften überleben oder untergehen*[184], dass die Wikinger, die Grönland besiedelten, nach dem Verlust ihrer Viehherden hätten überleben können, wenn sie ihre Ernährung auf Fisch umgestellt hätten. Aber offenbar entschieden sie sich dagegen, weil Fisch als Lebensmittel einen so schlechten Ruf genoss. Heutzutage herrscht eine ganz andere Haltung vor. Als Fisch in der zweiten Hälfte des 20. Jahrhunderts seltener wurde, stiegen die Preise und die Menschen sahen Fisch fortan als modisches, hochwertiges Nahrungsmittel. Man denke nur an das japanische Sushi, einst ein Armeleuteessen, heute ein extravagantes Gericht auf der Speisekarte teurer Restaurants. Anders als die Wikinger auf Grönland finden wir es nicht nur in Ordnung, Fisch zu essen, sondern die Nachfrage nach Fisch ist stetig angestiegen. Dies brachte einen neuen Industriezweig hervor, die Aquakultur.

Der Begriff »Aquakultur« bezieht sich auf das Züchten von Wasserlebewesen, wie etwa Schalentiere, Algen und andere, unter kontrollierten Bedingungen. Die Fischzucht ist eine Branche der Aquakultur. Nach einem Bericht der Welternährungsorganisation stammen über 50 Prozent der weltweiten Fischproduktion aus Fischfarmen. Auch diese Entwicklung könnte als Triumph des menschlichen Einfallsreichtums gedeutet werden, mit dem das Problem der Überfischung gelöst würde. In Wirklichkeit aber werden in Fischfarmen wertvolle Fische wie Lachs mit weniger wertvollen Fischen gefüttert, womit das Problem in der Nahrungskette nach unten verlagert wird. Wahrscheinlich haben Sie noch nie vom Sandaal gehört und bestimmt haben Sie ihn noch nie in einem Restaurant bestellt. Dennoch war der Sandaal viele Jahre lang ein begehrtes Objekt für die weltweite Fischindustrie, denn er diente dazu, die wertvolleren Aquakulturfische zu füttern. Das ging so lange, bis aggressives Überfischen die Sandaalfischerei zerstörte und die Fangzahlen Anfang der 2000er-Jahre auf nahezu null fielen.[185] Die sinkende Produktion von geringwertigem Fisch führte dazu, dass Farmfische Futter erhielten, das ihre Vorfahren in der Wildnis nie zu sich genommen hatten, wie etwa Schweine- und Hühnerfleisch und sogar Weizen oder Gerste. Das Ergebnis ist die Erzeugung von Fisch, der mit seinen Artgenossen, die einst in der Wildnis gefangen wurden, wenig zu tun hat – unter anderem hat er einige Nährwerteigenschaften eingebüßt. Wildlachs war einst für seinen hohen Vitamin-D-Gehalt berühmt, den er durch das Verzehren von Plankton erhielt. Lachs aus Fischfarmen hingegen, der mit Schweinefleisch oder Weizen gefüttert wird, enthält dieses Vitamin nicht in diesem Ausmaß.

Fischfarmen liefern nicht nur minderwertige Produkte, sie konnten auch die Zerstörung von marinen Fischereigründen nicht aufhalten, so wie die Erzeugung von Petroleum wenig gegen den Walfang des 19. Jahrhunderts ausrichtete. Der weltweite Niedergang der Fischbestände setzt sich fort und ist inzwischen gut dokumentiert,[186] obwohl das tatsächliche Ausmaß gelegentlich bestritten wird.[187] Es ist eine Version des Seneca-Ruins in den Weltmeeren.

Eine Folge des Phänomens ist, dass die Zahl der Wirbellosen zunimmt, weil sie nicht mehr von Tieren weiter oben in der Ökologischen Pyramide gefressen werden. Aus diesem Grund sind Krebse und Krabben, einst eine teure Delikatesse, heute einigermaßen erschwinglich. Und wenn Sie von einer Qualle gestochen werden, während Sie bei Stintino oder anderswo auf der Welt im Meer schwimmen, wissen Sie jetzt genau, warum.

Was gut für die Biene ist, ist auch gut für den Stock

Fest verwurzelt in der Ideenwelt der klassischen Ökonomie ist das Konzept der »unsichtbaren Hand«, das Adam Smith in seinem Werk *Vom Wohlstand der Nationen* aus dem Jahr 1776 dargestellt hat. Es besagt, das Streben nach persönlichem Gewinn führe zur Optimierung des gesamten Systems. Es ist die Umkehrung des Sprichworts »Was gut für den Stock ist, ist gut für die Biene«. Vielleicht könnten wir gemäß der gegenwärtigen Wirtschaftstheorie sagen, dass der Honigertrag des Bienenstocks maximiert werden kann, wenn die einzelne Biene proportional zu ihrer gesammelten Honigmenge bezahlt wird. Naturgemäß funktionieren Bienenstöcke in der wirklichen Welt anders, aber die Idee könnte ja für die Wirtschaft der Menschen zutreffen: Menschen arbeiten bienenfleißig, wenn sie dafür bezahlt werden. Das ist das Credo des Wirtschaftsliberalismus: Die Wirtschaft funktioniert am besten, wenn man sie sich selbst überlässt und Menschen danach streben dürfen, ihren persönlichen Nutzen nach besten Kräften zu optimieren.

Die Idee, dass komplexe Systeme sich selbst optimieren dürfen, ist faszinierend und sie scheint durch das Ende der Sowjetunion mit ihrer Planwirtschaft und ihren »Fünfjahresplänen« bestätigt zu werden. Wenn wir aber genauer betrachten, wie Ökosysteme funktionieren, sehen wir, dass die Idee, sie seien optimiert, gelinde gesagt mit Vorbehalt betrachtet werden muss.

Wir stellen uns die Natur gern als Idylle vor, die sich in einem ausgewogenen Zustand befindet, und sprechen vom »natürlichen Gleichgewicht«. In der wirklichen Welt sind Dinge aber nie im Gleichgewicht und können es auch nicht sein. In Ökosystemen bewegen sich die Parameter des Systems tendenziell in der Nähe eines Zustands, den wir als »Attraktor« bezeichnen, aber nur im Durchschnitt und mit zahlreichen wilden Schwankungen. Natürliche Ökosysteme werden durch Brände, Dürren, Nährstoffverlust, die Invasion fremder Arten, Epidemien und verschiedenste andere Faktoren beeinflusst, die dem angeblichen Gleichgewicht rasch ein Ende setzen. Ein gutes Beispiel für diese völlig natürliche Tendenz von Ökosystemen, in periodischen Abständen einen Seneca-Kollaps zu erleben, gibt Holling in einer vielbeachteten, 1973 erschienenen Studie,[188] in der er schildert, wie periodische Invasionen des Tannentriebwicklers in einem scheinbar stabilen Waldökosystem durch die Zerstörung mehrerer Baumarten schwere Verwüstungen anrichten. Ein echtes Ökosystem ist, wie die Realwirtschaft, kein Ort, an dem Interaktionen nur paarweise stattfinden, etwa zwischen Verkäufer und Käufer, wie es die Grundidee der wirtschaftlichen Optimierung vorsieht. Das System ist vielmehr vernetzt und was ein Käufer tut, beeinflusst alle Käufer und alle Verkäufer. Wie wir in den vorhergehenden Kapiteln gesehen haben, neigen stark vernetzte Systeme zu Schwankungen und Zusammenbrüchen. Und genau das beobachten wir in realen Ökosystemen ebenso wie in der Weltwirtschaft.

Schwankungen und Zusammenbrüche mögen natürliche Phänomene sein, aber deshalb sind sie weder angenehm noch unvermeidbar. Tannentriebwickler hätten ein besseres und einfacheres Leben, wenn sie ihre Vermehrungsrate reduzieren und damit den Tod der

Bäume vermeiden könnten, die ihnen Nahrung liefern. Natürlich kann man von Tannentriebwicklern nicht erwarten, dass sie langfristig planen, aber es ist durchaus vorstellbar, dass Menschen klug genug wären, dies zu tun. Zum Beispiel könnten Fischer durchaus einen Vorteil darin erkennen, dass sie ihre Fangmengen begrenzen, um den Kollaps der Fischbestände zu vermeiden, die ihnen Wohlstand bescheren. In der Praxis aber zeigt sich, dass Menschen ihre Fischereigründe nicht besser verwalten als Tannentriebwickler ihren Wald. In der wirklichen Welt unserer Wirtschaft beobachten wir ständig wilde Schwankungen, die Katastrophen hervorrufen und großes Leid für viele Menschen bringen. Könnten also diese Schwankungen vermieden oder wenigstens ihre Schwingungsweite reduziert werden? Das ist nicht unmöglich, aber dazu müssen wir verstehen, welchen Einfluss die Gesetze komplexer Systeme auf Märkte haben.

1968 stellte Garrett Hardin ein Konzept vor, mit dem erstmals versucht wurde, Erkenntnisse aus der Populationsbiologie auf ein Wirtschaftssystem anzuwenden. Hardins Modell wurde unter dem Begriff »Tragik der Allmende« bekannt und ist noch heute auf diesem Gebiet maßgebend. Angeregt durch den Kollaps der britischen Allmenden im 18. Jahrhundert beschrieb Hardin eine Abfolge logischer Schritte, die, angesichts der menschlichen Neigung, den individuellen Nutzen zu maximieren, die Tragödie unvermeidlich machten. Auf einer Weide, die als Allmende genutzt wird, darf jeder Hirte seine Schafe weiden lassen. Dabei steht jeder vor der Wahl: Soll er seine Herde um ein Tier vergrößern? Das ist im Kern das Problem des Raubbaus (oder *Overshoot*, wie er von William Catton 1982 definiert wurde[189]). Hardin schreibt:

> *Als rational denkendes Wesen strebt jeder Viehhalter danach, seinen Gewinn zu erhöhen. Explizit oder implizit, mehr oder weniger bewusst, stellt er sich die Frage: Was nützt es mir, wenn ich meiner Herde ein weiteres Stück Vieh hinzufüge. Diese Nutzung hat eine positive und eine negative Komponente.*

Die positive Komponente besteht in der Funktion der Hinzufügung eines Stückes Vieh. Da der Viehhalter den ganzen Erlös vom Verkauf eines zusätzlichen Tieres erhält, beträgt der Nutzwert fast plus 1. Die negative Komponente besteht in der Funktion der zusätzlichen Abgrasung durch ein weiteres Stück Vieh. Da nun die Auswirkungen des Abgrasens alle Viehhalter betreffen, beträgt der negative Nutzwert für den einzelnen Viehhalter nur einen Bruchteil von minus 1. Wenn er die anteiligen Nutzwerte addiert, wird der rational denkende Viehhalter zu dem Schluss kommen, es sei für ihn das einzig Vernünftige, seiner Herde ein weiteres Tier hinzuzufügen und noch eins und so weiter. Aber zu diesem Schluss wird jeder rational denkende Viehhalter bei freier Nutzung der Allmende kommen, und darin liegt die Tragödie. Der Einzelne ist in ein System eingeschlossen, das ihn nötigt, seine Herde in einer begrenzten Welt unbegrenzt zu vergrößern.[190]

Hardins Modell ist nicht nur eine überzeugende Abfolge logischer Aussagen, es hat auch eine tiefgreifende thermodynamische Bedeutung. Wir können sagen, dass sowohl Jäger als auch Beute in einem Ökosystem »dissipative Systeme« darstellen. In der Definition des Begriffs durch Prigogine[191] können Schafe als Maschinen gesehen werden, welche die im Gras enthaltene chemische Energie dissipieren, also zerstreuen, während Gras einer Maschine gleicht, die Sonnenenergie dissipiert. All diese Maschinen tun ihr Bestes, die Dissipationsgeschwindigkeit gemäß den Grundsätzen der Thermodynamik von Nichtgleichgewichtsprozessen zu maximieren. Dasselbe gilt für alle Elemente der Nahrungskette eines Ökosystems; die natürliche Selektion begünstigt Spezies, die Potenziale schneller dissipieren. Diese Eile bei der Dissipation hat einen Nebeneffekt: Das System kann so effizient sein, dass es ein Potenzial schneller dissipiert, als es sich regenerieren kann. An diesem Punkt kann sich die Dissipationsstruktur nicht mehr selbst erhalten und kollabiert.

Natürlich kann niemand gegen die Entropie gewinnen; will man aber die Nutzung von Ressourcen an deren Verfügbarkeit anpassen, so muss man keineswegs gegen das allumfassende zweite Gesetz der Thermodynamik ankämpfen. Gesunder Menschenverstand reicht völlig aus, um es besser zu machen als der Tannentriebwickler. Hardins Modell wurde ja auch kritisiert, weil er zu schematisch vorgeht und es versäumt zu beschreiben, wie die Allmende von alters her verwaltet wurde.[192] Grundsätzlich gibt es keine Belege dafür, dass auf Dorfebene verwaltete Ressourcen wie Wald, Pilze oder auch Gras jemals so überbeansprucht wurden, dass es zum Kollaps oder zur »Tragödie« gekommen wäre. Vielmehr wirkt das soziale Stigma, das mit dem Raubbau an Ressourcen verknüpft ist, hinreichend abschreckend, um Übernutzung zu verhindern. Dafür ist es jedoch erforderlich, dass die Akteure, die das System ausbeuten, ständig miteinander kommunizieren und interagieren, was in einem Dorf leicht möglich ist. Wenn aber die Allmende große oder sehr große Dimensionen hat, sieht es anders aus. Dann scheren sich die Akteure nicht um die Meinung der anderen und handeln nach der alten Maxime »nimm dir, so viel du kannst und solange du kannst«.

Der tödliche Hardin-Mechanismus kommt also in der realen, großen Welt durchaus oft vor. Fischereigründe sind nur eines von vielen Beispielen für die Zerstörung, die Menschen in Ökosystemen nachweislich anrichten (denken wir beispielsweise an die Ausrottung des Dodo auf der Insel Mauritius). Es gibt Hinweise darauf, dass Menschen bei der Auslöschung mehrerer großer Landsäugetiere (Megafauna) in den letzten 50.000 Jahren eine erhebliche Rolle gespielt haben.[193] Auch ein natürlicher Klimawandel wird als Ursache ihres Aussterbens angeführt,[194] aber es hat sich gezeigt, dass Menschen schon vor der modernen Landwirtschaft und Industrie wesentlichen Einfluss auf die Veränderung der Ökosysteme hatten.[195] Wahrscheinlich werden wir nie mit Sicherheit feststellen können, was für das Aussterben von Mammut, Höhlenbär und Riesenfaultier verantwortlich war, aber wir wissen immerhin, dass Menschen in historischer Zeit zahlreiche Arten ausgelöscht haben; der heute zu beobachtende massive Artenverlust läuft mittlerweile sogar unter dem Begriff »Sechstes Massensterben«.[196] Aber Menschen begnügen sich nicht damit, andere Spezies auszulöschen, sie zerstören auch fruchtbares Ackerland durch Übernutzung des Bodens.[197] Offensichtlich hat unsere Spezies die Neigung, das zu zerstören, wovon sie lebt. Und der gefährlichste Fall von Übernutzung betrifft unsere Atmosphäre, eine sehr große gemeinsame Ressource, in der jeder nach Belieben Treibhausgase aus der Verbrennung fossiler Brennstoffe abladen darf. Das ist ein Fall von *Overshoot* auf planetarer Ebene, der unermesslichen Schaden anrichten kann.

Nun können wir versuchen, ein quantitatives Modell dieser Systeme zu entwerfen: Welchem Weg wird eine Industrie folgen, die Raubbau an ihren Ressourcen treibt? Nach Hardins Modell neigen die einzelnen Hirten dazu, ihrer Herde weitere Schafe hinzuzufügen. Weil die Zucht ein Mechanismus ist, der neue Schafe hervorbringt, dürfen wir annehmen, dass die Zahl der auf diese Weise erzeugten Schafe proportional zur Größe der Herde ist. Natürlich können Hirten auch Schafe kaufen, aber dafür braucht man Geld, und auch hier können wir annehmen, dass das Geld, das ein Hirte verdient, proportional zur Zahl der Schafe ist, die er besitzt. Gleichzeitig bringt ein Schaf nur Geld ein, wenn es mit Gras gefüttert werden kann, also setzen wir den wirtschaftlichen Ertrag der Herde (Produktion) als proportional zur vorhandenen Grasmenge an. Somit wäre die Produktion proportional zu den beiden Faktoren: die Zahl der Schafe und die Reichweite des Grases. Das lässt sich in einer einfachen Formel festhalten:

Produktion = Konstante x [Zahl der Schafe] x [Weidefläche]

Das ist ein ganz simples Konzept, das wir zum Beispiel auf die Walfangbranche anwenden können, bei der die Produktion von Walöl proportional zum Produkt der Zahl der Walfangschiffe und der Zahl der Wale wäre. Es ist auch auf viele andere Fälle anwendbar und in dieser Form ist es eine vereinfachte Version der »Produktionsfunktion« der Wirtschaftswissenschaften.

Die Produktionsfunktion in dieser Form darzustellen, ist jedoch nicht unproblematisch, denn sie geht von konstanten Größenvorteilen aus. Das heißt, wenn man einen der Faktoren verdoppelt,

verdoppelt sich auch die Produktion. Das kann aber nicht sein: Wenn man die verfügbare Landfläche verdoppelt, wird sich die Produktion keineswegs verdoppeln, es sei denn, man erhöht auch die Zahl der Schafe proportional. Dasselbe gilt für einen Zuwachs an Schafen ohne Vergrößerung der Weidefläche. Deshalb haben die Wirtschaftswissenschaftler eine Produktionsfunktion entwickelt, bei der jeder Faktor mit einem Exponenten kleiner als 1 versehen wird. Diese Exponenten nennt man »Elastizitäten« und sie bewirken, dass die Funktion nicht linear (und proportional) zur Größe jeder Komponente ansteigt, sondern sich allmählich abflacht, während sie wächst. In dieser Form wird die Formel als »Cobb-Douglas«-Funktion bezeichnet[198] und dient oftmals zur korrekten Beschreibung von Wirtschaftssystemen verschiedener Größe. Robert Solow wendete sie 1956 an, um das BIP der amerikanischen Volkswirtschaft zu beschreiben, und erhielt ein Ergebnis, das immer noch Beachtung findet.[199]

Aber auch eine solchermaßen umgestaltete Produktionsfunktion weist Mängel auf, denn sie ist nicht in der Lage, einen Kollaps zu beschreiben, der aber dennoch eintreten kann. Wir brauchen also einen anderen mathematischen Ansatz. Den finden wir in einem bekannten Modell der Populationsbiologie, das in den 1920er-Jahren von Alfred Lotka[200] und Vito Volterra[201] jeweils eigenständig entwickelt und unter dem Namen »Lotka-Volterra«-Modell bekannt wurde. Manchmal wird es auch als »Räuber-Beute«- oder als »Fuchs-Kaninchen«-Modell bezeichnet. Der Zusammenhang zwischen dem Lotka-Volterra-Modell und Hardins Tragik ist bekannt:[202] Praktisch ist das Lotka-Volterra-Modell eine quantitative Beschreibung des Übernutzungsmechanismus, den Hardin vorgestellt hat. Der interessierte Leser findet dazu ausführlichere Erläuterungen im Kasten auf Seite 283 im Anhang.

Für die von Lotka und Volterra entwickelten Gleichungen gibt es keine analytische Lösung, aber man kann iterative Methoden einsetzen, um das Verhalten der Variablen zu bestimmen. Das Ergebnis ist, dass die Räuber- und Beutepopulationen in Phasen schwingen und keine der beiden Populationen jemals auf null sinkt oder grenzenlos wächst. Wenn es zu viele Kaninchen gibt, vermehren sich die Füchse und sorgen für deren Dezimierung. Wenn es zu viele Füchse gibt, sterben sie den Hungertod. Wir können das Lotka-Volterra-Modell als Erweiterung von Hardins Ideen sehen. Er hatte einen einzelnen Zyklus qualitativ betrachtet, der seiner Darstellung zufolge mit der Zerstörung der Weide geendet hätte. Aber nachdem die Hirten all ihre Schafe geschlachtet haben und weitergezogen sind, hatte das Gras Zeit, sich zu erholen, und im Prinzip wäre mit dem Auftauchen neuer Hirten ein weiterer Zyklus möglich.

Ein weiteres Element des Lotka-Volterra-Modells ist, dass es einige Werte für die Ressource und das Kapital gibt, die das System stabilisieren. Das heißt, das System kann ein stabiles Wertepaar für Füchse und Kaninchen oder für Schafe und Weideflächen erreichen. Dieses Wertepaar nennt man »Attraktor des Systems« und in den meisten Fällen natürlicher Homöostase werden die Bestände ihre Größe ändern und dabei stetig um den Attraktor kreisen, ohne ihn je zu erreichen. Der Attraktor definiert das Nachhaltigkeitsniveau der Ressourcennutzung, das auch als »Tragfähigkeit des Systems« bezeichnet wird: die maximale Populationsgröße, die das System auf unbegrenzte Zeit ernähren kann.

Zweifellos ist das Lotka-Volterra-Modell sehr schematisch und allzu vereinfacht, aber es taugt dafür, einfache Fälle von Räuber-Beutetier-Paaren zu beschreiben. Zum Beispiel wurde es mit einigem Erfolg auf Systeme wie Bakterien in einer Petrischale angewandt.[203] Die Abbildung 22 (siehe Seite 184) zeigt das Verhalten eines Räuber-Beutetier-Paars in Form von zwei Milbenspezies, die von Huffaker einem Experiment unterzogen wurden.[204]

Wenn das Lotka-Volterra-Modell auf reale Ökosysteme angewandt wird, versagt es meist. Sogar Fälle, die heutzutage häufig in Biologielehrbüchern dargestellt werden, wie die Population des Kanadischen Luchses, werden durch das Modell nicht wirklich gut beschrieben.[205] Das überrascht kaum: Es ist nicht damit zu rechnen, dass ein so schlichtes Modell komplexe Ökosysteme beschreiben

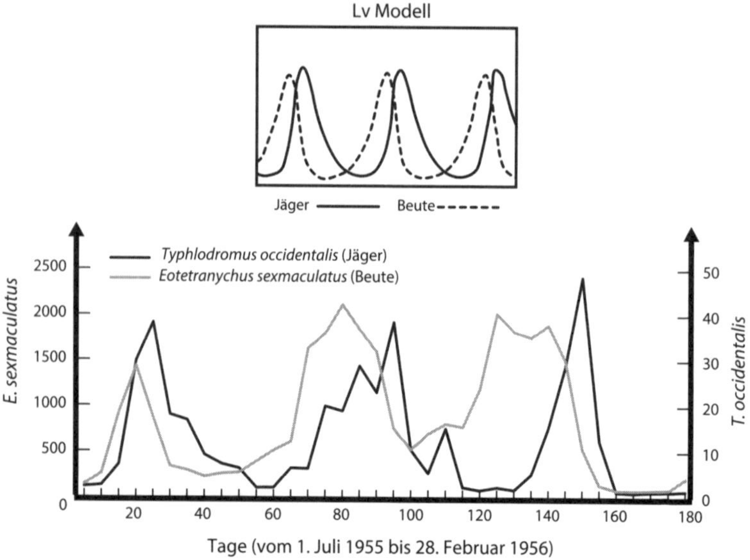

Abbildung 22 Schwankungen in den Populationen zweier Milbenspezies in Laborexperimenten, ausgeführt von Huffaker 1958. Diese Schwankungen sind aufgrund des einfachen Lotka-Volterra-Modells zu erwarten.[206]

kann, die aus einem Gewirr von Hunderten – vielleicht Tausenden – interagierenden Spezies bestehen.

Es gibt in der wirklichen Welt jedoch Fälle, auf die das einfache Lotka-Volterra-Modell anscheinend gut anwendbar ist. Dabei handelt es sich um industrielle Systeme, die ja viel schlichter sind als Ökosysteme. Tatsächlich hatte Volterra das Modell nicht für ein typisches Ökosystem entwickelt, sondern für ein Wirtschaftssystem: die Fischereiwirtschaft in der Adria im frühen 20. Jahrhundert, zu der er mehrere Studien vorlegte.[207] Die Fischereiwirtschaft kann tatsächlich als schlichtes »Zwei-Spezies«-System betrachtet werden, in dem die Fischer die Rolle der Füchse und die Fische die Rolle der Kaninchen übernehmen. So einfach ist es zwar auch wieder nicht, aber es stellte sich heraus, dass sich eine gute Annäherung ergibt, als mein Mitarbeiter Alessandro Lavacchi und ich versuchten, das

Modell auf die historischen Daten des amerikanischen Walfangs im 19. Jahrhundert anzuwenden.[208] In einer späteren Studie, ausgeführt mit zwei weiteren meiner Mitarbeiter, Ilaria Perissi und Toufic El Asmar,[209] identifizierten wir mehrere Fälle, bei denen das Modell das Verhalten von größeren Zusammenbrüchen der Fischereiwirtschaft beschreibt. Es erstaunt, dass das Verhalten von Menschen so gut durch ein Modell zu beschreiben ist, das sonst fast nur über Bakterien und andere Einzeller etwas aussagt. Aber sobald man begreift, dass sie alle denselben Gesetzen der Thermodynamik unterliegen, legt sich die Verwunderung.

In diesen Studien stellten wir häufig fest, dass der Zusammenbruch der Fischereiwirtschaft irreversibel ist, das heißt, die Spezies, an der Raubbau betrieben wurde, erholt sich nicht mehr und erreicht niemals wieder ihre vorherige Populationsgröße, so wie die Glattwale nie wieder die Stückzahlen erreichten, die sie zu Herman Melvilles Zeit hatten. Das bedeutet nicht, dass die Spezies bis zur Auslöschung gejagt wurde, aber es zeigt einen Faktor bezüglich der Komplexität von Ökosystemen, den das schlichte Lotka-Volterra-Modell ignoriert. Sobald eine biologische Population zusammengebrochen ist, wird ihre ökologische Nische häufig von einer anderen Spezies besetzt. Damit bleibt kein Raum mehr, den die ursprüngliche Spezies wieder besiedeln könnte, nachdem der Faktor wegfällt, der ihren Niedergang herbeiführte (z. B. Fischereitätigkeit des Menschen).

Dieses Problem beobachten wir zurzeit bei der Überfischung: Selbst wenn die Fischer ihr Tun einstellen, erreicht die Zahl der Fische nie wieder die frühere Größenordnung, weil ihre Nische von Wirbellosen besetzt wurde, etwa Quallen. Daher können die mit dem Lotka-Volterra-Modell erstellten Simulationen häufig darauf verzichten, die Vermehrung der Beutetiere einzubeziehen,[210] und das Modell erzeugt eine schlichte »glockenförmige« Kurve, so wie für eine nichterneuerbare Ressource. In diesen Fällen ist der Seneca-Kollaps unumkehrbar (siehe Abbildung A11 im Anhang Seite 289).

Das übliche Lotka-Volterra-Modell erzeugt normalerweise symmetrische oder fast symmetrische Kurven, solange nur zwei Spezies beteiligt sind. Aber in einer echten Nahrungskette ist in der Regel jede Spezies einerseits von Räubern bedroht, während sie andererseits auf andere Spezies Jagd macht. Die Kombination von Raubbau und Räubertum führt zur »Seneca-Gestalt«, wobei sich der Schwund viel schneller vollzieht als das Wachstum. Dieses Drei-Spezies-Modell darf man zu Recht als »Seneca-Modell« bezeichnen, denn es geht im Verhältnis zum schlichteren Zwei-Spezies-Modell von Lotka/Volterra einen Schritt weiter.

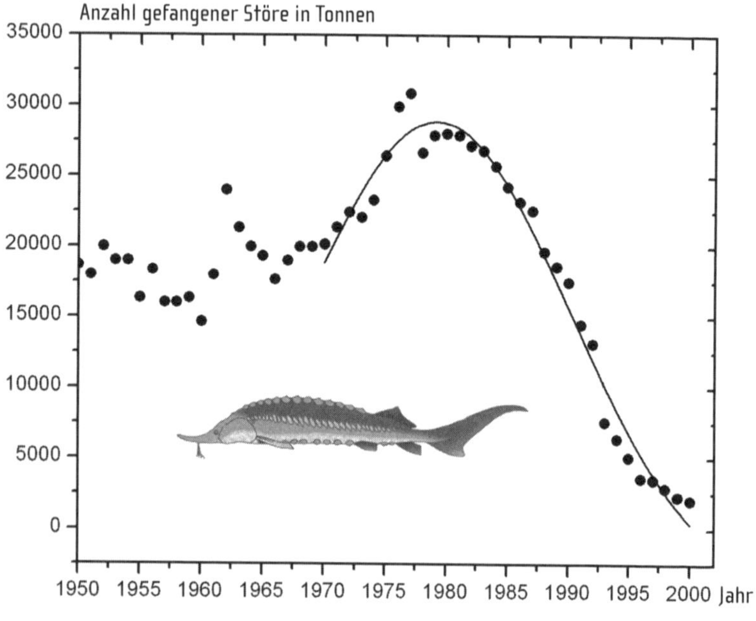

Abbildung 23 Die jährliche Produktion von Stör aus dem Kaspischen Meer.[211]

Ein historisch belegter Fall eines klaren »Seneca-Kollaps« von Fischgründen ist die Störfischerei im Kaspischen Meer, die einst den besten Kaviar produzierte: den schwarzen Beluga. Abbildung 23 zeigt den Ablauf der Ereignisse.

Die Kurve zeigt klar den heftigen Einbruch der Störfischerei in den 1980er- und 1990er-Jahren, womit der Beluga-Kaviar von einem teuren, aber verfügbaren Gut zu einer so seltenen Ware wurde, dass er praktisch nur noch aus Fischfarmen, in minderer Qualität und oft schwer mit Giftstoffen belastet geliefert werden kann. Für diesen historischen Fall werden, wie so oft, verschiedene Erklärungen vorgelegt, aber wahrscheinlich sehen wir hier das Ergebnis der Kombination von zwei Faktoren: zunehmende Umweltverschmutzung und vermehrte Fischereiaktivität, die zum Zusammenbruch der Störpopulation führten. Das Endergebnis entspricht der mittlerweile bekannten Aussage Senecas vom schnellen Niedergang.

Wachstumsmechanismen komplexer Systeme

Komplexe Systeme verhalten sich nichtlinear und dadurch entstehen verschiedenste Verhaltensweisen, die studiert und klassifiziert werden können. Typische komplexe Systeme sind biologische und ökonomische Systeme und wir alle wissen, dass Populationen ebenso wie Volkswirtschaften zum Wachstum neigen, solange sie keinen verheerenden Zusammenbruch erleiden.
Hier folgt eine keineswegs erschöpfende Übersicht zu den »Wachstumsformen« komplexer Systeme, wie sie sich nach mehrhundertjähriger Forschung darstellen.

Exponentialmodell Das einfachste und bekannteste Wachstumsmodell, wie es für Bakterien in der Petrischale kennzeichnend ist. Es impliziert, dass ein Parameter des Systems, zum Beispiel die Population, wächst und sich in regelmäßigen Abständen verdoppelt. Qualitativ wurde dies erstmals Ende des 18. Jahrhunderts von Malthus beschrieben, der sich mit dem Verhalten der menschlichen Bevölkerung beschäftigte,[212] daraufhin wurde es sehr bekannt und auf verschiedenste Systeme angewandt. In den Wirtschaftswissenschaften ist exponentielles Wachstum häufig zu beobachten und wird stets für etwas Gutes gehalten, und zwar sowohl für Unternehmen als auch für die Volkswirtschaft. Aber natürlich kann in einem endlichen Universum nichts immerzu wachsen, deshalb beschreibt dieses Modell nur die anfängliche Wachstumsphase eines komplexen Systems.

Logistisches Modell Ein Mechanismus, der die Grenzen des Systems berücksichtigt und sich etwa auf chemische Reaktionen oder auf die Marktdurchdringung bestimmter Produkte anwenden lässt. Der Mechanismus produziert eine Sigmoid- oder Schwanenhalskurve, die rasch ansteigt, aber dann abflacht und ein konstantes Niveau erreicht. In seiner einfachsten Form wurde das Modell von Pierre-François Verhulst (1804–1849) entwickelt, der auf Malthus' Ideen aufbaute und in Betracht zog, dass exponentielles Wachstum nicht in alle Ewigkeit fortdauern kann. Man beachte, dass Malthus dieses Modell in seine qualitativen Überlegungen einbezog, als er die Zukunft der Menschheit beschrieb – das Konzept des »Kollaps« kam bei ihm nicht vor.[213] Heute sind diverse Schwanenhalskurven zur Beschreibung sozialer, wirtschaftlicher und physikalischer Systeme in Gebrauch, aber wenige Systeme folgen dieser hübschen Kurve über längere Zeit. Bei komplexen Systemen ist, wie in diesem Buch öfter erwähnt immer mit einem »Rückschlag«[214] zu rechnen.

Glockenförmiges Modell Dieser Mechanismus berücksichtigt nicht nur die physikalischen Grenzen des Systems, sondern auch die Tatsache, dass ein Gebilde, das wächst, im Zuge der Entropie auf Kosten eines erschöpfbaren thermodynamischen Potenzials fortlaufend Energie zerstreut.[215] Folglich erreicht es nicht einfach die Grenze und bleibt dann dort. Nachdem es einen Kipppunkt erreicht hat, beginnt sein Abstieg, der den Pfad nach oben spiegelt. Es gibt mehrere mathematische Funktionen, die eine glockenförmige Kurve erzeugen; die bekannteste ist die »Gauß-Kurve« oder Gauß'sche Normalverteilung, aber man erhält sie auch als erste Ableitung einer Verhulst-Funktion, durch verschiedene andere Gleichungen und als Resultat einer Systems-Dynamics-Modellierung.[216] Das Modell firmiert auch als »Hubbert-Kurve«, die oft als Ableitung von Verhulsts logistischer Funktion interpretiert wird. Eine solche Kurve wurde, wie bereits erwähnt, erstmals in den 1920er-Jahren von Lotka und Volterra auf ökologische Systeme und von Hubbert auf dem Gebiet der Ressourcenverknappung angewandt. Es handelt sich um ein realistisches Modell für viele wirtschaftliche und ökologische Systeme und es kann, mit gewissen Grenzen, die Entwicklung der Erdölproduktion einer Region oder die Ausbreitung von Virusepidemien beschreiben. Wie alle Modelle kann es nur sehr bedingt für Vorhersagen bezüglich realer Systeme eingesetzt werden.

Seneca-Modell Das ist der Name, mit dem ich eine Wachstumskinetik bezeichne, deren Rückgang viel schneller erfolgt als ihr vorheriges Wachstum und zu einem echten Kollaps führt.[217] Es beschreibt komplexe Systeme, in denen sich mehrere Faktoren »verbünden«, um den Niedergang eines Parameters oder des ganzen Systems zu beschleunigen. Qualitativ wurde es zum ersten Mal von dem römischen Philosophen Lucius Annaeus Seneca (4 v. Chr. bis 65 n. Chr.) beschrieben. Offenbar gibt es keine »Seneca-Gleichung«, die dieses Modell beschreibt, aber die Kurve kann mittels Systems-Dynamics-Modellierung simuliert werden.[218] Dieses Verhalten ist meist bei Systemen einer gewissen Komplexität zu beobachten, in denen mehrere Subsysteme durch Rückkopplungseffekte miteinander verbunden sind. Es beschreibt zum Beispiel den Untergang von Imperien oder von größeren Wirtschaftsunternehmen.

Der Untergang des galaktischen Imperiums

In den 1950er-Jahren erschien Isaac Asimovs (1920–1992) *Foundation-Trilogie*, die sich zum Klassiker der Science-Fiction-Literatur entwickelte. Die Geschichte handelt in einer fernen Zukunft, in der die Menschheit die gesamte Galaxis kolonisiert und ein galaktisches Imperium geschaffen hat. Das Imperium wird als mächtig und glorreich beschrieben, weist aber auch ominöse Vorzeichen einer dunklen Zukunft auf. Zu dieser Zeit entwickelt ein kluger Wissenschaftler namens Hari Seldon seine Theorie der »Psychohistorik« und begreift, dass das Imperium dem Untergang geweiht ist. Zunächst versucht er, die galaktischen Herrscher davon zu überzeugen, dass Reformen nötig seien, aber sie hören nicht auf ihn. Also gründet er eine Kolonie auf einem fernen Planeten, der den Namen *Foundation* erhält. In dem dunklen Zeitalter, das dem Zusammenbruch des galaktischen Imperiums folgt, bewahren die Menschen der Foundation Wissen und Technik früherer Tage, die zum Beginn einer neuen Zivilisation genutzt werden.

Asimovs Trilogie zeigt deutliche Einflüsse durch Gibbons Werk *Verfall und Untergang des römischen Imperiums*. Eine weitere Quelle der Inspiration war aber womöglich Jay Wright Forrester (1918–2016), der wie Asimov in Boston lebte. Während Asimov an seinem Science-Fiction-Zyklus arbeitete, entwickelte Forrester mathematische Modelle sozialer Systeme, die an die psychohistorischen Modelle der Foundation-Serie erinnerten.

Orientierte sich die Figur des Hari Seldon am Vorbild Jay Forresters? Das können wir nicht sagen. Weder Asimov noch Forrester bekundeten, dass sie das Werk des anderen gekannt hätten, und es kann gut sein, dass Forrester seine Modelle noch nicht entwickelt hatte, als Asimov seine Romane schrieb. Dennoch ist die Vorstellung faszinierend, dass einige archetypischen Ideen in der Geistesgeschichte der Menschheit immer wieder auftauchen. Hari Seldon und Jay Forrester sind beide Erben (der eine fiktional, der andere real) einer langen Linie von Denkern wie Sokrates, Seneca, Merlin, Laotse, Konfuzius und viele andere, die der Menschheit Worte der Weisheit hinterlassen haben (von der Menschheit in der Regel ignoriert).

Forresters Geschichte ist insbesondere die Geschichte einer großen und erfolgreichen wissenschaftlichen Entwicklung, nämlich der »Weltmodellierung«, die zu der bekannten Studie von 1972, *Die Grenzen des Wachstums*, führte. Aber die imperialen Herrscher des 20. Jahrhunderts konnten die Ergebnisse der Weltmodellierung, die zeigten, dass die Welt auf eine Katastrophe zusteuerte, nicht akzeptieren. So wie Hari Seldon daran scheiterte, das galaktische Imperium zu reformieren, scheiterten Forresters Ideen daran, die Verwaltung des globalisierten Imperiums in eine andere Richtung zu lenken. Die Vorhersage eines künftigen Kollaps wurde ignoriert und nichts wurde unternommen, um ihn zu vermeiden. Heute ist es womöglich schon zu spät und wie es scheint, baut niemand eine »Foundation« auf, um das Wissen von einst am Leben zu erhalten.

Um die Ursprünge der Weltmodellierung zu verstehen, müssen wir in das Zeitalter des Optimismus in den 1950er- und 1960er-Jahren zurückkehren. Damals gab es fossile Brennstoffe in Hülle und

Fülle, das Wirtschaftswachstum lag im zweistelligen Bereich und man versprach Energie, die »zu billig ist, um berechnet zu werden«. Aber es gab Leute, die sich hartnäckig unbeeindruckt zeigten und glaubten, das Zeitalter der Überfülle könne nicht ewig währen. Einer der Gründe war wohl der Geist des Thomas Malthus, der seit über einem Jahrhundert mit seiner Vision zukünftiger Hungersnöte und Armut im westlichen Denken spukte. Nicht alle hatten damals vergessen, dass die großen Kriege in der ersten Hälfte des 20. Jahrhunderts vor allem deshalb geführt worden waren, um die Kontrolle über wertvolle und begrenzte fossile Brennstoffe zu gewinnen und zu bewahren. Also wurde das Undenkbare gedacht und wohl der erste, der diese Gedanken öffentlich äußerte, war der amerikanische Geologe Marion King Hubbert. 1956 stellte Hubbert die These auf, die Erdölproduktion der Welt müsse irgendwann in absehbarer Zukunft, vielleicht bereits im Jahr 2000, ihren Höhepunkt erreichen und dann abnehmen.[219] Diese Vorhersage sorgte damals für weit verbreiteten Unglauben, obwohl wir heute sehen, dass sie annähernd korrekt war.

Etwa um dieselbe Zeit erkannte man ein neues Problem: Umweltverschmutzung. Dieses Konzept war vor dem 20. Jahrhundert praktisch unbekannt, gewann aber mit dem Bevölkerungswachstum und der fortschreitenden Industrialisierung in der Debatte wachsende Bedeutung. Einen maßgeblichen Vorstoß in diese Richtung brachte Rachel Carsons Buch *Stummer Frühling* von 1962,[220] eine vernichtende Anklage gegen die Chemieindustrie wegen der gesundheitlichen und Ökosystemschäden, die sie mit dem exzessiven Einsatz von Pestiziden angerichtet hatte. In den 1950er- und 1960er-Jahren griff auch die Angst vor der »Bevölkerungsexplosion« um sich. 1968 erschien Anne und Paul Ehrlichs Buch *Die Bevölkerungsbombe*,[221] das große Aufmerksamkeit erregte, obwohl die Katastrophen, die sie als unmittelbar bevorstehend schilderten, nicht wie vorhergesagt eintraten. Damals waren sich also nicht alle einig, die Zukunft sehe nur rosig aus, aber diese Einschätzung beschränkte sich auf eine kleine Gruppe von Unheilspropheten.

Vor diesem Hintergrund gründete der italienische Intellektuelle Aurelio Peccei (1908–1984) eine Organisation, die den Namen »Club of Rome« erhielt, eine Organisation, die sich mit der Zukunft der Menschheit beschäftigte und erforschte, was für eine bessere Zukunft getan werden könne. Wie aus Pecceis Schriften hervorgeht, verstanden anfangs weder er noch die anderen Mitglieder des Clubs das Problem des Overshoot und sie ahnten auch nicht, dass die Weltwirtschaft auf einen Kollaps zusteuerte. Was sie begriffen, war, dass der Verfügbarkeit von Ressourcen auf einem endlichen Planeten Grenzen gesetzt sind, und sie vermuteten, die Weltwirtschaft würde sich einfach verlangsamen, wenn sie an ihre Grenzen stieß, und in diesem Zustand verharren. An diesem Punkt würde die menschliche Bevölkerung durch Hungersnöte und Epidemien nicht weiter wachsen; ähnlich hatte in früheren Tagen Thomas Malthus argumentiert. Aus dieser Sicht bestand das Ziel des Club of Rome hauptsächlich darin, eine faire Verteilung des Reichtums der Welt zu sichern und den Armen großes Leid zu ersparen.

Mit diesen Ideen im Kopf lernte Peccei 1968 Jay Wright Forrester kennen – eine Begegnung, die die Geistesgeschichte der Menschheit nachhaltig verändern sollte. Peccei begriff das Potenzial der von Forrester entwickelten Modellierungsverfahren und es gelang ihm, Forschungsgelder für dessen Wissenschaftlerteam zu beschaffen. Forrester und seine Mitarbeiter standen vor der Aufgabe, ein Weltmodell zu schaffen, das dem Club of Rome sagen konnte, wo genau die Grenzen des Wachstums lagen und welche Folgen eintreten würden, wenn man sie erreichte. Die Resultate dieser Arbeit waren wahrscheinlich für Forrester ebenso überraschend wie für Peccei.

Die ersten Ergebnisse der Weltmodellierung erschienen 1971 in dem von Forrester verfassten Buch *Der teuflische Regelkreis: Das Globalmodell der Menschheitskrise*.[222] Eine zweite Studie, basierend auf umfangreicheren und detaillierteren Daten, erschien 1971 unter dem Titel *Grenzen des Wachstums*. Zu den Autoren zählten unter anderem Dennis Meadows, Donella Meadows, Jorgen Randers und William W. Behrens III.[223] Der innovative Charakter dieser Studien war beeindruckend. Zum ersten Mal hatte jemand den Versuch unternommen, eine quantitative Einschätzung zu der Frage zu liefern, welche Auswirkungen die Grenzen der natürlichen Ressourcen auf das Verhalten der Wirtschaft haben. Eine weitere Innovation des Modells war, dass es die negativen Folgen der Umweltverschmutzung auf die Wirtschaft explizit in Betracht zog: ein Parameter, der bis dahin viel diskutiert, aber nie in quantitative Modelle einbezogen worden war. Das Modell konnte auch das Wachstum der menschlichen Bevölkerung simulieren und die Auswirkungen des technischen Fortschritts im Hinblick auf Ressourcenbereitstellung und Umweltschutz berücksichtigen.

In allen Fällen wurden die Ergebnisse der Modellberechnungen als mögliche »Szenarien« präsentiert, abhängig von unterschiedlichen Ausgangsannahmen zum weltweiten Reichtum an Ressourcen und zu den Ausbeutungsstrategien. Daher waren die Ergebnisse variabel, aber sie zeigten stets einen robusten Trend: Die Weltwirtschaft neigte zu irgendeinem Zeitpunkt im 21. Jahrhundert zum Kollaps.

Für das Basisszenario der *Grenzen des Wachstums* dienten als Input die Daten, die am zuverlässigsten erschienen; auch wurde unterstellt, dass sich an der Weltpolitik und am menschlichen Verhalten nichts ändern würde. Es sah den Kollaps der industriellen und der landwirtschaftlichen Systeme für einen Zeitpunkt zwischen der zweiten und der dritten Dekade des 21. Jahrhunderts kommen. Einige Jahrzehnte danach würde die Bevölkerung aufhören zu wachsen und allmählich abnehmen. Optimistischere Annahmen zur Verfügbarkeit von Ressourcen und zum technischen Fortschritt lieferten Szenarien, in denen der Kollaps aufgeschoben werden kann, aber das Endergebnis war immer das gleiche: Der Kollaps ist nicht zu vermeiden. Es war auch möglich, die Parameter des Modells so zu verändern, dass in der Simulation der Übergang zu einer Wirtschaft des langfristigen Gleichgewichts (Steady-State-Ökonomie) stattfindet und der Kollaps vermieden wird. Überträgt man diese Parameter aber auf die reale Welt, wäre dafür eine Politik erforderlich, die völlig konträr zur Schulweisheit der Ökonomen läuft, weil sie dem Wirtschaftswachstum ein Ende setzt.

Die Weltmodellierung ergab, dass ein Seneca-Kollaps voraussichtlich innerhalb von 50 Jahren eintreten würde. Diese Prognose hatte auf die allgemein anerkannte Weltanschauung einen ähnlichen Effekt wie die Nachricht von der Landung einer fliegenden Untertasse auf dem Rasen des Weißen Hauses in Washington, aus der kleine grüne Männchen mit Strahlenpistolen strömen. Die Legende, die Studie sei von Anfang an als offensichtlicher Schwindel verlacht worden, hält sich hartnäckig, aber sie ist falsch.[224] *Die Grenzen des Wachstums* wurden wie jede neue Theorie diskutiert und kritisiert, aber die Studie weckte enormes Interesse, wurde in zahlreiche Sprachen übersetzt und millionenfach verkauft. Offensichtlich hatte das Buch, trotz des damals herrschenden Optimismus, einem Gefühl Ausdruck verliehen, das nicht oft geäußert wurde, aber jeden beschäftigte. Können wir wirklich in alle Zukunft wachsen? Und wenn wir es nicht können, wie lange wird das Wachstum dauern? *Die Grenzen des Wachstums* lieferten eine Antwort auf diese Frage, wenn auch keine angenehme. Was der Studie nicht gelang, war, weitere Forschungen anzustoßen, und einige Jahrzehnte nach ihrem Erscheinen wurde sie in der öffentlichen Meinung völlig anders beurteilt.

Es würde lange dauern, in allen Einzelheiten auf die fanatischen Reaktionen einzugehen, die von verschiedenen Seiten, insbesondere von den Wirtschaftswissenschaften, gegen *Die Grenzen des Wachstums* vorgebracht wurden. Begnügen wir uns mit der Feststellung, dass diskutiert wurde, ob diese Reaktion spontan erfolgte oder ob es sich um eine gesponserte politische Kampagne handelte. Wir haben zahlreiche Belege für Lobbykampagnen gegen die Wissenschaft.[225] Bekannt ist auch, dass die Chemieindustrie eine Kampagne gegen Rachel Carsons *Stummer Frühling* finanzierte,[226] und natürlich liegt auf der Hand, dass die gegenwärtigen Attacken auf die Klimawissenschaft politisch motiviert sind.[227]

Im Fall der *Grenzen des Wachstums* haben wir keine Belege für eine solche konzertierte Attacke, die im Auftrag einer industriellen oder politischen Lobby erfolgt wäre. Was wir sagen können, ist, dass die Demolierung der Studie ein weiterer Fall eines »Seneca-Ruins«

war, in dem Sinne, dass es zum raschen Zusammenbruch des Rufs der Studie und ihrer Autoren kam. Bis zu einem gewissen Punkt war die Debatte zu den *Grenzen des Wachstums* relativ ausgewogen, aber schließlich begrub eine Lawine negativer Kommentare die Studie und beförderte sie zusammen mit falschen wissenschaftlichen Theorien, wie der Phlogistontheorie oder dem kosmischen Äther in den Mülleimer der Geschichte. Der Kipppunkt für den Untergang der Studie könnte ein Artikel von Ronald Bailey gewesen sein, der 1989 in der Zeitschrift *Forbes*[228] erschien. Bailey griff eine frühere Kritik aus der *New York Times*[229] auf und stellte sie erneut zur Debatte. Es handelte sich lediglich um die Fehlinterpretation einiger Daten, die in der Studie präsentiert wurden, aber sie zeigte Wirkung. Die Attacke verbreitete sich wie ein Lauffeuer: Obwohl damals das Internet noch nicht existierte, gelang es den Medien, einen klassischen Fall von sich verstärkender Rückkopplung zu kreieren. Die Legende von den »falschen Vorhersagen« breitete sich aus und innerhalb weniger Jahre herrschte die Anschauung vor, die ganze Studie sei nichts als eine Ansammlung falscher Ideen und alberner Vorhersagen von einer Gruppe exzentrischer Professoren, die tatsächlich geglaubt hätten, der Weltuntergang stehe bevor.

Heute geht der Trend in eine andere Richtung und *Die Grenzen des Wachstums* erleben eine Renaissance. Es lohnt sich also zu prüfen, wie das Modell funktioniert hat und welche Annahmen verwendet wurden. Zunächst wäre zu schildern, wie die ersten Versuche verliefen, Computer zur Beschreibung von rückkopplungsdominierten Systemen (man nennt sie auch »komplexe Systeme«) einzusetzen. Einer der ersten Forscher, der sich dieser Aufgabe widmete, war Norbert Wiener (1894–1964), der Forresters Arbeit beeinflusste. Forrester führte viele innovative Elemente in diese Studien ein, darunter die Verwendung digitaler Computer, die er selbst entwickelt hatte. Heute wird System Dynamics oder Systemdynamik in den verschiedensten Bereichen eingesetzt, vor allem aber dient sie als Methode zum besseren Verständnis des Verhaltens von sozialen, wirtschaftlichen, geschäftlichen und biologischen Systemen, in denen Rückkopplungsschleifen entstehen und die durch analytisch lösbare Gleichungen nicht beschrieben werden können.

Der Kern des Modells, das in der Studie *Die Grenzen des Wachstums* von 1972 verwendet wurde, hieß »Welt 3« und es kommt noch heute in abgewandelten Varianten zum Einsatz. Es geht von fünf Hauptelementen oder »Beständen« im Weltsystem aus. Diese sind: 1. natürliche Ressourcen, 2. Landwirtschaft, 3. Bevölkerung, 4. Kapital, 5. Umweltverschmutzung. Qualitativ gesehen, unterscheiden sich die inneren Mechanismen des Modells nicht wesentlich von denen eines schlichten Räuber-Beute-Modells.

Die Förderung von Ressourcen aus einem Bestand an Bodenschätzen wächst schnell als Folge der sich verstärkenden Rückkopplungsbeziehung, die sie zum industriellen Sektor unterhält. Je mehr Ressourcen extrahiert werden, desto größer wird der industrielle Sektor. Je größer der industrielle Sektor wird, desto mehr beschleunigt sich die Rate der Ressourcenextraktion. Dieses rapide Wachstum setzt sich fort, solange die für die Extraktion der Ressourcen nötige Energie relativ gering ist. Sobald aber der Bestand an Ressourcen erschöpft ist, muss aus dem Bestand an Kapital mehr Energie aufgewendet werden, um die Extraktion fortzusetzen. Dies dämpft den Rückkopplungseffekt und während der Prozess weiterläuft, erreicht der Kapitalbestand der Industrie einen Höhepunkt und fällt dann ab. Dieser Vorgang wird durch Wechselwirkungen mit dem Ausmaß an »Umweltverschmutzung« verstärkt, der ebenfalls zur Entnahme von Ressourcen aus dem Kapitalbestand führt. Schließlich nehmen sowohl der Bestand an Ressourcen als auch der Kapitalbestand ab und bewegen sich auf null zu. Der Mechanismus ist derselbe, ob es sich nun um nichterneuerbare oder erneuerbare Ressourcen handelt, womit hier hauptsächlich die Landwirtschaft gemeint ist. Die Tatsache, dass erneuerbare Ressourcen eine Tragfähigkeit größer als null haben, ändert innerhalb des Modells nicht viel, weil sie so schnell ausgebeutet werden, dass keine Zeit bleibt, um die Bestände durch natürliche Prozesse aufzufüllen.

Ein typisches Ergebnis der Weltmodellierung aus den *Grenzen des Wachstums* von 1972 zeigt folgende Abbildung des »Basismodells«, wie es die Autoren nannten, also des Szenarios, das auf Daten zurückgriff, die damals als besonders zuverlässig und realistisch galten.

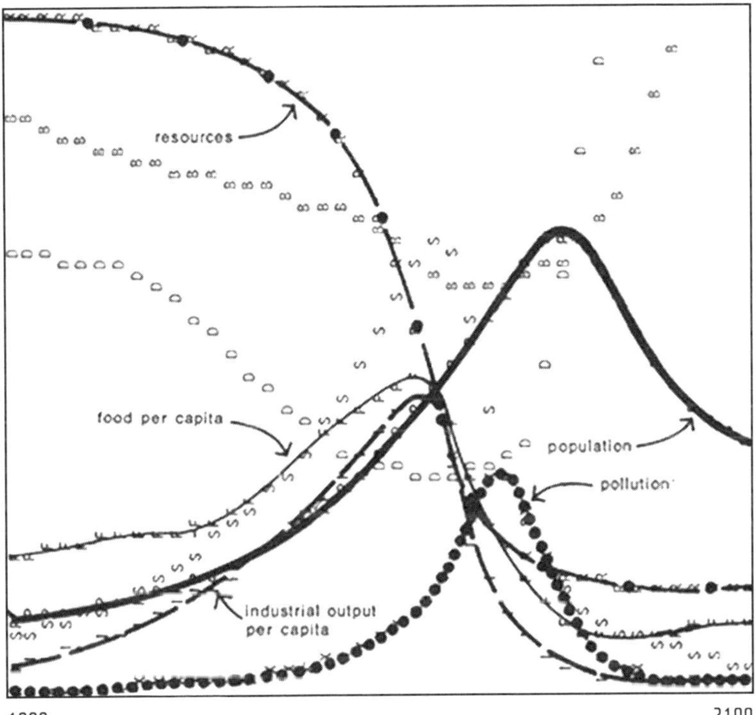

Abbildung 24 Basismodell der *Grenzen des Wachstums* von 1972. Dies ist das ursprünglich in dem Buch wiedergegebene Bild: Beachten Sie, dass es mit einem Drucker mit geringer Auflösung erstellt wurde, dem einzigen damals verfügbaren Gerät.[230]

Das Modell generiert »glockenförmige« Kurven für sämtliche Bestände des Modells. Man beachte, dass die industrielle und landwirtschaftliche Produktion zu sinken beginnt, noch bevor dem System die natürlichen Ressourcen »ausgehen«. In dem Modell gehen die Ressourcen praktisch nie aus, aber sie sinken auf Mengen ab, die zu gering und zu teuer sind, um die Zivilisation, wie wir sie kennen, aufrechtzuerhalten. Deutlich zu erkennen ist die asymmetrische Gestalt (der »Seneca-Kollaps«) der Produktionskurven. Im einfachsten Fall resultiert sie aus der Tatsache, dass in einem Modell mit mehreren Beständen, jedes Element in einer Drei-Elemente-Kette zwischen einer Beute und einem Räuber steckt. Wenn der Beutebestand abzunehmen beginnt, gerät das dazwischen liegende Element von zwei Seiten unter Druck. Dies ist der Hauptfaktor, der den rapiden Zusammenbruch der Bestände in Form des typischen »Seneca-Ruins« hervorbringt. Beachten Sie auch, dass die Umweltverschmutzungskurve nahezu symmetrisch verläuft; das liegt daran, dass der Bestand an Umweltverschmutzung keinen Räuber hat, also kein anderes Element des Systems, das durch eine verstärkte Rückkopplungsbeziehung aus ihr zehrt. Zu sehen ist schließlich auch, dass der Bevölkerungsbestand ebenfalls wächst, dann einen Höhepunkt erreicht und wieder abnimmt.

Die Asymmetrie der Produktion oder der Bestände in Abhängigkeit von der Zeit wird in folgender Abbildung aus den *Grenzen des Wachstums*, Ausgabe des Jahres 1972, grafisch dargestellt. Und

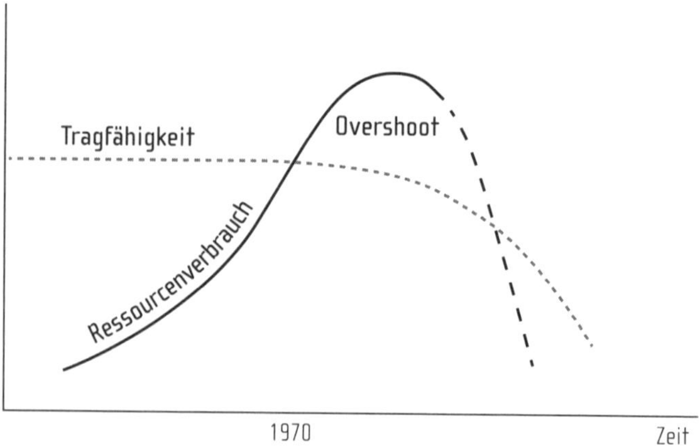

Abbildung 25 Überlastungsphänome in einem dynamischen Modell mit mehreren Elementen. Man beachte die »Seneca-Gestalt« der Kurve.[231]

das ist der Kern des durch Verknappung erzeugten Seneca-Effekts. Dem System fehlen die nötigen Energieressourcen, um seine Netzwerkstruktur aufrechtzuerhalten, sodass es eine bestimmte Zahl von Knoten und Verbindungen eliminieren muss; es kann sich diese einfach nicht mehr leisten. Das Ergebnis ist eine rapide Reduktion der Komplexität, die wir »Kollaps« nennen, eine weitere Manifestation des Seneca-Effekts.

Das Modell sagt uns, dass ein großes System, etwa eine ganze Zivilisation, zusammenbrechen kann, bedingt durch die Kombination aus Verknappung ihrer wichtigsten Ressourcen, seien sie erneuerbar oder nicht, und Umweltverschmutzung, die deren Ausbeutung erzeugt. Verschiedene Szenarien ergeben unterschiedliche Wege zum Kollaps. Für das Basisszenario der Studie über die *Grenzen des Wachstums* ist Verknappung der bedeutendste Einfluss, der zum Zusammenbruch des Systems führt. In anderen Szenarien, die von einer größeren Verfügbarkeit natürlicher Ressourcen ausgehen, wird der Zusammenbruch vor allem durch die Umweltverschmutzung vorangetrieben. Man beachte, dass der Bestand mit der Bezeichnung »Umweltverschmutzung« auch als Parallele zu den aufgeblähten Bürokratie- und Militärsystemen gesehen werden kann, wie sie alle versinkenden Imperien belasten. In diesem Fall wird der Kollaps vor allem durch die »sinkenden Erträge der Komplexität« erzeugt, die Tainter in seiner Studie über den Zusammenbruch von Zivilisationen beschreibt.[232] Wir sehen, wie komplexe Systeme durch ein Gewirr von Rückkopplungen getrieben sind, abhängig von der relativen Größe der Bestände, wobei der eine oder andere Faktor bei der Auslösung des Kollaps' im Vordergrund steht. Aber man darf nicht vergessen, dass komplexe Systeme zwar meist einen komplexen Zusammenbruch erleiden, dass aber die letztendliche Ursache stets die Verknappung eines physischen Faktors ist, seien es natürliche Ressourcen oder die Fähigkeit des Systems, Umweltverschmutzung zu absorbieren.

Eine eigentümliche Erscheinung im Basismodell der *Grenzen des Wachstums* von 1972 ist, dass die Bevölkerung nach dem Zusammenbruch des landwirtschaftlichen und industriellen Systems noch drei

Jahrzehnte lang wächst. Das sieht seltsam aus: Wie kann eine Bevölkerung wachsen, während Nahrungsmittel und Ressourcen knapp werden? Hier zeigt sich, dass sich die Modellierung der Bevölkerung als das unsicherste und schwierigste Element der Weltmodellierung erwies. Während die Ausbeutung natürlicher Ressourcen einfach von der Annahme ausgehend analysiert werden konnte, dass alle Akteure daran arbeiten, ihren kurzfristigen Gewinn zu maximieren, ist diese Annahme bei der Bestimmung von Geburtenraten nicht brauchbar: Worin besteht der kurzfristige wirtschaftliche Nutzen, wenn eine Mutter ein Baby bekommt?

Offensichtlich handelt es sich um eine Entscheidung, die von zahllosen – sozialen, wirtschaftlichen, politischen und religiösen – Faktoren abhängt. Die Autoren der *Grenzen des Wachstums* taten ihr Bestes und stützten ihr Modell auf die historischen Daten zur menschlichen Fruchtbarkeit in Abhängigkeit vom Wohlstand.[233] Sie berücksichtigten das bekannte Phänomen des »demografischen« Übergangs, das einen Zusammenhang zwischen wachsendem Wohlstand und sinkenden Geburtenraten sieht, und nahmen an, wenn man »das Band rückwärts laufen lässt«, würde nach dem Kipppunkt während des Zusammenbruchs des industriellen und des landwirtschaftlichen Systems die Entwicklung umgekehrt proportional voranschreiten. Verarmte Familien würden dann den demografischen Übergang in die andere Richtung vollziehen und wieder anfangen, viele Kinder zu bekommen. Dies würde, während die Wirtschaft abstürzt, zu einem Bevölkerungszuwachs führen.

Zweifellos sind diese Annahmen zu hinterfragen, wie wir im Abschnitt über Hungersnöte gesehen haben. Es ist bekannt, dass Menschen auf lokale Katastrophen mit erhöhter Fruchtbarkeit reagieren,[234] aber wir wissen nicht, wie sie auf einen globalen gesellschaftlichen Zusammenbruch infolge wirtschaftlicher Not reagieren würden. Unter diesen Bedingungen entscheiden sie sich womöglich für eine kleinere Kinderzahl, um mit ihren knappen Ressourcen deren Überleben zu sichern. Das geschah in neuerer Zeit zum Beispiel beim Zusammenbruch der Sowjetunion 1991, der für breite

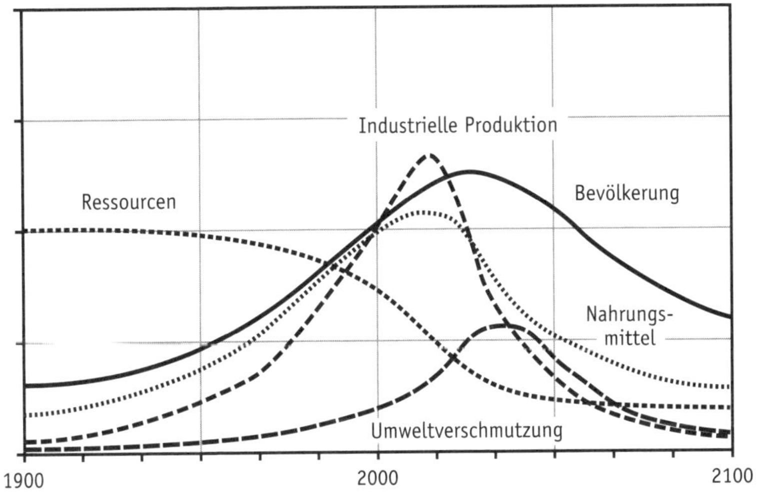

Abbildung 26 Das Basisszenario nach den *Grenzen des Wachstums* von 2004[235]

Schichten in die Verarmung führte, aber keineswegs steigende Geburtenraten nach sich zog.[236] Die Autoren der *Grenzen des Wachstums* erkannten selbst, dass die Menschen auf eine Notlage höchstwahrscheinlich nicht mit einer wachsenden Kinderzahl reagieren würden. Deshalb bezogen spätere Versionen des Modells korrigierende Faktoren ein, die berücksichtigten, wie viel es kostet, ein Kind aufzuziehen. Das Ergebnis sehen Sie in Abbildung 26, welche die Version des Basismodells von 2004 zeigt. Die Korrektur der demografischen Annahmen generiert ein weit plausibleres Resultat, bei dem der Bevölkerungsrückgang wenige Jahre nach der Talfahrt des Wirtschaftssystems einsetzt.

All das ändert nichts am Verhalten des Weltsystems als Ganzem, aber es zeigt sich ein subtiler Effekt, der mit der Verschiebung des Höhepunkts der Bevölkerungsentwicklung zusammenhängt. Beachten Sie, dass, sofern die Bevölkerung früher den Höhepunkt erreicht als in der Version von 2004, die Kurven für die landwirtschaftliche und die industrielle Produktion weniger asymmetrisch (»Seneca-förmig«) verlaufen als in der Version von 1972. Das hat seinen Grund:

Der fast sofort einsetzende Bevölkerungsrückgang generiert eine geringere Beanspruchung der Ressourcen und erzeugt weniger Verschmutzung. Deshalb erfolgt der Kollaps weniger abrupt und weniger »Seneca-artig«, obwohl es sich dennoch um einen Seneca-Kollaps handelt.

Wie können wir also die Aussagekraft der Studie über die *Grenzen des Wachstums* fast ein halbes Jahrhundert nach ihrem Erscheinen beurteilen? Die Autoren haben stets unterstrichen, dass es sich bei ihren Ergebnissen um Szenarien handelt, nicht um Vorhersagen (und ganz sicher nicht um Prophezeiungen). Zutreffend ist aber auch, dass alle Szenarien dieselben Trends für dieselben Anfangsannahmen aufzeigten und dass weltweit kein Versuch unternommen wurde, das Wachstum der Weltwirtschaft zu bremsen, das die Hauptursache für die Überlastung und den Zusammenbruch des Systems darstellt. Es bleiben uns also nur jene Szenarien, die auf der Annahme basieren, dass die Ressourcen der Welt »weiter so wie bisher« verwaltet werden. Und all diese Szenarien zeigen den Zusammenbruch der Weltwirtschaft und der Bevölkerung für einen Zeitpunkt im 21. Jahrhundert.

Unter diesen Szenarien deutet das Basisszenario auf einen globalen Kollaps im Bereich zwischen 2015 und 2025. Wir befinden uns also bereits in dem Zeitraum, in dem der Beginn des Zusammenbruchs zu erwarten wäre. Und wenn er einträte, erwiese sich das Szenario der Basiskalkulation als wahr gewordene Prophezeiung. Tatsächlich verweisen ominöse Anzeichen einer Verlangsamung des globalen Wirtschaftswachstums darauf, dass sich ein Kollaps anbahnen könnte. Aber zutreffend ist auch, dass die Weltwirtschaft weiterhin wächst und die Produktion der meisten mineralischen Rohstoffe zunimmt, während zugleich die Bevölkerungszahlen steigen. Kurz gesagt, wir können nicht sicher beurteilen, ob wir am Rande des Zusammenbruchs stehen oder nicht, aber es ist gut möglich.

Der wohl aussagekräftigste Indikator dafür, dass im globalisierten Staat etwas faul ist, ist der schrittweise Zusammenbruch mehrerer einst reicher Länder. Die Ergebnisse der *Grenzen des Wachstums* betreffen den Durchschnittswert der ganzen Welt, aber es wäre erstaunlich, wenn der Kollaps überall gleichzeitig einsetzen würde, statt in den wirtschaftlich schwachen Regionen seinen Anfang zu nehmen. Genau das beobachten wir.

Ein Hinweis ist die Katastrophe, die mehrere Länder Nordafrikas und des Nahen Ostens heimsucht und die allem Anschein nach aus zwei Faktoren resultiert, nämlich Verknappung und Umweltverschmutzung in Gestalt des Klimawandels. Beispielhaft ist Syrien, wo die Erdölproduktion 1996 ihren Höhepunkt erreichte und dann allmählich abfiel. Als um 2010 die nationale Produktion auf dem Niveau des Verbrauchs angelangt war, verlor die syrische Wirtschaft die Erlöse aus dem Erdölexport; die Folge war der Ausbruch des Bürgerkriegs. Die syrische Wirtschaft wurde zudem durch eine anhaltende Dürre schwer geschädigt, welche die heimische Landwirtschaft nahezu ausgelöscht hat, was man dem Klimawandel zuschreiben könnte. Der Fall Syrien zeigt uns, dass die Seneca-Klippe, die auf den Höhepunkt folgt, kein weicher Rückgang ist, wie das Modell ihn zeigt, sondern eine ziemlich holprige Talfahrt, dic von Kriegen und sozialen Unruhen begleitet wird.

Weniger dramatische Fälle sehen wir in den südeuropäischen Mittelmeerländern Griechenland, Italien, Spanien und Portugal (denen manchmal Irland in der sogenannten PIIGS-Gruppe hinzugezählt wird). In all diesen Ländern beobachten wir wirtschaftliche Probleme, teils auch sehr ernste wie in Griechenland, das etwa ab 2009 einen jähen Wirtschaftskollaps erlebte. Sind diese Länder etwa der Kanarienvogel im Bergwerk, der uns vor einem bevorstehenden globalen Kollaps warnt? Beweisen lässt sich das nicht, aber die Ähnlichkeit des Verhaltens dieser Volkswirtschaften mit den in den *Grenzen des Wachstums* modellierten Szenarien verweist darauf, dass dies der Fall sein könnte – und sich vielleicht ein globaler Zusammenbruch anbahnt.

Diese Daten sollten unbedingt als Hinweis auf ernste Gefahren für die Menschheit in naher Zukunft interpretiert werden, aber die Möglichkeit, dass wir am Rande eines globalen Kollaps stehen, wird in der Öffentlichkeit nicht wahrgenommen und in den Medien nicht (oder zu wenig) diskutiert. Die alten Legenden leben weiter, obwohl auf der Hand liegt, dass die Weltmodelle das Verhalten des Weltsystems bis zum Jahr 2000 korrekt beschrieben haben.[237] Zum Beispiel wurde der letzte Bericht an den Club of Rome von Maxton und Randers, *Ein Prozent ist genug: Mit wenig Wachstum soziale Ungleichheit, Arbeitslosigkeit und Klimawandel bekämpfen*[238] von 2016 auf der Basis von Argumenten kritisiert, die auf die Legende von den »falschen Vorhersagen« des 1972er-Berichts zurückgeht.[239] Selbst in den schwierigsten Momenten behaupten Politiker und Regierungsberater, man müsse das »Wachstum wieder ankurbeln«, um sämtliche wirtschaftlichen Probleme zu lösen. Sie erkennen nicht, dass Wachstum genau der Grund für das Dilemma ist, vor dem wir stehen: Wachstum verursacht Überlastung und Überlastung führt zum Zusammenbruch.

In diesem Buch habe ich schon mehr als einmal erklärt, dass Kollaps eine Eigenschaft und kein Defekt des Systems ist. Richtig ist aber auch, dass ein globaler Kollaps, der die gesamte Bevölkerung erfasst, eine Katastrophe größten Ausmaßes für die Menschheit wäre und, falls möglich, um jeden Preis zu vermeiden ist. Leider bleibt Politikern fast nichts anderes übrig, als unaufhörlich mehr Wachstum zu fordern: Ihr Wahnsinn hat Methode. Das Hauptproblem, vor dem alle Regierungen stehen – aber auch Institutionen, Unternehmen und Bürger –, besteht gegenwärtig im Schuldenmanagement. Unter Bedingungen, die durch Zinseszins wachsende Schulden für jeden entstehen lassen, bietet nur eine Politik die Hoffnung, das Problem zu lösen – oder wenigstens zu verschieben –, nämlich eine, die auf Wirtschaftswachstum setzt. Wir bewegen uns also mit Vollgas auf den raschen Ruin zu, vor dem uns Seneca warnt.

Kapitel 10

Gaias Tod: Das Ende des Ökosystems Erde

Im 17. Jahrhundert, als die Geologie noch in den Kinderschuhen steckte, galt das Buch Genesis als korrekter Bericht über die Frühgeschichte der Erde, und deshalb suchten Geologen nach einem Beleg für die Flut, die Noahs Arche auf den Berg Ararat hievte. Und sie fanden ihn, zumindest glaubten die Menschen das damals.

John Greer, *The Archdruid Report*, 2016[240]

Woran starben die Dinosaurier?

Im Jahr 1914 konnte man in einem der ersten animierten Kurzfilme der Kinogeschichte »Gertie den Dinosaurier« in Aktion sehen, ein Hinweis darauf, wie stark der moderne Mensch von Dinosauriern fasziniert ist. Der Film *Fantasia* von Walt Disney, der 1940 erschien, war einer der ersten Animationsfilme in voller Spielfilmlänge und er zeigte Dinosaurier in Farbe, die sich bewegten, rannten und einander bekämpften. Danach wurde gezeigt, wie diese Geschöpfe auf einem heißen, wüstenartigen Planeten schwerfällig voranmarschierten, bis einer nach dem anderen vor Durst und Erschöpfung zusammenbrach. Diese Darstellung spiegelte die Theorien jener Zeit wider, die alle auf der These beruhten, dass die mächtigen Tiere aufgrund einer Hitzewelle ausgestorben waren, die ihren Lebensraum und ihre Nahrungsquellen zerstörte. Aber die Geschichte der sich langsam erweiternden Erkenntnisse darüber, warum die Dinosaurier ausstarben, ist lang und kompliziert.

Noch viele Jahre nach der Entdeckung der Dinosaurier Mitte des 19. Jahrhunderts war es ein Rätsel, warum sie von der Erde verschwunden waren. Anfangs war lediglich klar, dass sie ausgestorben waren, doch dann wurde mit fortschreitenden Studien zunehmend deutlich, dass sie etwa vor 66 Millionen Jahren, am Ende des Mesozoikums, ein nach erdgeschichtlichen Maßstäben rasches Ende gefunden hatten. Später erkannten Paläontologen, dass manche Dinosauriergruppen in einer Form überlebt hatten, die wir heute »Vögel« nennen. Das aber änderte nichts daran, dass das Ende des Mesozoikums mit einer starken Verminderung der Zahl der Arten in der gesamten Biosphäre zusammenfiel – eine wahre Seneca-Katastrophe.

Herauszufinden, was sie verursacht hatte, erwies sich als große Herausforderung an die Kreativität der Forscher und die Zahl der vorgeschlagenen Theorien war enorm. Im Jahr 1990 zählte Michael Benton 66 davon, die allesamt vorgaben, den Niedergang der Dinosaurier erklären zu können,[241] und die Bezeichnung »wissenschaftlich« verdienten. Bislang hat sich wohl noch niemand die Mühe gemacht, die wahrscheinlich weit höhere Zahl verschrobener Theorien aufzulisten, etwa die, dass Außerirdische die Kreaturen mit Atomwaffen vernichtet hätten, oder die immer wieder auftauchende These von der Rache Gottes. Zweifellos zeigt diese Überfülle an Theorien, dass bis in relativ neue Zeit niemand wirklich plausibel darlegen konnte, was mit den Dinosauriern geschehen war. Diese Situation erinnert an die unzähligen Theorien, die den Niedergang des Römischen Reichs zu erklärten suchten, was wieder einmal zeigt, wie schwierig es ist, die Vergangenheit zu rekonstruieren und das Verhalten komplexer Systeme zu beschreiben.

Manchmal entwickelt sich die Wissenschaft nur langsam weiter, aber auch dann macht sie Fortschritte und mittels eingebauter Mechanismen werden unbrauchbare Ideen und unhaltbare Theorien ausgeschieden. Im Lauf der Zeit sammelten sich auf diese Weise Daten an, die es Wissenschaftlern ermöglichten, den Großteil der Theorien auszuschließen, um sich auf wahrscheinlichere Szenarien konzentrieren zu können. Die These, dass die Dinosaurier aufgrund einer Erwärmung ausstarben, gewann in den 1970er-Jahren an Boden, als man erkannte, dass vulkanische $C0_2$-Emissionen einen starken Treibhauseffekt zur Folge haben können.[242] Im Jahre 1980 veränderte sich die Situation abrupt, als Luis Alvarez und sein Sohn Walter erstmals die »Impakt-Theorie« zur Erklärung der Auslöschung der Dinosaurier vorlegten.[243] Den ersten Anhaltspunkt dafür bot die Entdeckung einer mit Iridium angereicherten Schicht in den Sedimentablagerungen an der »K-T-Grenze«, das heißt in der Schicht, die das Kreidezeitalter vom Tertiär trennt (die heute korrekte Bezeichnung lautet Kreide-Paläogen (K-Pg)-Grenze).

Iridium ist ein äußerst seltenes Element in der Erdkruste und sein relativ hoher Anteil in der Grenzschicht lässt sich erklären, wenn man weiß, dass derartige Iridiumanomalien mit Einschlägen von Asteroiden zusammenhängen. Ein solches Ereignis wäre zweifellos eine Katastrophe gewesen und so vertraten Luis Alvarez & Sohn die These, dass es tatsächlich die Ursache des Untergangs der Dinosaurier und vieler anderer Spezies war. Das Aussterben sei jedoch, so die beiden Wissenschaftler, nicht auf die unmittelbaren Auswirkungen des Einschlags zurückzuführen, sondern auf die nachfolgende Abkühlung des Planeten – ähnlich dem »nuklearen Winter«, den Turco und andere Autoren 1983 als die wahrscheinliche Auswirkung eines umfassenden Atomkriegs prophezeiten.[244] Die große durch die Explosion mehrerer atomarer Sprengköpfe oder, entsprechend, einen großen Asteroideneinschlag entstehende Menge an Trümmerteilen würde die Erdoberfläche eine Zeitlang vom Sonnenlicht abschirmen. Pflanzen würden aufgrund der Kombination von Kälte und Lichtmangel absterben und in der Folge die Tiere.

Zu einem ähnlichen Phänomen, wenn auch in weitaus geringerer Dimension, kam es 1815 beim Ausbruch des Vulkans Tambora. Die von dem Vulkan ausgestoßene Asche verdunkelte den Himmel in einem solchen Ausmaß, dass das folgende Jahr wegen der weit verbreiteten Abkühlung der Atmosphäre als das »Jahr ohne Sommer« bezeichnet wurde. Der Tambora-Ausbruch führte nicht zur Auslöschung von Spezies, vermittelt uns aber eine Vorstellung von den Auswirkungen großer Staubmengen in der Atmosphäre.

Wie meist in solchen Fällen wurde die neue Theorie nicht sofort anerkannt. So verwiesen Kritiker beispielsweise darauf, dass die Iridiumschicht nicht unbedingt extraterrestrischen Ursprungs sein müsse, sondern auch die Folge von Vulkanismus sein könne,[245] und bisweilen wurde erbittert gestritten.[246] Tatsächlich waren manche Geologen nicht von der Richtigkeit der Einschlagtheorie zu überzeugen, doch 1991 nahmen die Auseinandersetzungen eine entscheidende Wende, als man entdeckte, dass das Alter eines riesigen Kraters in der Region mit dem unaussprechlichen Namen Chicxulub in der Nähe der mexikanischen Halbinsel Yucatan ungefähr mit dem Zeitpunkt der großen Auslöschung am Ende des Mesozoikums korrespondierte.[264] Das war anscheinend der endgültige Beweis für den Einschlag und die Impakt-Theorie fand Eingang in die Welt der Wissenschaft.

Die Theorie eignete sich hervorragend, die Phantasie der Öffentlichkeit anzuregen; eine kosmische Kollision, gefolgt von allen möglichen dramatischen Ereignissen: Erdbeben, Tsunamis, einer dunklen Staubwolke, die die ganze Erde umfasste, dahinwelkende Pflanzen und der Hungertod von Tieren. Das war der Stoff, der den Filmproduzenten in Hollywood Gelegenheit gab, Kassenschlager zu kreieren und zu vermarkten, in denen Menschen auf heldenhafte Weise versuchen, die Erde vor einem neuen tödlichen Einschlag zu bewahren. Aber es war nicht nur eine spektakuläre Theorie, sie sah auch ganz nach einem Triumph der Wissenschaft aus. Endlich gab es *die* Erklärung, die alle bisherigen Verschrobenheiten aus dem Rennen warf und die Dinge kristallklar machte. Wenn es je einen »schwarzen Schwan« im Sinne Nassim Talabs[248] gegeben hatte, so war dieser Asteroid, der die Dinosaurier ausgelöscht hatte, gewiss einer davon: unvorhersehbar, unerwartet, tödlich. Ein Exempel schlechthin für Senecas uns mittlerweile bekannte Worte.

Doch etwas passte in dieser Erklärung nicht so zusammen, wie es hätte sollen. So war ein Problem, dass laut Datenmaterial der Auslöschungsprozess am Ende des Mesozoikums bereits voll im Gange

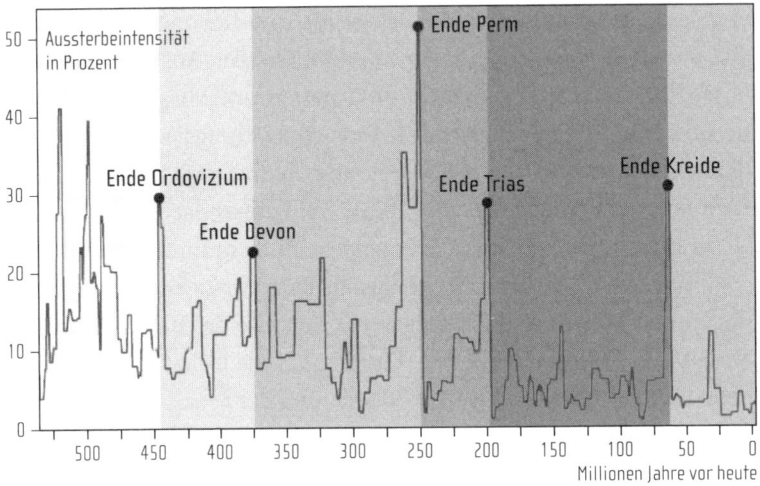

Abbildung 27 Die Reihe der Massenauslöschungen auf dem Planeten Erde im Laufe der 542 Millionen Jahre des Phanerozoikums. Der Gipfelpunkt vor etwa 60 Millionen Jahren korrespondiert mit dem Aussterben der Dinosaurier. Zweifellos war dies nicht das einzige Massenaussterben in der Geschichte und nicht einmal das größte – dieses fand vielmehr am Ende des Perms vor etwa 250 Millionen Jahren statt.[249]

war, als der Asteroid einschlug.[250] Eine weitere, womöglich bedeutendere Schwierigkeit bestand darin, wie man die Asteroidentheorie mit den anderen bekannten Massenauslöschungen in Einklang bringen sollte. In den vergangenen 500 Millionen Jahren, dem Phanerozoikum, gab es mehrere solcher Ereignisse, wie man in Abbildung 27 sehen kann. Diese werden oft als die »fünf großen Auslöschungen« oder »die großen Fünf« bezeichnet[251], weshalb wir jetzt dem sechsten Sterben beiwohnen dürfen.[252]

Selbst ein flüchtiger Blick auf die Daten zeigt, dass die Auslöschung der Dinosaurier vor 66 Millionen Jahren kein Ausreißer ist. Und: Das gesamte Auslöschungsgeschehen im Lauf der Zeit scheint einem strukturierten Muster zu folgen. Im Jahr 1996 zeigte Per Bak, dass man es mithilfe eines einfachen Potenzgesetzes analysieren kann, nämlich dem, das man aus Untersuchungen der Sandhaufenmodelle entwickelt hatte.[253] In späteren Arbeiten fanden Bak und seine Mitautoren weitere Belege für eine Korrelation zwischen den verschiedenen Ereignissen in der Reihe der Auslöschungen.[254] Diese Ereignisse sind also nicht unkorreliert und zufällig, das heißt, sie sind kein »weißes Rauschen«. Vielmehr stehen sie zueinander in Beziehung und sind Teil eines Gesamtverlaufs. Somit handelt es sich auch nicht um »schwarze Schwäne« – völlig unerwartete Ereignisse. Sie sind nicht vorhersagbar, aber eben auch nicht unerwartet.

Wahrscheinlich sind die wenigsten Paläontologen Experten für skalenfreie Muster und Potenzgesetze. So hatte der Befund von Bak und seinen Kollegen nicht die Wirkung auf die Debatte, die er hätte haben sollen. Aber das Problem war da und der Mangel an Beweisen für andere Einschläge als den von Chicxulub führte dazu, dass allmählich Zweifel an der Impakt-These aufkamen. In der Wissenschaft werden Theorien nach ihrer allgemeinen Gültigkeit beurteilt und eine These, die lediglich ein Ereignis unter vielen deutlich ähnlichen erklärte, konnte kaum akzeptiert werden. Und so blieben nur zwei Möglichkeiten: Entweder sind *alle* Auslöschungen durch Asteroideneinschläge verursacht (oder zumindest die großen) oder *keine* (auch nicht das Aussterben der Dinosaurier, das mit einem Asteroideneinschlag korrespondiert).

Einiges deutet darauf hin, dass die Größe der Asteroiden einem Potenzgesetz folgt[255], sodass diejenigen, die auf die Erde auftreffen, derselben Verteilung folgen. Das könnte mit der Distributionsanalyse der Auslöschungsereignisse übereinstimmen, bei der davon auszugehen ist, dass der Umfang der Auslöschung proportional zur Größe des einschlagenden Körpers ist. Es scheint daher möglich, dass mehrere der belegten großen Auslöschungen – wenn nicht sogar alle – durch Einschläge verursacht wurden. Aber diese Hypothese musste noch bewiesen werden und so begab man sich auf die Suche nach Spuren von Einschlägen, die mit den Daten der großen Auslöschungen übereinstimmten. Doch die Ergebnisse waren enttäuschend.

Besonders intensiv widmete man sich der größten bekannten Auslöschung an der Perm-Trias-Grenze vor 250 Millionen Jahren. Manche meinten, ein Beweis für die Theorie sei in Form von Fullerenmolekülen in Sedimentschichten gefunden – eine Kohlenstoffform, die nur bei hohen Temperaturen und unter großem Druck entstehen kann. Außerdem hieß es, in der westaustralischen Bedout-Struktur existiere ein Einschlagkrater, der mit den Befunden übereinstimme.[256] Doch all das wurde in späteren Arbeiten nicht bestätigt[257] und so konnte kein Zusammenhang zwischen Asteroideneinschlägen und der Auslöschung am Ende des Perms (oder einer der anderen Auslöschungen) hergestellt werden. Der einzige Einschlag, bei dem eine größere Auswirkung auf das Ökosystem nachgewiesen wurde (abgesehen vom Chicxulub-Ereignis), korreliert mit dem Paleozän/Eozän-Temperaturmaximum (PETM) vor 55,5 Millionen Jahren.[258] Doch dieses Ereignis löste kein Massenaussterben aus. Da keine allgemeine Korrelation zwischen der Auslöschung und Einschlägen festgestellt werden konnte, wurde die Theorie erneut überprüft und die Erderwärmungsthesen bekamen neuen Auftrieb.

Es war bereits bekannt, dass Episoden starker Erwärmung auf Treibhausgase zurückzuführen sein könnten, die bei überdimensionalen vulkanischen Ereignissen in sogenannten magmatischen Großprovinzen (»Large igneous provinces«, LIPs) ausgestoßen werden. Befinden sie sich an Land, werden diese mutmaßlichen Killer auch als »Flutbasaltregionen« bezeichnet. Die Förderung unfassbar großer Mengen an Basalten ist daher ein ebenso spektakuläres und zerstörerisches Ereignis wie ein Asteroideneinschlag und übertrifft diesen womöglich sogar in beiderlei Hinsicht. Stellen Sie sich einfach vor, eine mehrere Millionen Quadratkilometer große kontinentale Landmasse, sagen wir, der indische Subkontinent, würde sich in eine rotglühende Fläche geschmolzener Lava verwandeln – nun wissen Sie, wie so eine LIP aussieht.

Derartige Ereignisse sind selten, aber die Geschichte der Erde ist lang und im Lauf von Hunderten Millionen Jahren gab es letztlich doch recht viele. Sie sind die Folge riesiger »Mantelplumes« aus geschmolzenem Gestein, die sich im Inneren des Erdmantels bilden, vielleicht aufgrund des »Blanket-Effekts« einer großen Landmasse, die über lange Zeit relativ ortsstabil bleibt. Die Plumes sind heißer als ihre Umgebung und daher weniger dicht, weshalb sie aufsteigen können – bisweilen bis zur Erdoberfläche. Mantelplumes bilden nicht in jedem Fall große Magmaprovinzen, sondern können auch kleinere Hotspots entstehen lassen, die lokale Vulkane hervorbringen, etwa die Hawaiinseln. Die hawaiianischen Vulkane zeigen uns auf eindrucksvolle Weise die Macht der geologischen Kräfte, doch ihre Auswirkungen auf das Ökosystem der Erde sind vernachlässigbar. Die Folgen einer riesigen Magmafahne sehen indes ganz anders aus.

Heute scheint klar, dass es eine mehr oder weniger enge Korrelation zwischen den großen Auslöschungen und der Existenz von LIPs gibt.[259] Wir können nicht mit Sicherheit sagen, ob alle Auslöschungen mit großen vulkanischen Phänomenen in Zusammenhang stehen; viele könnten auch das Ergebnis innerer dynamischer Mechanismen sein, die nur in der Biosphäre ablaufen. Manche Daten deuten darauf hin, dass sich die bekannten geologischen Aussterbeereignisse am besten mit zwei verschiedenen Verteilungen und damit mit zwei verschiedenen Mechanismen beschreiben lassen, aber bislang weiß man noch wenig darüber.[260] Jedenfalls sind LIPs geologische Phänomene, die mit dem kollektiven Verhalten der Geosphäre an der Schnittstelle zwischen Erdkruste und -mantel korrelieren. Es überrascht nicht, dass für LIPs dasselbe gilt wie für Erdbeben: Es sind »skalenfreie«, Potenzgesetzen folgende Phänomene – eine weitere Verbindung zu den bekannten Massenauslöschungen.

Wenn aber LIPs für die Massenauslöschungen verantwortlich sind, wie genau lief dieser Prozess ab? Natürlich hätte kein Dinosaurier lange überlebt, der mit den Füßen in geschmolzener Lava steckte, doch LIPs (etwa des Dekkan in Indien oder der Sibirischen Trappbasalte) bedeckten stets nur einen Bruchteil der Kontinentalflächen der Erde. Was letztlich tödlich war, waren vielmehr die gasförmigen Emissionen, die bei allen Vulkanausbrüchen in gewaltiger Menge entstehen – darunter eben auch das Treibhausgas CO_2. Die kumulative Menge an Treibhausgasen, die von einer Millionen Quadratmeter großen, über Hunderttausende Jahre mit flüssiger Lava bedeckten Fläche emittiert wird, ist so gigantisch, dass die normalen Absorptionsmechanismen der Ökosphäre überfordert sind und die Gase nicht schnell genug aus der Atmosphäre entfernt werden können.

Vielleicht haben die direkten Emissionen der LIPs aufgrund eines sich selbst verstärkenden Rückkopplungseffekts durch die Verbrennung großer Mengen fossiler, in der Erdkruste lagernder Brennstoffe sogar weitere Treibhausgasemissionen ausgelöst. Immer wieder genannt werden in diesem Zusammenhang Methanhydrate, die im Permafrost oder in den kalten Tiefen der Ozeane (dann unter hohem Druck) vorkommen. Werden sie freigesetzt, könnte dies zu einer weiteren Erwärmung geführt haben – bis hin zu einer gigantischen »Spitze« der Erderwärmung, die vielleicht die Signatur des größten Teils der verheerenden Auslöschungsereignisse in der Geschichte der Erde ist.

Auch bei diesem Beispiel sehen wir, wie ein Kollaps in einem System von Netzen entsteht. Dies gilt auch für das Ökosystem der Erde, bei dem es sich um ein riesiges komplexes System mit einer Reihe miteinander in Wechselwirkung stehenden Subsystemen handelt – der Biosphäre, der Hydrosphäre, der Geosphäre, der Atmosphäre und anderen. Auslöschungen in großen Dimensionen wie der Untergang der Dinosaurier korrelieren vor allem mit Interaktionen zwischen Geosphäre und Atmosphäre, aber alle Subsysteme spielen ihre Rolle in der Lawine von Rückkopplungen, die schließlich den Zusammenbruch des Ökosystems herbeiführen. So faszinierend und beeindruckend Massensterben sein mögen, sie sind doch nicht mehr ganz so rätselhaft wie früher. Und es überrascht nicht, dass die Ökosphäre mit der Zeit eine holprige Bahn einschlägt, auf der es zu vielerlei Zusammenbrüchen kommt – und die sind kein Defekt, sondern eine Eigenschaft des Universums.

Gaia oder die Homöostase des Erdsystems

Zu Beginn der Menschheitsgeschichte scheinen weibliche Gottheiten verbreiteter gewesen zu sein als männliche und die Welt war vielleicht friedlicher als heute, zumindest nach der Deutung Marija Gimbutas', die mehrere frühe menschliche Zivilisationen untersucht und in ihrem Buch *The Living Goddess* (1999) beschrieben hat.[261] Doch im Lauf der Zeit scheinen die Menschen gewalttätiger und kriegerischer geworden zu sein, vielleicht weil nun kriegslüsterne männliche Götter auftauchten und den Kampf um die Vorherrschaft im himmlischen Pantheon gewannen. Doch überraschenderweise tauchte die alte Göttin der Erde, Gaia, im 20. Jahrhundert mit der Arbeit des Wissenschaftlers James Lovelock in einer prominenten Rolle wieder auf: Lovelock formulierte 1972 die »Gaia-Hypothese«[262], um das Verhalten des Ökosystems der Erde zu erklären, und entwickelte sie später zusammen mit Lynn Margulis weiter.[263] Gemäß der Gaia-Hypothese verfügt das Ökosystem Erde über eine gewisse Fähigkeit, Bedingungen zu schaffen und aufrechtzuerhalten, die Leben ermöglichen, und unsere Erde verhält sich, zumindest teilweise, selbst wie ein Lebewesen. Das heißt, Gaia hält die Homöostase unseres Planeten aufrecht, sodass das Ökosystem in der Lage ist, große Katastrophen zu vermeiden und sich von unvermeidbaren zu erholen.

Wie man sich vorstellen kann, erwies sich die Gaia-Hypothese als ziemlich strittig. Wissenschaftler mögen keine teleologischen Erklärungen für natürliche Phänomene, noch weniger aber mögen sie theologische. Bedenkt man, dass die Gaia-Hypothese sowohl als teleologisch wie auch als theologisch betrachtet werden kann, versteht man sofort, warum eine Debatte aufkam, die uns in mancher Hinsicht an die alten mesopotamischen Mythen vom Kampf zwischen der Göttin Tiamat und dem Gott Marduk erinnert.

Mehrere Wissenschaftler haben viel Zeit und Mühe in die Kritik an der Gaia-Hypothese investiert. So konstatierte etwa Toby Tyrrell, die Erde habe die Leben begünstigenden Bedingungen vor allem »durch Zufall und Glück« etwa vier Milliarden Jahre lang aufrechterhalten können.[264] Peter Ward widmete ein ganzes Buch, die »Medea-Hypothese« (2009), der Theorie, das Verhalten des Ökosystems Erde sei dem der (angeblich) wohlwollenden Gaia diametral entgegengesetzt. Es gleiche eher dem der bösen Medea, die, glaubt man der griechischen Mythologie, ihre eigenen Kinder tötete.[265]

Dennoch hat die Gaia-Hypothese in beträchtlichem Maß Eingang in das Denken vieler Wissenschaftler gefunden, vor allem wegen ihres systemischen Charakters. Das Erdsystem ist komplex und es scheint sinnvoll, es als ein Ganzes zu untersuchen. Folglich ist es möglich, ihm einen Namen zu geben. Warum also nicht »Gaia«?

Die Gaia-Hypothese ist weder teleologisch noch theologisch, sondern vielmehr Ausdruck bekannter Prinzipien, denen komplexe Systeme folgen. Wir haben bereits gesehen, dass man »bei komplexen Systemen immer mit einem Rückschlag rechnen muss« (eine quasi teleologische Version der Homöostase-Theorie), und das ist zweifellos auch ein Charakteristikum des Ökosystems der Erde. In Wirklichkeit sollte man Gaia nicht als eine Göttin ansehen, sondern vielmehr als das auf unseren Planeten übertragene Prinzip, dem man vielleicht schon auf dem Gymnasium begegnet ist: »Das Prinzip von Le Chatelier« oder »Prinzip des kleinsten Zwanges«, das von Le Chatelier und Ferdinand Braun zwischen 1884 und 1888 formuliert wurde. Danach gilt: Wenn auf ein System im Gleichgewicht Zwang ausgeübt wird, werden sich die Parameter des Systems so verändern, dass sie dem Zwang entgegenwirken.

Stellen Sie sich vor, Sie erhitzen einen Kessel Wasser: Die Hitze erhöht die Temperatur des Systems, dieses aber wird mit dem Verdampfen eines Teils des Wassers reagieren, womit die Temperaturerhöhung vermindert/gebremst wird. Dieses Prinzip riecht nicht nur ein wenig nach Teleologie und scheint einen gewissen Grad bewussten Willens seitens des Systems zu implizieren. Als würde der Wasserkessel sagen: »Du willst meine Temperatur erhöhen? Na gut, dann werde ich ein wenig Wasser verdampfen, um sie wieder zu senken, und das ist meine Vergeltung!« Doch ob teleologisch oder nicht, es herrscht kein Zweifel, dass das Prinzip von Le Chatelier in den meisten Fällen, wenn auch nicht immer, gut funktioniert.[266] Stört man ein System im Gleichgewicht geringfügig, kehrt es in der Regel annähernd zum lokalen Minimum des Energiepotenzials, dem sogenannten Attraktor, zurück. Der entscheidende Punkt liegt in der Bedeutung von »geringfügig«, denn wird ein System stark gestört, wird es tun, was ihm so richtig gefällt: Es wird plötzliche Phasenübergänge erzeugen, welche die Gestalt des Seneca-Kollaps annehmen können.

Abgesehen von der großen Irritation, die durch die Wahl des Namens »Gaia« entstand, war das, was Lovelock und Margulis formulierten, nicht so weit von dem Prinzip entfernt, das Le Chatelier schon früher entdeckt hatte, auch wenn er seinem Prinzip keinen Namen gab, der eine theologische Bedeutung hatte. Der Grundgedanke der Gaia-Hypothese ist, dass das Erdsystem dazu neigt, sich gegen Veränderungen zu wehren, und dass es, wenn es gestört wird, seine inneren Parameter so modifiziert, dass die Auswirkungen dieser Störungen möglichst gering sind. Einige Elemente des globalen Ökosystems finden wir auch bei organischen Systemen, die wir normalerweise als »Lebewesen« bezeichnen. Insbesondere geht die Gaia-Hypothese davon aus, dass die Erde ein von Rückkopplungen beherrschtes komplexes System ist, das in der Lage war, während des Großteils seiner Geschichte eine annähernd konstante Temperatur aufrechtzuerhalten, und das auf einem Niveau, das es Organismen ermöglicht zu überleben. In diesem Zusammenhang existieren innerhalb der Gaia-Hypothese zwei Ansichten: Gaia gilt als »schwach«, wenn es ihr lediglich gelingt, die Temperatur in der richtigen Bandbreite zu halten; der starken Hypothese zufolge reguliert Gaia die Temperatur und andere Parameter des Systems in einer Weise, die für organisches Leben optimal ist. Wie dem auch sei, die entscheidende Frage ist meines Erachtens ohnehin, wie es Gaia gelingt, die Erdtemperaturen zu regulieren.

Wir stehen hier vor einem Problem, das wohl erstmals 1967 von Unsøld thematisiert wurde.[267] Wie lässt sich das schmale Spektrum der Temperaturvariationen auf der Erde im Verlauf ihrer Geschichte mit der Tatsache vereinbaren, dass die Leuchtkraft der Sonne auf der geologischen Zeitskala allmählich zunimmt? Unsere Sonne ist ein Stern in der sogenannten Hauptreihe. Wegen ihrer inneren Struktur nimmt ihre Leuchtkraft in einer Milliarde Jahre etwa um 10 Prozent zu. Das führt zum »Paradoxon der schwachen jungen Sonne«, ein 1972 von Sagan und Mullen entwickelter Terminus.[268] Demnach war die junge Sonne, die in der Erdurzeit, dem sogenannten Hadaikum, die Erde bestrahlte, um über 30 Prozent leuchtschwächer als heute. Wenn die Erde in jener Zeit dieselbe war wie die gegenwärtige, kann man sich ausrechnen, dass sie ein Eisball gewesen sein muss. Dennoch existieren Belege dafür, dass es selbst in jenen fernen Zeiten Wasser im flüssigen Zustand auf der Erde gab.[269] Allem Anschein nach gibt es seit mindestens 3,7 Milliarden Jahren durchgängig organisches Leben auf der Erde.[270] Das bedeutet, dass wenigstens einige Regionen sich in dieser Zeit andauernd in einem Temperaturbereich befunden haben, in dem organisches Leben möglich ist, also im Schnitt zwischen rund 0 und 40 Grad Celsius. Dies gilt auch für diejenigen Zeiten, in denen die Erde nachweislich beträchtlich wärmer war als heute[271] oder entsprechend viel kälter.

Für die vergangenen 542 Millionen Jahre, also für das Phanerozoikum (die Zeit, seit der komplexere Lebensformen existierten), wissen wir aus zuverlässigen Quellen, dass die Temperaturen zwar mitunter stark schwankten, aber im Durchschnitt erstaunlich konstant blieben. Unter Berücksichtigung der zunehmenden Leuchtkraft der Sonne wäre auch hier eine erkennbare Erwärmung zu erwarten, die aber nicht eintrat. Es muss etwas existieren, was die Erdtemperaturen so beeinflusste, dass die zunehmende Intensität der Sonneneinstrahlung ausgeglichen wurde: eine Manifestation Gaias.

Um zu erklären, wie es Gaia gelingt, die Temperaturen zu kontrollieren, legten James Lovelock und sein Kollege Andrew Watson ein Modell vor, dem sie den Namen »Daisyworld« gaben.[272] In seiner einfachsten Form besteht es aus einem Planeten, auf dem Leben nur in der Gestalt von Gänseblümchen existiert, allerdings in zwei Varianten: schwarzen und weißen. Beide vermehren sich und konkurrieren um Platz auf dem Planeten und beide gedeihen am besten, wenn die Temperaturen optimal sind. Zu Beginn der Simulation ist die Sonneneinstrahlung schwach und es ist zu kalt, als dass die Gänseblümchen, weiße wie schwarze, überleben könnten. Mit zunehmender Leuchtkraft der Sonne steigen die Temperaturen so weit an, dass schwarze Gänseblümchen auftauchen – sie sind für niedrige

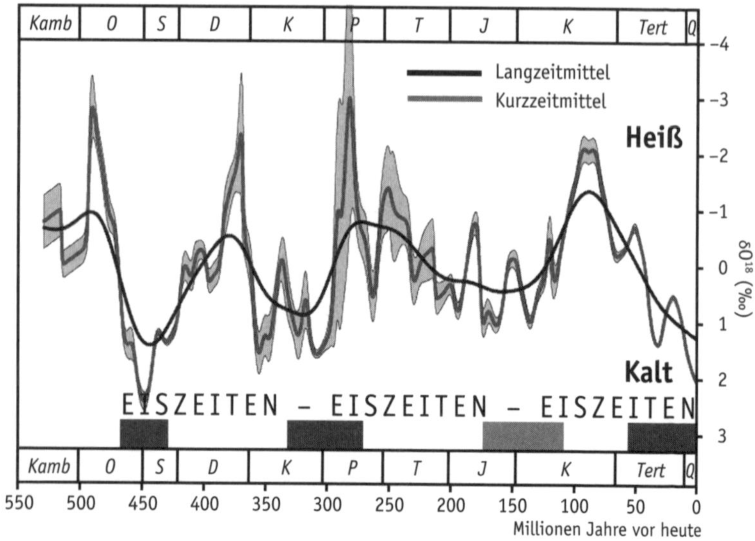

Abbildung 28 Temperaturkurve der Erde im Phanerozoikum.[273]

Temperaturen geeigneter als weiße, weil sie mehr Sonnenlicht absorbieren und sich somit stärker erwärmen. Dadurch überleben sie nicht nur, sondern sie verursachen auch einen Anstieg der Erdtemperatur, indem sie das Rückstrahlvermögen des Planeten (die sogenannte Albedo) vermindern. Mit der Erwärmung des Planeten tauchen auch weiße Gänseblümchen auf, die nun ebenfalls geeignete Temperaturen zum Überleben vorfinden. Die beiden Spezies konkurrieren miteinander und da die Sonneneinstrahlung weiterhin zunimmt, gewinnen die weißen Gänseblümchen einen Evolutionsvorteil: Indem sie Sonnenlicht zurückstrahlen, überhitzen sie nicht. Also nimmt die Zahl der weißen Gänseblümchen zu und damit auch die Albedo, was den Planeten nicht in dem Maße erwärmt, wie er es tun müsste, gäbe es keine weißen Gänseblümchen. Schließlich sterben die schwarzen Gänseblümchen aus und werden vollständig durch weiße ersetzt. Ab diesem Punkt gibt es keinen Mechanismus mehr, der die Albedo verändern und die Temperatur in Schach halten kann. Mit zunehmender Sonneneinstrahlung steigt die Erdtemperatur, bleibt also nicht mehr auf dem für das Überleben der weißen Gänseblümchen optimalen Niveau. Die weißen Gänseblümchen beginnen abzusterben, was zu einer sich selbst verstärkenden Rückkopplung führt, die wiederum die Albedo vermindert, sodass die Temperatur noch schneller steigt und alle Gänseblümchen rasch absterben: Die Biosphäre von Daisyworld wird ausgelöscht – ein Seneca-Kollaps für die Gänseblümchen (siehe Abbildung 29)!

Man kann das Modell komplexer gestalten, indem man Gänseblümchenarten mit weiteren Farben oder sogar mit einer kontinuierlichen Reihe von Grautönen einführt oder andere Lebensformen hinzufügt, etwa Tiere, welche die Gänseblümchen fressen. Doch all das verändert das Verhalten des Systems nur unwesentlich: Die Gänseblümchen stabilisieren die Temperatur des Planeten trotz der allmählichen Zunahme der Sonneneinstrahlung.

Natürlich ist das Daisyworld-Modell im Vergleich zum Ökosystem der Erde extrem schlicht und kann in keiner Weise als realistisch gelten. Es soll nur zeigen, wie ein biologisches System einen Parameter, die Temperatur, annähernd konstant halten kann, ohne dass dazu eine bewusste Planung nötig wäre. Die Gänseblümchen

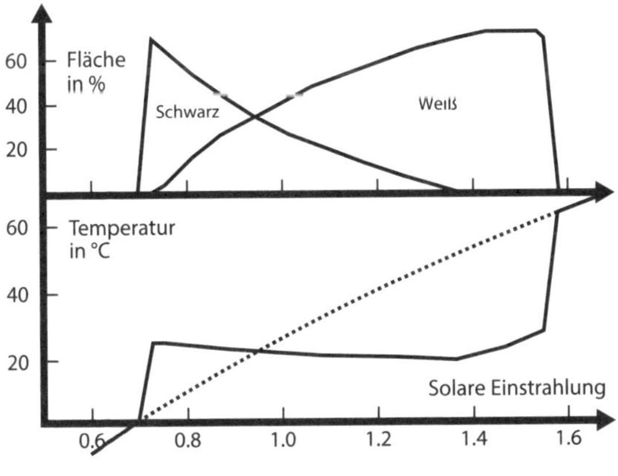

Abbildung 29 Ergebnis einer Simulation der Erdtemperaturen nach dem Daisyworld-Modell von Lovelock und Watson, weitere Erklärungen im Text.[274]

von Daisyworld sind nicht intelligent und verfolgen keinen Plan. Sie konkurrieren nur miteinander und die am besten angepasste Spezies überlebt. Das Modell erklärt das »Teleologische/Theologische« des Gaia-Modells und untergräbt es zugleich: Es bedarf keiner wohlwollenden Gottheit, um das System zu kontrollieren. Wie viele andere komplexe Systeme im homöostatischen Zustand, neigt auch Gaia dazu, den Zustand, in dem sie sich befindet, aufrechtzuerhalten, solange die Störung nicht zu massiv ist. Werden allerdings bestimmte Grenzen überschritten, in diesem Fall durch eine zu starke Sonneneinstrahlung, kann sich das System nicht mehr selbst regulieren und »stirbt«.

Doch welche Mechanismen könnten die Temperatur des realen Erdsystems regulieren, das ja wahrlich nicht nur mit weißen und schwarzen Gänseblümchen bevölkert ist? Grundlage für Lovelocks Gaia-Hypothese war die Temperaturkontrolle durch die CO_2-Konzentration in der Atmosphäre. Wie wir wissen, ist CO_2 ein Treibhausgas, das die Strahlungsbilanz des Erdsystems kontrolliert, indem es einen Teil der Ausstrahlung absorbiert. Je mehr Kohlendioxid in der Luft, desto wärmer wird die Erde. Wäre also Kohlendioxid im Gaia-Modell das »Thermostat des Planeten«, sollte seine Konzentration im Lauf der Erdgeschichte als Ausgleich für die steigende Solarstrahlung allmählich abnehmen. Genau das zeigen uns die geologischen Befunde, wenn auch nur annähernd und mit vielen Schwankungen. Vor drei bis zwei Milliarden Jahren war die CO_2-Konzentration mehr als zehn Mal so hoch wie heute[275] und das könnte den Effekt der schwachen jungen Sonne kompensiert haben. Am Beginn des Phanerozoikums, also etwa vor 500 Millionen Jahren, lag die CO_2-Konzentration etwa bei 5000 ppm[276] beziehungsweise neueren Ergebnissen zufolge bei 1000 ppm.[277] Die gegenwärtige CO_2-Konzentration beträgt etwa 400 ppm. Allerdings stieg sie in den letzten rund eine Million Jahren nie über 300 ppm, bis Menschen anfingen, fossile Brennstoffe zu verfeuern. Sicher war dies keine gleichmäßige Entwicklung, doch insgesamt fand in den vergangenen Weltaltern eine Verminderung der CO_2-Konzentration in der Atmosphäre statt. Und genau das sollte man auch erwarten, wenn CO_2 tatsächlich das wichtigste Thermostat des Planeten Erde ist.

Die Wirkungsweise eines Thermostats beruht auf einem Zwei-Wege-Rückkopplungseffekt: Es muss eine Erwärmung auslösen, wenn die Temperaturen sinken, und das Gegenteil tun, wenn die Temperaturen steigen. Mit anderen Worten, es muss sich verhalten wie die schwarzen beziehungsweise weißen Gänseblümchen von Daisyworld. Auf der Erde könnten die CO_2-Konzentrationen biologisch kontrolliert sein, wie Lovelock anfangs vermutete. Pflanzen benötigen Kohlendioxid, um zu überleben, und wenn man davon ausgeht, dass mit der Zunahme von CO_2 auch das Pflanzenwachstum zunimmt, würde der Atmosphäre CO_2 entzogen und sie kühlt sich ab. Dasselbe gilt umgekehrt: Weniger CO_2 führt zu weniger Pflanzenwachstum und dazu, dass der Atmosphäre weniger CO_2 entzogen wird. Somit käme es zu einer stabilisierenden Rückkopplung, die sich auf die Temperaturen auswirkt. Das Problem besteht nun darin, dass die in der Biosphäre gespeicherte Menge – etwa 2000 Gigatonnen – nicht viel größer ist als die in der Atmosphäre mit ihren etwa 750 Gigatonnen.[278] Der Thermostat würde nur funktionieren, wenn die Variation der Biosphäre sehr groß wäre, was unwahrscheinlich bzw. kaum oder gar nicht belegbar ist. Das Problem gewinnt an Bedeutung, wenn wir weit zurückliegende Zeitalter in Betracht ziehen, als die CO_2-Konzentration in der Atmosphäre viel höher war und die Biosphäre als Senke viel zu reduziert, um die nach dem Gaia-Modell angenommene Kontrolle auszuüben.

Wir müssen also nach einem anderen Mechanismus suchen, um die Temperaturkontrolle auf der Erde zu erklären, und den gibt es auch: Es ist der »lange« (oder »geologische«) Kohlenstoffzyklus. Auch er beruht auf dem Treibhauseffekt von CO_2, doch sind es andere Vorgänge, die dessen Konzentration bestimmen. CO_2 ist ein reaktives Molekül, welches die Silikate in der Erdkruste löst und dabei als feste Kohlenstoffverbindung (Carbonate) der Atmosphäre entzogen wird. Dieser Prozess vollzieht sich sehr langsam, aber er ist auch sehr wirksam: Der gesamte heutige CO_2-Gehalt könnte der Lufthülle unseres

Planeten in einem Zeitraum von etwa einer Million Jahren entzogen werden.[279] Natürlich würde der Prozess der Photosynthese schon weit vor Erreichen des Werts null zum Erliegen kommen und die Biosphäre würde sterben. Doch glücklicherweise wird der Atmosphäre durch andere anorganische Prozesse ständig neues CO_2 zugeführt: einmal durch die Auflösung von Carbonaten durch Wasser und, viel langsamer, durch Vulkane. Durch ihre Schlote gelangt das einmal in Form von Carbonaten deponierte CO_2 wieder in die Atmosphäre zurück, und zwar dort, wo Meeresboden in die Tiefe gedrückt wird und in Teilen aufschmilzt.

Diesen langen Kohlenstoffzyklus kann man als einen geschlossenen Kreislauf chemischer Reaktionen betrachten, der durch Temperatur kontrolliert wird. Es ist allgemein bekannt, dass die Geschwindigkeit einer chemischen Reaktion häufig von der Temperatur abhängt – und genau das ist der Schlüssel, der den Zyklus zu einem Thermostat macht. Die Reaktion des Kohlendioxids mit den Silikaten der Erdkruste beschleunigt sich bei erhöhten Temperaturen: Je höher diese sind, desto schneller wird CO_2 aus der Atmosphäre entfernt und sie kühlt sich ab. Das Gegenteil tritt ein, wenn niedrige Temperaturen in der Atmosphäre die Reaktion verlangsamen und die Vulkane die Oberhand gewinnen. Nun kennen wir unseren Thermostaten, der zwar auf Störungen reagiert, aber zumeist nur sehr langsam, was die starken Temperaturschwankungen erklärt, die man anhand geologischer Belege festgestellt hat.

Zu besonders katastrophalen Temperaturschwankungen kam es im Cryogenium, vor 720 bis 635 Millionen Jahren, als sich die Erde so weit abkühlte, dass sie völlig mit Eis überzogen war (man spricht hier auch von der Zeit der »Schneeballerde«). Unter den damaligen Verhältnissen fand Silikatverwitterung schlichtweg nicht mehr statt, weil die Landmassen nicht mehr in Kontakt mit der Atmosphäre standen. Das verhinderte allerdings nicht, dass Vulkane CO_2 in die Atmosphäre pumpten, bis das System einen Kipppunkt erreichte, an dem die Atmosphäre so warm wurde, dass die Eisdecken einer Art Seneca-Kollaps zum Opfer fielen und in relativ kurzer Zeit abschmolzen – womöglich sogar in wenigen Tausenden Jahren. Schwankungen dieser Art waren für das Ökosystem vielleicht verheerend, aber das Ende des Cryogeniums war womöglich der Auslöser für das Auftreten mehrzelliger Geschöpfe im Ökosystem der Erde. Wachstum und Zusammenbrüche sind Teil der Funktionsweise des Universums. Am Ende könnten Gaia und Medea ein und dieselbe Figur sein.

Die Hölle auf Erden

In den Science-Fiction-Geschichten der 1940er- und 1950er-Jahre wurde die Venus häufig als warmer und feuchter Planet dargestellt, bedeckt mit Sümpfen, bevölkert von Dinosauriern und schönen, fremdartigen Prinzessinnen. Doch wie sich später herausstellte, sah die Realität vollkommen anders aus. Die erste Temperaturmessung auf der Venus wurde bei einem Vorbeiflug der US-Sonde Mariner 2 am 14. Dezember 1962 durchgeführt. Die Sowjetunion schickte erstmals 1967 und von da an noch etwa zwei Jahrzehnte lang Sonden zur Venus. Zumeist gelang die Landung, aber die Sonden waren nach wenigen Stunden »tot«: Der Hitze und den aggressiven Säuren konnten sie nicht lange standhalten. Als Planet entspricht die Venus nicht im Geringsten dem Bild der Göttin, die ihm den Namen gab. Im Gegenteil, sie ist eine wahre Hölle mit einer Oberflächentemperatur von etwa 450 Grad Celsius und einer Atmosphäre, die vor allem aus Kohlendioxid besteht, sowie Wolken aus Schwefelsäure. Das ist nicht gerade der Ort, an dem man sich auf die Suche nach außerirdischen Prinzessinnen begibt.

Dass die Venus ein so höllischer Ort ist, ist eine unvermeidliche Folge dessen, dass ihre Entfernung zur Sonne viel geringer ist als die der Erde und sie daher fast das Doppelte an Energie erhält. Die hohen Temperaturen sind ein Beleg für einen Mega-Treibhauseffekt, der auf der Venus zu einer »galoppierenden Erwärmung« geführt hat.[280] In fernster Vergangenheit gab es auf der Venus vielleicht sogar Meere aus Wasser und es herrschte ein Klima, das dem der damaligen Erde nicht unähnlich war.[281] Womöglich existierte dort sogar organisches

Leben.[282] Doch die Venus konnte die erdähnlichen Verhältnisse nicht sehr lange aufrechterhalten und das Paradies verwandelte sich in eine Hölle, als ein Tipping Point überschritten war. Die Meere verdunsteten und alles organische Leben, so es jemals existierte, verschwand, ein weiteres Beispiel für den Seneca-Ruin.

Kann eine solche Katastrophe auch unseren Planeten heimsuchen? Unmöglich ist es nicht. Bis heute ist es der Ökosphäre (Gaia) gelungen, die allmähliche Zunahme der Sonneneinstrahlung durch eine Rückkopplung auszugleichen, bei der die CO_2-Konzentration vermindert wird. Doch genauso wie bei den Gänseblümchen im Daisyworld-Modell wird es irgendwann keinen Spielraum mehr für eine weitere Regulierung durch Rückkopplung geben, weil eine weitere Abnahme der CO_2-Konzentration die Biosphäre absterben lässt, da sie keine Photosynthese mehr durchführen kann. Dies ist die physische Grenze des stabilisierenden Rückkopplungsmechanismus, der bislang die Erdtemperatur unter Kontrolle gehalten hat. Wenn dieser Mechanismus ausfällt, kommt es auch bei uns zu einer galoppierenden Erwärmung und zum Tod der Biosphäre.

Es gibt Belege dafür, dass sich die Biosphäre in den vergangenen eine Million Jahren nur schwer an die progressiv zunehmende Sonneneinstrahlung und die daraus folgende Verminderung der CO_2-Konzentrationen angepasst hat, die notwendig ist, um die Temperaturen in tolerierbaren Grenzen zu halten. Damit sie das tun, muss die CO_2-Konzentration abnehmen, doch für die Photosynthese ist eine Mindestmenge an CO_2 notwendig. Diese Balance zu halten, ist eine Herausforderung und hat vielleicht zum Auftauchen neuer, effizienterer photosynthetischer Prozesse geführt. Der älteste derartige Prozess wird als »C 3« bezeichnet und entwickelte sich wahrscheinlich vor über drei Milliarden Jahren in einer Atmosphäre mit hoher CO_2-Konzentration, aber ohne Sauerstoff.[283] Der photosynthetische Prozess C 4 ist viel jünger und stammt aus der Zeit des Tertiärs. Er unterscheidet sich insofern vom C 3-Prozess, da hierbei CO_2 in den Pflanzenzellen gespeichert werden kann. So funktioniert er bei niedrigen CO_2-Konzentrationen und in trockenen Verhältnissen effizienter. Der Crassulaceen-Säurestoffwechsel (kurz CAM, von *Crassulacean Acid Metabolism*) ist schließlich eine Sonderform der Photosynthese und funktioniert nur unter extrem trockenen Bedingungen bei sukkulenten Pflanzen.

Die geringe CO_2-Konzentration, die für die Photosynthese von C 3-Pflanzen notwendig ist, beträgt um 230 ppm, kann aber auch niedriger sein, wenn die Sauerstoffkonzentration in der Atmosphäre abnimmt. C4-Pflanzen hingegen können vielleicht sogar bei nur 10 ppm CO_2 überleben.[284] Unter diesen extremen Bedingungen wären weder die Photosynthese C 3 noch C 4 für den Erhalt komplexer Lebensformen effizient genug. Deshalb ist das aus Eiskernen gewonnene Datenmaterial erstaunlich, denn es zeigt, dass die CO_2-Konzentration in den Eiszeitaltern der vergangenen etwa eine Million Jahre zu bestimmten Zeitpunkten nur 180 ppm betrug. Vielleicht standen die C 3-Pflanzen, die den größten Anteil der Pflanzen auf unserem Planeten bilden, bereits am Rande der Auslöschung. Wir können nicht mit Sicherheit sagen, ob damals eine Katastrophe drohte, aber die Ökosphäre hat eventuell auch in jüngerer Vergangenheit schon schwere Zeiten durchlebt – und überstanden. (siehe Abbildung A12 im Anhang, Seite 290)

Der Geophysiker Dr. S. Franck und seine Kollegen haben ein Modell dafür entwickelt, wie sich die Biosphäre in den kommenden etwa eine Milliarde Jahren entwickeln könnte.[285] Natürlich sind die Ergebnisse in gewisser Weise spekulativ, aber es scheint, als habe die Produktivität der Biosphäre ihren Gipfelpunkt etwa zu Beginn des Phanerozoikums vor etwa 540 Millionen Jahren erreicht und seither nimmt sie ab. Es ist durchaus nicht ausgeschlossen, dass mehrzellige Lebewesen innerhalb der kommenden 800 Millionen Jahre verschwinden werden.[286] Einzellige Organismen werden nach diesem Modell noch etwa 1,5 Milliarden Jahre länger existieren, solange tief in der Erdkruste noch Wasser vorhanden ist. Am Ende werden aber auch sie einem Hitzetod erliegen.[287]

All diese Phänomene würden zu tiefgreifenden Veränderungen in der Zusammensetzung der Atmosphäre führen. Steigende Temperaturen erhöhen allmählich den Anteil von Wasserdampf, womit ein »feuchtes Treibhaus« entstünde,[288] als dessen Folge am Ende vielleicht sogar die Meere verdunsten würden. In einer derart »entwässerten« Welt käme auch die Verwitterung von Silikaten, die die CO_2-Konzentration stabilisiert, zum Erliegen und der CO_2-Gehalt der Atmosphäre würde massiv ansteigen. Eine stark reduzierte Biosphäre könnte kein CO_2 mehr aus der Atmosphäre absorbieren und sie im Gegenzug mit Sauerstoff anreichern. Unser Lebenselixier würde sukzessive verschwinden, weil es für Oxidationsprozesse organischer Stoffe – vornehmlich Kerogen – verbraucht würde. Am Ende hätten wir Verhältnisse wie auf der Venus.[289]

Das wäre der »natürliche« Zyklus; aber könnte es dazu vielleicht schon früher kommen? Schließlich greift der Mensch derzeit massiv in wichtige Prozesse ein. Und wäre Gaia in der Lage, die anthropogenen Störungen zu verkraften? Der Klimawissenschaftler James Hansen betont, dass der vom Menschen verursachte Treibhauseffekt durchaus in einen »Venus-Effekt« umschlagen könnte, mit dem wir uns tunlichst schon jetzt befassen sollten.[290] Frühe Modellrechnungen bestätigten Hansens These nicht, der befürchtete galoppierende Treibhauseffekt wäre erst bei CO_2-Konzentrationen von 10.000 ppm zu erwarten.[291] Spätere Untersuchungen, bei denen mehr Faktoren einbezogen wurden, kamen indes zu einem anderen Ergebnis. So heißt es in der jüngsten Studie von Popp und Kollegen: »Wir haben mit einem aktuellen Klimamodell gezeigt, dass ein wasserreicher Planet durch CO_2-Einflüsse ebenso leicht unbewohnbar werden könnte wie durch Sonneneinwirkung, und zwar durch die Verwandlung der Erde in ein feuchtes Treibhaus mit der langfristigen Folge des Verlusts von Wasserstoff.«[292] Die Autoren der Studien errechneten, dass etwa 1500 ppm CO_2 ausreichen könnten, um die Erde in eine glühend heiße Hölle zu verwandeln. Unter Berücksichtigung der Unsicherheiten in diesen Berechnungen und der Tatsache, dass wir den CO_2-Gehalt bereits auf etwa 400 ppm (von 280 ppm vor der industriellen Revolution) erhöht haben, sind wir vielleicht gar nicht so weit von dem Punkt entfernt, bis zu dem wir uns noch völlig sicher fühlen können. Wie viel Kohlenstoff dürfen wir also noch in die Atmosphäre pusten?

Rogner schätzt die Gesamtsumme der fossilen Brennstoffreserven auf $9{,}8 \times 10^{11}$ Tonnen (etwa eine Billion Tonnen).[293] In einer Studie aus dem Jahr 2012 bezifferte Jean Laherrere die Gesamtmenge brennbarer Kohlenstoffe auf $1{,}3 \times 10^{11}$ Tonnen;[294] McGlade und Ekins veröffentlichten im Magazin Nature einen Wert von 3×10^{11} Tonnen.[295] Zweifellos besteht also eine gewisse Einigkeit, dass die Menge verfeuerbarer Kohlenstoffe zwischen einer und drei Billionen Tonnen liegt. Ihre Verbrennung würde bedeuten, dass den gegenwärtigen etwa 400 ppm weitere 500 bis 1500 ppm CO_2 hinzugefügt würden. Ein Teil davon würde von natürlichen »Senken« absorbiert, vor allem durch die Ozeane. Aber irgendwann sind die Senken ausgereizt und verwandeln sich umgekehrt in CO_2-Quellen. Zusätzlich könnte die Erwärmung zur Freisetzung des Methans führen, das im Permafrost in Form fester Hydrate gespeichert ist. Schätzungen zufolge könnten damit weitere zwei Billionen Tonnen Kohlenstoff als Methan in die Atmosphäre gelangen, ein noch potenteres Treibhausgas als CO_2 (obwohl es langsam zu CO_2 oxidieren würde). Man bezeichnet diesen Prozess als »Clathrate Gun«, der Inbegriff der »sich selbst verstärkenden Klimarückkopplung«, also desselben Rückkopplungseffekts, der als Ursache für mehrere Auslöschungen und Katastrophen der Vergangenheit angenommen wird.[296] Natürlich kann niemand beweisen, dass all diese Emissionen zu einem galoppierenden Treibhauseffekt und damit zum Absterben der gesamten Biosphäre führen würden, aber wir können uns auch nicht sicher sein, dass dies nicht eintreten wird. Und auch wenn wir an der Katastrophe vorbeischrammen: Die Veränderungen und Schäden in der Ökosphäre wären auf jeden Fall groß bis sehr groß.[297]

Aufgrund all dieser möglichen Szenarien sollten wir keinesfalls mehr als weitere etwa 5×10^{11} (eine halbe Billion) Tonnen Kohlenstoff verbrennen; das entspricht etwa einem Drittel der geschätzten Reserven. Trotzdem ist die Notwendigkeit, die CO_2-Emissionen zu drosseln, immer noch Gegenstand hitziger Auseinandersetzungen auf politischer Ebene und wir erleben derzeit eine konzertierte PR-Kampagne, die die Öffentlichkeit davon überzeugen soll, dass die Klimawissenschaft falsch liegt oder man ihr nicht trauen kann.[298] Auf der Pariser Klimakonferenz in Paris 2015 wurden einige Ziele zur Begrenzung der CO_2-Emissionen festgelegt, aber keine bindenden Vorschriften erlassen, welche die teilnehmenden Länder zur Reduzierung auf das notwendige Niveau verpflichten würden. Wir haben daher allen Grund, skeptisch zu sein.

Wie in vorangegangenen Kapiteln bereits erwähnt, existieren größere Unsicherheiten in Bezug auf die tatsächlich vorhandenen »Ressourcen« und »Reserven« fossiler Brennstoffe. Niemand kann genau sagen, wie sich Förderung und Produktion tatsächlich entwickeln werden. Für die Verbrennung fossiler Brennstoffe bedarf es eines funktionierenden Industriesystems, das die erforderlichen Mittel bereitstellt, um die fossilen Lagerstätten zu finden und fossile Brennstoffe zu extrahieren und zu verarbeiten. Aufgrund allmählicher Erschöpfung und der sich daraus ergebenden niedrigeren Nettoenergieausbeute könnte dieses System zusammenbrechen, weit bevor das Ökosystem den Klimakipppunkt überschreitet. Vielleicht rettet uns der abnehmende »Erntefaktor« EROEI, weil er die Extraktion fossiler Brennstoffe unter dem Aspekt der Erzeugung effizienter Energie sinnlos macht. Ein Finanzkollaps könnte die weitere Ausbeutung fossiler Brennstoffe schließlich ebenfalls verhindern – ohne Geld keine Rohstoffförderung.

Wohin die Reise wirklich geht, ist nur schwer vorherzusagen. Manche Autoren gehen davon aus, dass abnehmende Vorräte und/oder Förderungsraten fossiler Brennstoffe den Klimawandel zu einem zweitrangigen Problem machen könnten.[299] Andere Wissenschaftler haben errechnet, dass ein »Peak-Fossils«-Szenario bereits zu gefährlichen CO_2-Konzentrationen in der Atmosphäre führt.[300] Hook und Tang kommen zu dem Schluss, dass die Erschöpfung der Quellen und die daraus resultierende Abnahme der zur Verfügung stehenden Brennstoffe einen wichtigen Faktor bei der Begrenzung der CO_2-Konzentration darstellen, aber nicht notwendigerweise einen, der diese Konzentration unter dem Niveau hält, das noch als sicher gelten kann.[301]

Angesichts der drohenden Gefahren kann eine adäquate Antwort nur lauten, dass wir so schnell wie möglich damit beginnen müssen, eine Zivilisation aufzubauen, die auf erneuerbaren Energien basiert.[302] Bleibt die Frage, ob wir diese in der uns bleibenden Zeit schaffen können, und das weiß nur die Zukunft. Schaffen wir es nicht, wird Gaia vielleicht weiter überleben und nur wir werden verschwinden. Es ist aber auch möglich, dass dem Kampf »Mensch vs. Gaia« beide zum Opfer fallen.

Teil III

Den Kollaps bewältigen

In diesem Abschnitt werden wir sehen, was bislang über die Kontrolle komplexer Systeme bekannt ist, insbesondere über die Vermeidung von Zusammenbrüchen und ein Phänomen namens »Resilienz«. Interessant könnte außerdem sein, sich anzuschauen, wie man einen Zusammenbruch akzeptiert und das Beste aus der Situation macht. Wir sprechen daher über Ökosysteme, die Kriegskunst und den Stoizismus als Philosophie.

Kapitel 11

Zusammenbrüche verhindern

Doch der Mann in einer heitren Regung
Fragte noch: »Hat er was rausgekriegt?«
Sprach der Knabe: »Daß das weiche Wasser in Bewegung
Mit der Zeit den harten Stein besiegt.
Du verstehst, das Harte unterliegt.«

BERTOLT BRECHT, *Legende von der Entstehung des Buches Tao Te King auf dem Weg des Laotse in die Emigration,* 1939

Privatisierung vs. Schutz der Allmende

Im Jahr 2012 interviewte ein Journalist der *New York Times* einen chilenischen Fischer, dem absolut bewusst zu sein schien, dass der Makrelenbestand, von dem seine Existenz abhing, zur Neige ging: »Es geht schnell«, sagte er, während er auf sein Schiff blickte. »Wir müssen mehr fischen, bevor alles verschwindet.« Auf die Frage, was er seinem Sohn dann hinterlasse, zuckte er die Achseln und meinte: »Er wird sich etwas anderes suchen müssen.«[303]

Wie wir in einem früheren Kapitel gesehen haben, neigen wir gerne dazu, den Schaden zu verleugnen, den wir mit unserem Raubbau verursachen. So behaupteten die Walfänger im 19. Jahrhundert hartnäckig, ihre Arbeit werde immer schwieriger, nicht etwa, weil Wale bis kurz vor dem Aussterben gejagt wurden, sondern weil sie »scheu geworden sind«. Die Haltung des chilenischen Fischers passt hier ebenso ins Bild: Die Leugnung wird zur Fassade und ermöglicht es, sich nicht mit Alternativen beschäftigen zu müssen. Sie allein lässt es am Ende möglich werden, dass er so weitermacht wie bisher.

Dieses selbstzerstörerische Verhalten ist nicht untypisch für uns Menschen. Als Spezies haben wir uns so entwickelt, dass wir jede sich bietende Gelegenheit nutzen; sorgfältig und langfristig zu planen, hat dabei seit jeher wenig Raum. Diese genetische Konstellation entsprach den Bedürfnissen der Jäger und Sammler in den Stammesgesellschaften, deren Aufgabe darin bestand, möglichst viel Beute nach Hause zu bringen. In einer Epoche, in der die Technik dem Menschen die Mittel an die Hand gibt, Ressourcen schneller auszubeuten, als sie sich regenerieren können oder nachwachsen, hat diese genetische Konstellation keinen Sinn mehr. Und doch verfügt der Mensch – angeblich – über die Fähigkeit des logischen Denkens. Wie also kommt es, dass er diese Fähigkeit nicht auch nutzt?

Vielleicht ist die Ursache dafür das Syndrom des »Spielerfehlschlusses«: die Unfähigkeit, Wahrscheinlichkeiten richtig einzuschätzen.[304] Viele Spieler glauben, dass zufällige Ereignisse, etwa die Zahlen, auf die die Roulettekugel fällt, miteinander in Beziehung stehen, was in Wirklichkeit natürlich nicht der Fall ist. Sie glauben, dass beim Roulette die Kugel nach einer langen Schwarz-Serie mit höherer Wahrscheinlichkeit auf Rot fällt oder dass bei der staatlichen Lotterie eine bestimmte Zahl gezogen wird, wenn diese lange Zeit nicht unter den Gewinnkombinationen aufgetaucht ist. Vielleicht führten solche Vorstellungen in ferner Vergangenheit zu einer guten Jagdstrategie: Orte, an denen man für eine gewisse Zeit nicht nach Beute Ausschau gehalten hatte, warfen mit höherer Wahrscheinlichkeit etwas ab. Angewendet auf moderne Glücksspiele kann das aber nur zu einem raschen Seneca-Ruin führen.

Ein Beispiel für den Spielerfehlschluss ist das sogenannte Martingale-Spiel beim Roulette. Ein Spieler, der diese Strategie anwendet, setzt beispielsweise auf Rot und verdoppelt nach jedem Verlust den Einsatz in der Hoffnung, am Ende werde ein Sieg die vorherigen Verluste ausgleichen und ihm sogar noch einen Gewinn einbringen. Das Problem ist nur, dass diese Methode eine Aufforderung an Talebs Schwarzen Schwan ist, sich zu zeigen[305] (dieser Schwan ist allerdings grau, nicht schwarz und fast jeder weiß, dass er früher oder später auftauchen wird: unvorhersehbar, aber nicht unerwartet). Die Martingale-Strategie macht aus einem Spiel, bei dem das Verhältnis zwischen Gewinnen und Verlieren etwa 50:50 beträgt, ein Spiel mit einer hohen Wahrscheinlichkeit kleiner Gewinne und einer geringen Wahrscheinlichkeit eines großen Verlusts (die aber nicht gleich null ist). Schließlich wird der Spieler aufgrund einer Pechsträhne den Einsatz nicht mehr verdoppeln können – ein plötzlicher Seneca-Ruin für ihn. Auch hier könnte man meinen, die Menschen seien intelligent genug, um zu begreifen, dass sie sich nicht auf einen solchen Unsinn einlassen sollten. Aber das ist ein eigensinniger Gedanke und echte Spieler neigen dazu, sich selbst zu ruinieren – bis hin zum Totalruin des Suizids, für den sie empfänglicher sind als der Rest der Bevölkerung.[306]

Überträgt man den Spielerfehlschluss auf die Fischerei und andere Wirtschaftsbereiche, erkennt man, warum Menschen dazu neigen, das Erschöpfungsproblem zu ignorieren. Ein Fischer denkt, dass mehrere schlechte Tage die Wahrscheinlichkeit eines Glücksfangs erhöhen. Diese Illusion wird noch verstärkt, wenn er sieht, dass ein Kollege mit einer großen Ladung Fisch in den Hafen zurückkehrt. Irgendwann müsse die kosmische Balance doch zu seinen Gunsten ausschlagen, wenn er es nur weiter versuche. Und nicht nur das: In bester Martingale-Tradition verdoppelt er vielleicht seine Anstrengungen und kauft noch mehr teure Geräte in der Hoffnung, das Glück werde ihm seine früheren Verluste vergelten. Natürlich führt diese Haltung mit großer Wahrscheinlichkeit in die Katastrophe. In vielen anderen Bereichen, beispielsweise beim Bohren nach Öl, scheinen Menschen ähnliche Überlegungen anzustellen. Sie ignorieren, dass es immer weniger gute Lagerstätten gibt, und meinen, dem Problem sei mit mehr Input beizukommen. Der auf Sarah Palin im Wahlkampf um die US-Präsidentschaft gemünzte Slogan »Drill, baby, drill« ist dafür ein gutes Beispiel.

Vielleicht haben wir damit das Kernproblem ausgemacht, aber kennen wir damit schon die Lösung? Einstellungen lassen sich nur schwer verändern. In der Vergangenheit wurden viele ehrgeizige Utopien entwickelt, in deren Zentrum »bessere«, vernünftigere Menschen standen – von Platons »Staat« bis hin zum Kommunismus der Neuzeit. Doch Utopien, die in die Praxis umgesetzt werden, erliegen meist einem Seneca-Ruin. In der Regel scheitern sie, weil die Gier und die Selbstsucht der Menschen nicht auszulöschen sind, mögen die Ideale der utopischen Gesellschaft noch so edel sein. Daraus folgt, dass der Kampf gegen den Raubbau wahrscheinlich aussichtslos ist, wenn wir allein darauf setzen, die Menschheit davon zu überzeugen, ihr törichtes Verhalten abzulegen.

Das heißt aber noch lange nicht, dass Raubbau unvermeidbar ist und nicht hitzige Debatten darüber geführt werden. Meist wird Hardins These von der »Tragödie der Allmende«[307] als Aufforderung begriffen, möglichst alles zu privatisieren (obwohl Hardin selbst nie etwas Derartiges empfohlen hat). Vordergründig erscheint dies logisch, doch wie wir gesehen haben, gibt es (nicht nur bei Hardin) einen gewichtigen Nebeneffekt: Privatisierung zerstört das Netz miteinander in Wechselwirkung stehender Menschen (Hardins Viehhüter) und macht sie zu vereinzelten Wirtschaftsakteuren, die ihrer Arbeit nachgehen können, ohne mit anderen interagieren zu müssen. Wunderbar, könnte man nun sagen: kein Netz, kein Zusammenbruch. Aber so einfach ist es nicht.

Erstens ist Privatisierung nicht immer und überall möglich; das Meer oder die Atmosphäre lässt sich nicht einzäunen. Zweitens ist Privatisierung stets mit Kosten verbunden. Zäune sind teuer und das Konzept des Privateigentums bringt weitere Kosten mit sich. Für die Bewohner der wohlhabenden Länder ist es vielleicht selbstverständlich, dass der Staat die Eigentumsrechte seiner Bürger schützt. Das aber gilt in vielen Weltregionen nicht, in denen Menschen Vertreibung und Enteignung ausgesetzt sind, sobald ihr Land und ihr Besitz Begehrlichkeiten wecken. In der Geschichte finden wir eine Reihe von Fällen, in denen ganze Völker von ihrem Grund und Boden vertrieben wurden, Boden, den sie als ihren Besitz betrachteten. Eines der berühmtesten Beispiele ist das der amerikanischen Ureinwohner im 19. Jahrhundert. Und auch heute noch werden Landrechte vehement verteidigt, wozu sonst halten sich Staaten Armeen, wenn nicht um ihre Grenzen zu schützen. Kriege um Land und Rohstoffe sind in der Geschichte keine Seltenheit und betrachtet man die Gegenwart, kann man sich nur schwer vorstellen, dass wir in Zukunft keine weiteren mehr erleben werden.

Ein drittes, sehr grundlegendes Problem von Privatisierung besteht darin, dass Netze nicht wirklich verschwinden, sondern allenfalls einzelne Elemente daraus. Niemand ist eine Insel und kein Unternehmen steht alleine da, sondern es agiert innerhalb eines Markts. Ein Manager mag die volle Entscheidungsgewalt darüber haben, ob eine Ressource ausgebeutet wird, doch seine Entscheidung wirkt sich auch auf die Position des Unternehmens am Markt aus – und sie kann aus ganz unterschiedlichen Gründen getroffen werden, Gründe, die kurzfristig Vorteile bringen, langfristig aber zu Verlusten führen (können). Sehen wir uns zum Beispiel den Ölmarkt an: Unternehmen, die im Besitz von Ölquellen sind, könnten die Förderung verlangsamen, um ihre Ölvorräte länger zu nutzen und so vielleicht ihre Profite zu maximieren. In der Praxis aber geschieht das nicht. Unternehmen und ihre Manager werden nach kurzfristigen Gewinnen beurteilt und so tun sie ihr Bestes, um sie in dem weitläufigen Netz zu maximieren, das wir »Markt« nennen. Wir leben in einer vernetzten Welt, in der die Verbindungen vor allem auf Geld beruhen, und die Privatisierung von Gütern und Boden beseitigt nicht das Handels- und Finanznetz, an dem wir alle teilhaben. Die Privatisierung wäre vielleicht ein Heilmittel für den Raubbau in einer hypothetischen mittelalterlichen Welt, in der jedes Lehen autark ist. Aber so funktioniert die moderne Welt nicht.

Weder sind wir autark noch lassen sich komplexe Systeme (mit nichtlinearen Rückkopplungen und verzögerten Reaktionen!) vollständig kontrollieren, schon gar nicht durch Einzelne. Es ist wie beim Radfahren lernen: Der Neuling überkompensiert die Tendenz des Fahrrads, auf eine Seite zu kippen, und fällt dann auf die andere Seite. Dieses Phänomen steht mit dem »Peitscheneffekt« in Zusammenhang, den Jay Forrester anhand des sogenannten »Bierspiels«

beschrieben hat.[308] Bei diesem Spiel werden die Teilnehmer aufgefordert, eine scheinbar einfache Aufgabe zu lösen: Sie müssen den Bestand an Bier in einem Getränkeshop konstant halten und dabei die Verzögerung durch die Lieferzeit nach der Bestellung berücksichtigen. Das klingt ziemlich einfach, es erweist sich jedoch, dass die Menschen zu einer Überreaktion neigen, um Veränderungen bei der Nachfrage nach Bier auszugleichen. So kommt es zu einer Kette sich selbst verstärkender Rückkopplungseffekte, die wiederum zu starken Schwankungen bei der Lieferung führt (das ist der sogenannte Peitscheneffekt). Diese Tendenz des Menschen, natürliche und ökonomische Systeme mit Reaktionsverzögerungen nicht richtig einschätzen zu können, wurde durch verschiedene Tests bestätigt.[309] Es macht also durchaus Sinn, Entscheidungen größerer Tragweite zusammen zu fällen, um der Fehleranfälligkeit von Einzelentscheidungen zu begegnen.

Was kann man also angesichts der Realität menschlicher Schwächen (und der Realität der Komplexität von Systemen) tun, um Raubbau zu verhindern?

Oft genannt werden in diesem Zusammenhang Quoten und Quotierungen. Internationale Organisationen müssen dazu die Belastbarkeit der ausgebeuteten Systeme bestimmen, damit dann Regierungen oder internationale Institutionen allen beteiligten Wirtschaftsakteuren sinnvolle Produktionsobergrenzen auferlegen können. Quoten wären auf jeden Fall kostengünstig(er) zu haben (als Privatisierung) und sie beruhen nicht auf Entscheidungen Einzelner. Allerdings funktionieren sie nur, solange es einen Konsens darüber gibt, dass eine Quotenregelung richtig und angemessen ist. In Demokratien sind sie allerdings bisweilen schwer durchsetzbar und wenn wirtschaftsliberale Interessen vorherrschen, werden Quoten oft als Bevormundung gesehen, der man sich ungern beugen will. Wir haben bereits an früherer Stelle gesehen, dass die Walfänger im 18. Jahrhundert die Erschöpfung der Walbestände leugneten; eine ähnliche Haltung ist auch heute im Zusammenhang mit übernutzten Ressourcen zu beobachten. In der Auseinandersetzung um Quotenregelungen für Gemeingüter kommt es oft zu einem Kräftemessen zwischen Lobbyisten und Politikern. Aus Erfahrung wissen wir, dass es den Lobbyisten meist gelingt, die Gesetze, die ihren Profit einschränken sollen, aufzuweichen, sodass die Quoten letztlich nicht den beabsichtigten Zweck erfüllen. Der Raubbau geht damit weiter und der Sieg, etwa in Gestalt des Erhalts von Arbeitsplätzen, ist nur ein scheinbarer, denn am Ende sägen wir alle an dem Ast, auf dem wir sitzen.

Natürlich gab es in der jüngeren Vergangenheit gelungene Beispiele für Quotenregelungen. Die Stabilisierung der Ozonschicht in der Stratosphäre ist tatsächlich dem Montreal-Abkommen zum Abbau von Fluorchlorkohlenwasserstoffen (FCKWs) zu verdanken. Das Abkommen trat 1989 in Kraft und bewirkte weltweit eine Reduzierung der FCKW-Emissionen (führte aber auch zur illegalen Herstellung und zum Schmuggel der verbotenen Gase[310]). Doch das FCKW-Problem war vergleichsweise einfach zu lösen, denn das Abkommen betraf nur einen kleinen Sektor der Industrie, der kaum die Möglichkeit hatte, konzertierte Lobbyarbeit gegen die staatlichen Maßnahmen zu betreiben. Außerdem standen gute Alternativen zur Verfügung, weshalb die Zurückdrängung der Übeltäter relativ einfach war.

Zumeist sind die Voraussetzungen aber nicht so günstig und wir kennen daher mehr Beispiele für gescheiterte Quotierungen. Als kläglicher Fehlschlag gilt vielen der Versuch der Europäischen Union, die Fischereiwirtschaft zu regulieren. Hier gelang es der »Gemeinsamen Fischereipolitik« weder dafür zu sorgen, dass sich die Fischbestände erholen, noch dass sich die Einkommen der Fischer steigerten.[311] Und wir kennen leider noch viel mehr Beispiele, wo gar nicht erst versucht wurde, den Raubbau und damit den Niedergang einer Region oder eines Ökosystems zu verhindern. Besonders einschlägige entstammen der ehemaligen Sowjetunion, etwa die fast vollständige Austrocknung des Aralsees[312] oder die sibirische Bergbaustadt Norilsk, möglicherweise einer der schlimmsten Fälle industrieller Umweltverschmutzung weltweit.[313] Offenbar sind also staatswirtschaftliche Systeme auch nicht erfolgreicher darin, Gemeingüter zu bewahren.

Und trotzdem müssen wir die Hoffnung auf einen sinnvollen Umgang mit unserer Allmende, und damit auf ihre Bewahrung, nicht aufgeben. Ein Charakteristikum komplexer Systeme ist die Tendenz, systemimmanente Schwankungen durch innere Rückkopplungen abzuschwächen. Vielleicht ist schon allein deshalb Hardins »Tragödie« bei realen Viehhütern und Weidegründen nie eingetreten. Es weist aber auch vieles darauf hin, dass kleine, überschaubare Allmenden durch eine Kombination aus Gesetzen, Traditionen, Gebräuchen und sozialem Druck erhalten blieben,[314] was in agrarisch geprägten Gesellschaften noch heute funktioniert.

Es ist also sehr wohl möglich, Wege zu einem sinnvollen und effektiven Umgang mit unseren Gemeingütern zu entwickeln und vielleicht werden wir klüger und lernen, in unserer Beziehung zur uns umgebenden Natur einiges zu ändern, um sie nicht zugrunde zu richten. Möglicherweise bedarf es dazu aber drastischer Ereignisse, etwa den Kollaps unserer globalisierten Wirtschaft, die dann durch kleinere, zum Teil autarke ökonomische Einheiten ersetzt wird. Eine derartige Re-Lokalisierung wäre keineswegs unmöglich zu erreichen; es scheint gegenwärtig sogar ein Trend zu sein, sich auf lokaler Ebene zusammenzutun. Wir haben es also in der Hand, ob wir den Wandel gestalten wollen oder ob uns der Raubbau an unseren Ressourcen und ein unvermeidbarer Seneca-Kollaps zwingen werden, umzusteuern – dann wird es allerdings weh tun.

Resilienz entwickeln

Resilienz gilt meist als etwas Positives. Im Leitfaden der »Transition Town«-Bewegung kann man beispielsweise lesen: »Resilienz ist im Kern die Fähigkeit eines Systems, sei dies ein Individuum, eine Volkswirtschaft, eine Stadt oder Großstadt, einem Schock von außen standzuhalten.«[315] Das klingt erst einmal gut, aber fiele hier nicht auch das Bestreben, »die amerikanische Lebensweise zu erhalten«, unter diese Definition? Vielleicht erinnern Sie sich an den Satz von George Bush, der eben diese Lebensweise auf dem Erdgipfel in Rio 1992 als »nicht verhandelbar« verteidigte. Können wir hier von Resilienz sprechen? Schließlich wollte Bush hier nichts anderes als einem »Schock von außen« standhalten. Natürlich hat eine solche Weigerung, einer Veränderung zu widerstehen, nicht wirklich viel mit »Resilienz« zu tun; doch wie wir sehen, lohnt es sich, über den Begriff und seine Bedeutung nachzudenken. Was also ist Resilienz und, viel wichtiger, was müssen wir tun, um sie zu erreichen?

Die Transition-Town-Bewegung vertritt den Standpunkt, Resilienz erfordere die partielle Unabhängigkeit von Produkten, die von weither importiert werden, die Entwicklung lokaler Sozialstrukturen, die Verbesserung der Kommunikation auf lokaler Ebene und ähnliche Dinge. Andere Umweltbewegungen legen den Fokus auf eine weltweite Rückkehr zur nicht industriellen Landwirtschaft, häufig in Form der Permakultur. Staatliche Akteure definieren mitunter schon den Ersatz fossiler Brennstoffe durch erneuerbare Energiequellen als resilient, ohne das Ziel zu verfolgen, das System dabei grundsätzlich zu verändern.

Die Erforschung komplexer Systeme ermöglicht es uns, Resilienz anders als nur auf der Grundlage vager Äußerungen zu definieren. In den vorherigen Kapiteln haben wir gesehen, dass in komplexen Systemen (zum Beispiel in Ökosystemen) nahezu ständig Energie fließt, dass sie einen Zustand anstreben, den wir als Homöostase bezeichnen, und dass sie ihre Parameter möglichst eng am sogenannten Attraktor ausrichten. Eine erste Definition könnte daher diese Eigenschaften beschreiben und auf die Fähigkeit des Systems rekurrieren, sich bei einer Störung in die Nähe des Attraktors zu bewegen. Die »Elastizität« eines Systems lässt sich danach bestimmen, wie steil die Wände des jeweiligen Attraktorbeckens sind. Ein starres System hat steile Wände und bleibt in der Regel möglichst nah am Attraktor. Ein biegsames System hingegen kann seine Parameter über ein breites Spektrum von Werten verändern und dennoch in seinen ursprünglichen Zustand zurückkehren, wenn die Störung aufhört. Der Unterschied zwischen diesen beiden Systemarten lässt sich veranschaulichen, wenn wir Glas und Bambus vergleichen. Glas ist starr – es zerbricht, wenn Druck darauf ausgeübt wird, kehrt also nicht in seine ursprüngliche Form zurück. Ein Bambusrohr kann meist stark gebogen werden und kehrt danach in seine ursprüngliche Form zurück.

»Strikte Aufrechterhaltung der Systemparameter« ist also keine geeignete Definition von Resilienz. Wir müssen uns daher nach einer anderen umsehen. 1973 schlug Holling vor, Resilienz in Ökosystemen als »ein Maß für die Dauerhaftigkeit von Systemen oder ihre Fähigkeit, Veränderungen und Störungen zu integrieren und dabei dennoch die ursprüngliche Beziehung zwischen Populationen oder Zustandsvariablen zu bewahren« zu begreifen.[316] Um diese Definition zu verstehen, stellen Sie sich am besten ein Ökosystem vor, in dem eine Spezies, etwa Kaninchen, von einem Parasiten befallen wird, der fast alle Exemplare auslöscht. Daraufhin müssen Fressfeinde der Kaninchen, sagen wir Füchse, vielleicht verhungern, vielleicht können sie aber auch überleben, indem sie sich eine andere Beute suchen, beispielsweise Mäuse. Dies wird zu einer Lawine von Veränderungen in dem Ökosystem führen: Die Verminderung der Mäusepopulation durch die Füchse wirkt sich auf die Populationen jener Raubtiere aus, die sich schon immer von Mäusen ernährten. Doch diese Veränderung könnte all die Spezies begünstigen, die von Mäusen gefressen werden, zum Beispiel Insekten. Wenn die Kaninchen wieder ihre ursprüngliche Zahl erreichen, haben sich die Füchse möglicherweise an die Jagd auf Mäuse gewöhnt; nun könnten andere Raubtiere – sagen wir Vielfraße – entdecken, dass Kaninchen eine ziemlich gute Beute sind. Damit befindet sich das System an einem Punkt, an dem sich mehrere seiner Parameter verändert haben, dennoch bleibt seine komplexe Nahrungskette aus Raub- und Beutetieren erhalten. Das System hält also »die ursprüngliche Beziehung zwischen Populationen oder Zustandsvariablen« aufrecht.

Auf ein sozioökonomisches System übertragen, könnte die Frage lauten: Was würde passieren, wenn die »Spezies« Privatauto aufgrund einer Unterbrechung der Treibstoffversorgung von den Straßen verschwände, wie es während der großen Ölkrise in den 1970er-Jahren (annähernd, wenn auch nur vorübergehend) der Fall war. Eine resiliente Stadt würde dem Problem mit einer anderen »Spezies« begegnen, etwa mit Oberleitungsbussen. In diesem Fall könnte man sagen, dass das System »die ursprüngliche Beziehung zwischen Populationen oder Zustandsvariablen« wahrt, da die Bewohner weiterhin an jeden beliebigen Ort in der Stadt gelangen können. Wenn hingegen kein öffentliches Bussystem zur Verfügung steht, befindet sich die Stadt in großen Schwierigkeiten; das Verkehrssystem bräche zusammen und damit vielleicht die ganze Stadt. Vor dem Hintergrund dieser Beispiele können wir Hollings Definition auf die Feststellung herunterbrechen, dass Resilienz die Fähigkeit eines Systems ist, auf Störungen zu reagieren, ohne zu kollabieren.

Wie also müsste ein System für Resilienz aussehen? Gibt es eine »Resilienzformel«, die auf ein generisches Netzwerk anwendbar ist? Augenscheinlich nicht. Doch es sind Fortschritte in diese Richtung zu verzeichnen. Es existieren bereits verschiedene Netzarchitekturen und Strategien, die zu höherer Resilienz führen und qualitativ beschrieben werden können, etwa in der Materialwissenschaft: Auch wenn keine »Formel für Resilienz« vorhanden ist, die auf Festkörper anwendbar wäre, können Wissenschaftler mit empirisch ermittelten Regeln und Sachkenntnis Materialien entwickeln, die getestet und durch empirische Prozesse verbessert werden. Eine allgemeine Regel in der Materialwissenschaft lautet, dass »Diversität Resilienz erzeugt«; Die widerstandsfähigsten Materialien sind tatsächlich Verbundstoffe aus verschiedenen festen Phasen. Diese Verschiedenheit verhindert innerhalb gewisser Grenzen, dass es im Material zu einer Lawine von Störungen durch sich selbst verstärkende Rückkopplungen kommt, die sich in der Regel auf die entsprechenden Knoten auswirken.

Ähnliches gilt für die Resilienz von Sozial- und Wirtschaftssystemen, wobei es sich hier naturgemäß größtenteils um qualitative Rezepte handelt. Zolli und Healy haben in ihrem Buch *Resilience* beispielsweise den folgenden Maßnahmenkatalog vorgelegt, um ein Wirtschafts- oder Sozialsystem resilient zu machen:[317]

- enge Rückkopplungsschleifen,
- dynamische Umstrukturierung,
- eingebaute Gegensteuerungsmechanismen,
- Entkopplung,
- Diversität und Modularität,
- Einfachheit,
- Schwarmverhalten,
- Clusterbildung.

Die Autoren erläutern diese qualitative Liste anhand einer Reihe von Beispielen. Insgesamt kann man sie so zusammenfassen, dass Flexibilität und Diversität die entscheidenden Elemente von Resilienz sind. Eine resiliente Struktur lässt sich bis zu einem bestimmten Punkt verformen und kann danach in ihren ursprünglichen Zustand zurückkehren, indem sie einige ihrer Parameter verändert, ihre Gesamtstruktur aber bewahrt.

In der Kampfkunst entspricht dies dem japanischen Jiu-Jitsu, der nachgebenden Kunst, beziehungsweise seiner jüngeren Form, dem Judo, dem sanften oder flexiblen Weg. In der Landwirtschaft könnte dies die Permakultur sein[318] oder das Konzept der Entkopplung der Städte vom globalisierten Ernährungssystem durch die Bildung kleinerer »Transition Towns«.[319] In Hinblick auf die Wirtschaft könnten wir uns auf den Gedanken E. F. Schumachers, »Small is Beautiful«, zurückbesinnen.[320]

In Zukunft verstehen wir vielleicht Resilienz besser, wenn wir zunächst einmal die Struktur eines Netzes analysieren. So ergab eine aktuelle Untersuchung der allgemeinen Eigenschaften von Netzen,[321] dass Resilienz von drei topologischen Charakteristika bestimmt wird. Demnach weisen *dichte, symmetrische* und *heterogene* Netze die größte Resilienz auf, während *lockerere, asymmetrische* und *homogene* Netze geringe Resilienz zeigen. »Dicht« bedeutet hier, dass es eine Vielzahl von Verbindungen zwischen den Knoten gibt. Der

Begriff »symmetrisch« steht für die wechselseitige Beziehung untereinander und »heterogen« dafür, dass die Knoten Verbindungen in unterschiedlicher Zahl haben (wie in einem skalenfreien Netzwerk). Wie es scheint, bestätigen diese Ergebnisse die qualitative These, dass komplexere (das heißt dichtere, heterogenere und symmetrische) Netzwerke resilienter sind als weniger komplexe. Ein komplexeres Netzwerk bietet den Knoten mehr Wege, miteinander zu kommunizieren und sich gewissermaßen in einer Art und Weise »gegenseitig zu unterstützen«, dass ein Zusammenbruch und eine nachfolgende Aufspaltung vermieden wird. Ein solches System kann einer Reihe von Schäden standhalten und sich gleichzeitig Veränderungen anpassen, während es seine innere Kommunikation und seine inneren Beziehungen aufrechterhält.

Darüber hinaus tun wir gut daran, Warnsignalen Beachtung zu schenken, die auf einen Phasenübergang hinweisen. Ein typisches Merkmal für solche Situationen ist ein Phänomen, das als »kritische Verlangsamung« bezeichnet wird.[322] Demnach erholen sich Systeme, die sich nah am Kipppunkt bzw. kurz vor dem Übergang in einen anderen Zustand befinden, typischerweise langsamer von Störungen. Dieses Muster gilt für viele Bereiche, von der Chemie bis zum Finanzwesen. Dennoch kann es nicht als Instrument für eine Vorhersage betrachtet werden, nur als eine Warnung oder ein Hinweis darauf, dass etwas passieren *kann*.[323]

Und nun? Können wir jetzt allgemein gültige Aussagen treffen? Leider nein! Durch Vermischung verschiedener Feststoffe entsteht nicht immer ein stärkeres Material. Vielleicht stimmt es, dass kleine Unternehmen effizienter sind als große, aber es gilt auch, dass die Wahrscheinlichkeit eines Bankrotts bei kleinen Unternehmen höher ist als bei großen, weil die großen meist mehr Spielraum haben, schlechte Zeiten zu überstehen. Dasselbe trifft auf kriegerische Auseinandersetzungen zu: Flexibilität hilft nicht viel, wenn man mit Pferden gegen Panzer kämpft. Schließlich möchte ich noch auf die Risiken der Abhängigkeit von lokalen Lebensmittelquellen verweisen, die ich im Kapitel über Hungersnöte geschildert habe.

Insgesamt finden wir die wohl besten Beispiele für Resilienz in lebenden Systemen, die im Lauf von Jahrmillionen durch natürliche Selektion optimiert wurden. Derartige Systeme zeigen einen hohen Flexibilitätsgrad und eine große Variationsbreite. Dies gilt besonders für soziale Tierarten, die über die Fähigkeit verfügen, sich neu zu organisieren, Schwärme und Module zu bilden, Gegenmechanismen zu entwickeln und mehr. Auch Menschen waren in alter Zeit zweifellos in der Lage, kleine resiliente Gesellschaften zu errichten, in modernen Zeiten tun wir uns offensichtlich schwer damit. Die Regelmäßigkeit, mit der vom Menschen gemachte Sozial- und Wirtschaftssysteme, seien es Unternehmen oder Imperien, zusammenbrechen, legt den Schluss nahe, dass dies so unumgänglich ist wie die Gesetze der Physik. Aber möglicherweise besteht das Problem des Menschen gar nicht so sehr darin, dass er die positive Bedeutung von Diversität und Flexibilität nur schwer erkennt; gegebenenfalls haben wir eher Probleme damit, die offensichtlichen Erfolgsfaktoren in die Praxis umzusetzen.

Sobald ein Unternehmen oder eine Gesellschaft in Schwierigkeiten gerät, reagieren Manager oder Politiker in der Regel gerade *nicht* damit, die Diversität zu fördern. Unternehmen kürzen die Mittel für Forschung und Entwicklung und kappen alle Produktlinien, die nicht höchste Profite einbringen. Gesellschaften schotten sich gegen Einwanderung ab oder löschen im Extremfall ihre ethnischen Minderheiten aus. Regierungen unterdrücken Widerstand und setzen auf eine einfache, strikte Ideologie. Nichts von alledem stärkt die Resilienz, vielmehr machen solche Maßnahmen das System nur starrer und erhöhen die Gefahr eines abrupten Zusammenbruchs. Nichts kann fataler wirken, als Hebel, die in eine falsche Richtung umgelegt werden.

Imperien haben ihr Ende nicht selten durch falsche Entscheidungen herbeigeführt oder zumindest beschleunigt, wie wir am Beispiel des Römischen Reichs gesehen haben. Ein Gegenbeispiel war das britische Empire, das nicht um jeden Preis an all seinen überseeischen Besitzungen festgehalten hat (wenn auch sicher nicht absolut freiwillig). Die Folge war ein allmählicher und letztlich relativ schmerzloser Niedergang. Eine Mittelstellung nimmt der Zusammenbruch der Sowjetunion ein. Trotz beträchtlicher Turbulenzen und weit verbreiteter Not in der Bevölkerung gelang es ihr zumindest, Kriege zu vermeiden und Strukturen aufrechtzuerhalten, die den einzelnen Mitgliedsländern den Wiederaufbau ihrer Wirtschaft ermöglichten. Bemerkenswert ist, dass die Sowjetregierung keinen Versuch unternahm, die Union mit militärischen Mitteln zusammenzuhalten – und damit letztlich eine größere Katastrophe verhinderte. Dieses Beispiel zeigt uns ein weiteres Charakteristikum von Resilienz: die Akzeptanz des Unvermeidlichen.

Selbst Imperien können also ein gewisses Maß an Resilienz aufweisen und die Seneca-Falle umgehen. Wie steht es aber um das gegenwärtige globale Imperium, das von den USA dominiert wird? Wird es auf sanfte Weise untergehen oder einem abrupten Zusammenbruch unterliegen?

Die Frage lässt sich natürlich nicht sicher beantworten, aber dieses weltumspannende Imperium steht vor denselben Problemen wie einst die alten Imperien, insbesondere trägt die US-Wirtschaft die Last immenser Militärausgaben, ein vielsagendes Zeichen dafür, dass sich das System im Niedergang befindet. Dmitry Orlov hat den Unterschied zwischen den beiden ehemals rivalisierenden Imperien Sowjetunion und USA analysiert und bescheinigt dem US-System weniger Resilienz als der inzwischen kollabierten, ehemaligen Sowjetunion. Allein das Ausmaß der individuellen Motorisierung bedeute für die USA eine immense Gefahr, so Orlov: Eine neue Ölkrise würde die amerikanische Wirtschaft zerbrechen lassen wie ein Stück Glas, das zu Boden fällt.[324] In diesem Fall würde wahrscheinlich auch die amerikanische Lebensweise untergehen und die Ansage von George W. Bush, sie sei nicht verhandelbar, wäre wertlos.

Die Erholung nach einem Kollaps

In den 1990er-Jahren brachen mit den politischen und industriellen Strukturen der Sowjetunion auch die sowjetischen Hochschulen und Forschungsinstitute zusammen. Die Wissenschaftler erhielten kein Gehalt und keine Forschungsgelder mehr. In dem verzweifelten Versuch, auch weiterhin ihre Familien zu ernähren, waren viele von ihnen gezwungen, Jobs als Bankangestellte, Hausmeister oder Verkäufer anzunehmen. Andere wanderten nach Westeuropa oder in die Vereinigten Staaten aus und brachten dort ihre Kompetenzen und ihr Wissen ein. Zu jener Zeit bemühte ich mich selbst um Unterstützung für russische und ukrainische Wissenschaftler durch Fördergelder und Ausrüstung seitens westlicher Institutionen. Es war eine ernüchternde Erfahrung, die mir zeigte, wie fragil und störanfällig die Wissenschaft ist, wie schwierig und kostspielig es ist, eine kompetente Forschergruppe zusammenzustellen, und dass ein solches Team ohne Weiteres in kürzester Zeit wieder aufgelöst werden kann. Bei einer politischen Krise oder einem Zusammenbruch des Finanzsektors kann die intensive Arbeit von Jahrzehnten in wenigen Jahren zunichte gemacht werden.

Glücklicherweise stellten nicht alle sowjetischen Wissenschaftler in der Krise der 1990er-Jahre ihre Forschungsarbeit ein. Viele machten beharrlich weiter und als sich die russische Wirtschaft wieder erholte, konnten sie ihre Forschungsgruppen und ihre Labore wieder aufbauen. Die russische Wissenschaft wurde wieder so leistungsfähig wie zuvor und lieferte wie einst hervorragende Ergebnisse. Doch beinahe eine ganze Wissenschaftlergeneration war verloren gegangen. Trotz der neuen Zuwendungen durch die russische Regierung, trotz einer neuen Generation glänzender und begeisterter junger Wissenschaftler war die Wiedergewinnung verlorenen Bodens eine enorm schwere Aufgabe. In manchen Bereichen hat sich die russische Wissenschaft bis heute nicht vollständig vom Zusammenbruch erholt.

Erholung ist die andere Seite von Resilienz: Ist ein Zusammenbruch unvermeidlich, kann man wenigstens versuchen, aus den Trümmern wieder aufzusteigen. Wie schwer oder einfach dies ist, liegt an der jeweiligen Struktur des Systems. Das Ökosystem der Erde (oder »Gaia») ist nicht nur ein Meister der Resilienz, sondern auch der Erholung von Katastrophen. Es existiert nunmehr seit fast vier Milliarden Jahren und hat alle möglichen Katastrophen – von der Verwandlung der Erde in ein Treibhaus bis zu ihrer fast vollständigen Umhüllung mit einem Eispanzer – über sich ergehen lassen müssen. Es hat Asteroideneinschläge und gewaltige Vulkanausbrüche überlebt, die allem Anschein nach zu den fünf großen Massensterben führten. Bei all dem erlitt Gaia große Verluste und dennoch kam sie immer wieder auf die Beine und konnte ein neues blühendes Ökosystem aufbauen, auch wenn dies mitunter Millionen Jahre dauerte. Aber das ist keine Überraschung. Solange ein Energiepotenzial existiert, das zerstreut werden kann, dürfen wir erwarten, dass dissipative Strukturen entstehen. Eine solche Struktur ist auch ein Ökosystem. Wenn wir in nicht zu ferner Zukunft das sechste Sterben durchlaufen, wissen wir zumindest, dass das Ökosystem wahrscheinlich seine ursprüngliche Vielfalt wiedergewinnen wird, auch wenn dies vielleicht Millionen Jahre dauern und die Spezies Mensch vielleicht nicht mehr dabei sein wird.

In vielen Fällen ist der Mensch für den Kollaps von Ökosystemen verantwortlich, aber kann er vielleicht auch die gegenteilige Rolle übernehmen und dazu beitragen, dass sich ein Ökosystem von einem Zusammenbruch erholt? Zahlreiche Beispiele erfolgreicher Sanierungsprojekte zeigen, dass der Mensch durchaus positiv auf Ökosysteme einwirken kann (wenn auch oftmals erst als Reaktion auf ihre vorherige, aktiv vorangetriebene Überlastung oder Zerstörung).

Durch übermäßigen Nährstoffeintrag geschädigte Gewässer bieten ein gutes Beispiel für gelungene Sanierung. Ein gut untersuchter Fall ist der der Seen im Großraum Berlin/Brandenburg. Durch jahrelange Euthrophierung und Missmanagement waren die Ökosysteme schwer geschädigt.[325] Zu Beginn des 20. Jahrhunderts versuchte man, den Fischertrag aus den Seen zu maximieren, indem man den »Feinden der Fische« wie dem Schwarzstorch und dem Otter massiv zu Leibe rückte. Für jedes einzelne getötete Exemplar dieser Spezies wurde ein Preisgeld festgelegt – und so wurden die Hebel in die falsche Richtung umgestellt. Die Vernichtung eines unliebsamen Räubers war eine häufig ergriffene Maßnahme, an deren Ende man freilich auch immer wieder feststellte, dass die Population der Beutetiere damit außer Kontrolle geriet. Der berühmte amerikanische Wildbiologe Aldo Leopold (1887–1948) berichtete aufgrund seiner Beobachtungen, dass die Auslöschung der Wölfe in den amerikanischen Nationalparks zu einem Desaster für die Rotwildpopulation führte:

> *Ich habe erlebt, wie ein Bundesstaat nach dem anderen seine Wölfe ausrottete. Ich habe das Antlitz vieler seit jüngstem wolfslosen Berge beobachtet und gesehen, dass die südlichen Abhänge überzogen waren mit einem Labyrinth neuer Rotwildspuren. Ich habe gesehen, dass jeder genießbare Busch, jeder Sämling abgefressen war, zunächst bis zur anämischen Leblosigkeit und dann zum Tod. Ich habe gesehen, dass jeder genießbare Baum bis zur Höhe eines Sattelhorns entlaubt war. Ein solcher Berg sieht aus, als hätte jemand Gott eine neue Gartenschere gegeben und Ihm alles andere Tun untersagt. Am Ende erbleichen die Knochen der erhofften Rotwildherde, zu Tode gekommen durch eigene Überzahl, mit dem Gebein der toten Salbeisträucher oder vermodern unter den sich hochreckenden Wacholderbüschen.*[326]

An der Brandenburger Seen endete die Kaskade der Fehlentscheidungen, die wiederum auf vorausgegangene Fehlentwicklungen hin getroffen wurden, erst mit den 1960/70er-Jahren. Damals begann man, gegen die hohen Phosphatkonzentrationen in den Seen vorzugehen. Den Algen wurde die Nahrung entzogen und das Leben kehrte in die Gewässer zurück, wenn auch zunächst mit einigen unerwünschten Rückschlägen. Denn mit dem Verschwinden der Algen verschwanden auch die kleinen Krebse und Insektenlarven, die von den Algen lebten. Das wiederum führte zum Kollaps der Weißfischpopulation, die sich wiederum von den Larven ernährte. Dieser Prozess vollzog sich so rasch, dass die Fischer quasi über Nacht ihrer Beute beraubt wurden. Es dauerte letztlich eine ganze Weile, bis sich das System auf einem neuen Niveau einpendelte, einem Niveau, das heute als normal gilt und wieder eine vielfältige Fischpopulation zeigt. Diese Ereignisse sind in dieser oder ähnlicher Form typisch für die zahlreichen Bemühungen, mithilfe natürlicher und/oder künstlicher Methoden Lebensräume wiederherzustellen, die durch Aktivitäten des Menschen geschädigt wurden.[327] Die Methoden sind meist effektiv, jedoch in der Regel nicht ohne Rückschläge zu haben, was viel Kommunikation unter und viel Verständnis bei allen Beteiligten erfordert.

Wie sieht es aber in Fällen aus, wo es um Sanierungen in größerem Umfang geht? In den USA konnten größere Gewässer erfolgreich saniert werden, etwa die Chesapeake Bay, die Everglades oder das California Bay Delta, um nur einige zu nennen.[328] Bei der Wiederbelebung des fast toten Aralsees in Zentralasien ist man hingegen noch weit von durchschlagenden Erfolgen entfernt.

Eine all die geschilderten Beispiele weit übersteigende Dimension hat der Versuch, den gegenwärtigen Klimawandel rückgängig zu machen oder auch nur einzudämmen. Dabei handelt es sich um eine so große Aufgabe, dass selbst die Bezeichnung »Megaprojekt« nicht angemessen erscheint. Die partielle Entfernung von CO_2 aus der Atmosphäre ist heute Bestandteil der meisten Szenarien für eine Begrenzung der Erderwärmung auf einen Wert unterhalb der als gefährlich erachteten Zwei-Grad-Schwelle. Das aktuell diskutierte Konzept trägt den Namen »Negative Emissionstechnologien« (NET).[329] Oft und konkreter ist auch von »Technologien zur Abscheidung und Speicherung von Kohlendioxid aus Biomasse« (engl. »Bio-Energy with Carbon Capture and Sequestration«, BECCS) die Rede.[330] Die Idee dahinter: Bäume filtern CO_2 aus der Luft, das Holz wird in Energie umgewandelt und das CO_2 aus ihrer Verbrennung wird gespeichert. Die damit verbundenen technischen und ökonomischen Schwierigkeiten sind jedoch geradezu schwindelerregend[331] und wir können nur hoffen, dass wir niemals in die wirklich verzweifelte Situation geraten, dass wir auf solche Notmaßnahmen angewiesen sind.

Die Verfechter eines derart groß gedachten Geoengeneerings haben freilich noch ganz andere Ideen in petto, etwa die Abschirmung der Erde vor Sonnenlicht mittels riesiger Spiegel im Weltraum oder die Freisetzung von Feststoffteilchen in die obere Atmosphäre. Aber wir sollten auf derartige Großexperimente nicht setzen, denn wir wissen nicht, welche Nebeneffekte sie hervorrufen. Fakt ist: Die Wiederherstellung beschädigter Ökosysteme wird mit wachsendem Umfang der Schäden und zunehmender Größe der Systeme immer schwieriger und es gibt eine »Schwelle«, welche die Effektivität des Sanierungsprozesses bestimmt wir tun also gut daran, es nicht so weit kommen zu lassen.

Den wirtschaftlichen Zusammenbruch verhindern

Viele Menschen glauben, die Wurzel aller Sorgen, die uns plagen, seien im Grunde ganz schlicht: die Gier nach Geld mit all ihren Konsequenzen wie Ausbeutung, Zerstörung der Gemeingüter, Ungleichheit und allem anderen Ungemach. All dies sei wiederum die Folge eines einzigen Merkmals: Schulden. Schulden gelten vielen mittlerweile als Hauptquelle allen Übels unserer Zivilisation.[332] Deshalb sehen viele massiven Änderungsbedarf im Umgang mit Geld. Man ist versucht anzunehmen, die einfachste Lösung für unsere Probleme wäre, Geld komplett abzuschaffen. Kein Geld, keine Schulden. Und das würde wahrscheinlich dem Raubbau ein Ende setzen und – vielleicht – den Kollaps abwenden.

Menschen sind die einzige Spezies auf diesem Planeten, die das Werkzeug nutzen, das wir »Geld« nennen, also könnten wir uns ansehen, wie andere Spezies »ohne« auskommen, und uns Anregungen holen. In ihrem Buch *Sex: Die wahre Geschichte*[333] erklären Ryan und Jethá, es sei eine gute Idee, wenn Menschen einen ähnlichen Lebensstil wie Bonobos pflegten. Bei ihnen tauschen Weibchen Futter gegen Sex, eine Strategie, die anscheinend die Aggressivität der Männchen dämpft. Nun mag die Idee vielleicht etwas für sich haben,[334] aber sie scheint angesichts der gegenwärtigen politischen Debatte ein wenig weit hergeholt. Lassen wir also die Bonobos beiseite und betrachten einige derjenigen utopischen Gesellschaften, die über Geld und seinen Sinn nachgedacht haben.

Bereits Platon vertritt in seiner *Politeia* die Ansicht, Geld an sich sei von Übel, obwohl er keineswegs anregt, es abzuschaffen. Einige Jahrhunderte später fand Lucius Annaeus Seneca, es sei keine Schande, Geld zu haben (man beachte, dass er reich war), vorausgesetzt der Reiche hatte sein Vermögen mit ehrbaren Mitteln erworben. Senecas Zeitgenosse Jesus von Nazareth hatte eine etwas differenziertere Meinung zum Thema Geld, trat aber auch nicht für seine Abschaffung ein: dem Matthäusevangelium zufolge verstand er es als Sünde, das Geld, das man hat, nicht auf die Bank zu bringen. Dasselbe gilt für Mohammed, den Propheten des Islam, der in Geld offenbar ebenfalls kein Übel sah, obwohl der Koran Wucher explizit verbietet. Eine konsequente Ablehnung der Idee des Geldes finden wir in der Geschichte erst mit der Entwicklung des europäischen Mönchstums. Im 13. Jahrhundert verdammte Franz von Assisi Geld als »Kot des Teufels« und verbot seinen Anhängern, es zu gebrauchen. Dennoch bewies Geld in der Geschichte erstaunliches Stehvermögen und widersetzte sich hartnäckig allen Angreifern, die es aus dem Verkehr ziehen wollten. Wenn es in unserer Welt ein resilientes Gebilde gibt, dann ist es das Geld – jedenfalls bis in unsere Zeit hinein.

Ein kreativer Ansatz in Sachen Geld stammt von der britischen Geschäftsfrau Solitaire Townsend, die sich als »nackte Umweltschützerin« darstellt. Sie schreibt: »Eine transformative Verschiebung bei sexuellen Signalen weg von materiellen Gütern und hin zu echtem sozialem Status wird unsere Wirtschaft radikal entmaterialisieren. Dies wird den Übergang zu dezentralen, erneuerbaren Energiesystemen ermöglichen und damit den Kollaps der Biosphäre und den irreversiblen Klimawandel verhindern.«[335] Townsends Idee trifft tatsächlich den Kern des Problems. Sie schlägt vor, Geld vom materiellen Wohlstand abzukoppeln und es zu dem zu machen, was möglicherweise seine eigentliche Bedeutung war: ein Maß für das soziale Kapital einer Person. Townsend stellt richtig fest, dass »sexuelle Signale« in unserer Gesellschaft oft mit augenfälligem Konsum verbunden sind. Männer konkurrieren um Prestige und Fortpflanzungserfolg, wobei sie häufig demonstrieren, was sie besitzen oder sich leisten können. Der Schaden, den dieses Streben nach materiellen Dingen (unabhängig davon ob es sich um Männer oder Frauen handelt) für die Gemeinschaft anrichtet, ist besorgniserregend und Townsend schlägt zu Recht vor, anstelle von Prestigeobjekten eine Art »virtuelles Kapital« oder eine »virtuelle Währung« einzuführen, wie man sie in alter Zeit unter Bezeichnungen wie »Ehre«, »Ruf« oder »Weisheit« kannte. Etwas Ähnliches sehen wir in der Forschung, wo wissenschaftliche Arbeiten und nicht etwa Geld bestimmen, wie viel ein Wissenschaftler wert ist[336] (auch wenn der Erfolg auch dieser Arbeiten nicht unwesentlich von der Verfügbarkeit von Geld abhängt). Townsend stellt sich eine Währung vor, die durch heutige soziale Medien zu messen wäre, etwa durch »Likes« bei Facebook. Ob Facebook Erfolg hat, wo der Kommunismus gescheitert ist? Das können wir natürlich nicht sagen, aber es ist zumindest ein interessanter Gedankengang.

Trotz all dieser Ansätze und Ideen ist Geld in seiner herkömmlichen Form nahezu allgegenwärtig. Sogar in die Welt der Phantasie ist es vorgedrungen. In den Universen der Fantasy-Literatur, die von J. R. Tolkien inspiriert wurde, tauschen die Figuren Geld meist in Form von »Goldstücken« aus und in vielen Spielen auf der Basis solcher Universen verfolgen die Teilnehmer das Ziel, Goldstücke anzuhäufen, um sie später gegen »Erfahrungspunkte« zu tauschen, die ihnen größere Macht verleihen und es ermöglichen, noch mehr Goldstücke zu sammeln (ja, viele dieser Spiele beruhen auf einem sich verstärkenden Rückkopplungsmechanismus!). Nur wenige Fantasy- oder Science-Fiction-Autoren haben versucht, künftige Gesellschaften zu schildern, in denen Geld nicht existiert. Zu ihnen zählen die Urheber der ursprünglichen Serie *Raumschiff Enterprise*, in der niemand Geld auch nur erwähnt und folglich auch keiner erfährt, welches Gehalt Captain Kirk oder sein Erster Offizier Spock erhalten. Womöglich hatte die Galaktische Föderation ein kommunistisch orientiertes Wirtschaftssystem? Wir werden es nie erfahren.

Meist wird Geld in der Science-Fiction-Literatur als gegeben vorausgesetzt und es tritt in virtueller Form in Erscheinung. Offenbar sind die Verfasser von Fantasy-Romanen in der Regel Metallisten, während Science-Fiction-Autoren sich auf die Seite des Chartalismus schlagen.

Wenn man Geld schon nicht zum Verschwinden bringen kann – vielleicht ließe es sich dann besser verwalten. Eine Veränderung, die sich heute deutlich abzeichnet, ist die Tendenz, eine Art »Krieg gegen Bargeld« zu führen: die allmähliche Verdrängung von Münzen und Scheinen, die durch Kredit- und EC-Karten oder andere elektronische Systeme ersetzt werden. Überall erlassen Regierungen Gesetze, welche die Bargeldmenge begrenzen, die Bürger besitzen dürfen. Ende 2016 verabschiedete die indische Regierung unter Narendra Modi ein Gesetzespaket, das den Gebrauch der größten Banknote des Landes untersagte, in der viele Menschen, die keinen Zugang zu elektronischen Bankdienstleistungen haben, ihre Ersparnisse anlegten. Das Ergebnis war allgemeines Chaos und es wurde berichtet, dass Menschen Selbstmord begingen, weil sie ihre alten Banknoten nicht gegen neue tauschen konnten. Andere starben in der Warteschlange vor den Banken und Bankautomaten, wo sie Bargeld abheben wollten, an Erschöpfung.

In diesem Krieg hat das Bargeld schlechte Chancen und der Tag, an dem Papiergeld von vielen Regierungen kurzerhand verboten wird, ist womöglich nicht mehr fern. Hier spielen mehrere Faktoren zusammen. Regierungen möchten kontrollieren können, was ihre Bürger tun und vorhaben. Wenn alle wirtschaftlichen Transaktionen aufgezeichnet werden, wächst die Macht der Regierung im Kampf gegen illegale Aktivitäten, aber ebenso ihre Macht gegenüber Gegnern und Kritikern. Bedenken Sie, dass in einer bargeldlosen Gesellschaft die Regierung jeden Bürger und jede Bürgerin von einem Moment auf den anderen zur »Nichtperson« machen kann, indem sie mit einem Schlag seinen oder ihren Kredit sperrt. Sogar in einer demokratischen Gesellschaft ist hier manches möglich: So erließ die italienische Regierung 1992 über Nacht eine Verfügung, die Banken zwang, 0,6 Prozent des Guthabens eines jeden Bürgers einzuziehen und dem Staat zu überweisen. Nennen Sie es legalisierten Raub, wenn Sie wollen, aber alles, was die Bürger damals tun konnten, war zu schwören, dass sie bei der nächsten Wahl ihr Kreuz anderswo machen würden. Und viel mehr könnten Sie vielleicht auch nicht tun, denn in einer bargeldlosen Welt könnte auch Ihre Regierung jederzeit auf Ihr Geld (oder das, was sie für Ihr Geld halten) zugreifen.

Die bargeldlose Welt wird vielleicht schon deshalb kommen, weil sie von zwei Seiten begrüßt wird: von den Banken und von den Bürgern. Banken lieben elektronisches Geld, weil sie sich damit bei jeder durchgeführten Transaktion, wo auch immer sie stattfindet, ein Stück vom Kuchen nehmen können. Auch viele Bürger verzichten gern auf Bargeld, weil sie meinen, sie könnten nun nicht mehr Opfer von Straßenräubern oder Einbrechern werden. Die einzigen, die vielleicht nichts von einer bargeldlosen Gesellschaft halten, sind Taschendiebe, aber in der Praxis ist es unwahrscheinlich, dass der Verzicht auf Bargeld dem Verbrechen ein Ende setzt. Insgesamt aber würde auch eine komplette Virtualisierung der Währung am Grundcharakter des Geldes nichts ändern: dass es als Maß für die Schulden eines jeden dient. Und höchstwahrscheinlich würde eine Umstellung weder die Ungerechtigkeit des gegenwärtigen Systems korrigieren noch den Zusammenbruch des Finanzsystems verhindern.

Versuchen wir uns also lieber an der Verminderung der Ungleichheit. Der einfachste Ansatz dafür wäre, Geld von den Reichen wieder zu den Armen zu verlagern. Eine Möglichkeit, dies zu erreichen, ist Mildtätigkeit. Es handelt sich dabei um eine relativ neue Idee. Zur Zeit Senecas erwartete man von einem guten Menschen, dass er seinen Freunden in der Not half, aber nicht unbedingt dass er Fremde unterstützte. Erst mit der Ausbreitung von Religionen wie Christentum, Islam und Buddhismus wurde die Idee, den Armen Almosen zu geben, populär. Dennoch war es nie leicht, die Reichen davon zu überzeugen, ihr Geld an die Armen zu verteilen (und übrigens geben Menschen umso weniger, je reicher sind, jedenfalls relativ gesehen[337]). Vielleicht entstanden aus diesem Grund im Europa des

18. Jahrhunderts Wohlfahrtsorganisationen; dahinter stand der Wille, den Reichen auf die Sprünge zu helfen und sie zu größeren Spenden zu veranlassen, als sie von sich aus locker gemacht hätten. Es sollte ein Beispiel für tugendhaftes Verhalten gesetzt werden, das zur Nachahmung anregte – eine gute Anwendung des Prinzips der sich verstärkenden Rückkopplung. Heute haben Wohlfahrtsorganisationen erheblichen Einfluss auf die Umverteilung von Reichtum. So wurden in den Vereinigten Staaten 2014 insgesamt Spenden in Höhe von 2,1 Prozent des Bruttoinlandsprodukts gegeben.[338] Es handelt sich hier zweifellos um ein wichtiges Phänomen, aber es wird nicht ausreichen, um den seit Jahrzehnten anhaltenden Trend zu größerer Ungleichheit umzukehren.

Die Besteuerung durch die Regierung ist ein weiterer Faktor, der die Umverteilung von Reichtum fördern sollte, aber es scheint, dass die Idee einer Reichtums- und Vermögenssteuer heutzutage nicht mehr populär ist. Seit der Amtszeit von Ronald Reagan haben die Armen tendenziell Regierungen gewählt, die ihnen ihr Geld nehmen und es den Reichen geben. Ein Triumph für Robin Hood, aber mit umgekehrten Vorzeichen.

Als weiteres, geeignetes Mittel, Reichtum zu beenden und Schulden zu zerstören, gilt die Inflation – aber auch sie scheint ihren Schrecken verloren zu haben. Neuere geldpolitische Maßnahmen wie die »quantitative Lockerung« und das »Helikoptergeld«, also die Ausweitung der Geldmenge durch Geldschöpfung, mögen dem Vorhaben entsprungen sein, Inflation zu schaffen und den Geldverkehr zu forcieren, um eine stagnierende Wirtschaft wiederzubeleben. Aber es hat nicht funktioniert: All das von den Regierungen verteilte Geld floss nicht in die Tasche der Mittelklasse, sondern landete über kurz oder lang in den stetig wachsenden Vermögensbeständen, die von den Superreichen gehortet werden. Alles in allem scheint es trotz jahrhundertelangen Bemühungen unmöglich, das Geld der Reichen auf friedliche Weise an die Armen zu verteilen, sieht man von katastrophalen Zusammenbrüchen, verursacht durch Revolutionen oder Kriege, ab. Solche Ereignisse mögen angesichts von Senecas Aussage über den »raschen Ruin« unausweichlich sein, aber sie haben eben auch sehr viele unangenehme Nebenwirkungen.

Ein anderer geldpolitischer Ansatz setzt sich für das Ende des Chartalismus und die Rückkehr zum Metallismus ein. Häufig wird angeregt, es sei hilfreich, zum Goldstandard oder wenigstens zu einem Silberstandard zurückzukehren, nachdem Präsident Nixon 1971 den Goldstandard offiziell abgeschafft hatte, der einen festen Umtauschkurs der Währung in Banknoten zu Gold garantiert hatte. Damit, so heißt es, würde die Wirtschaft stabilisiert und die wiederkehrenden Finanzkrisen und -zusammenbrüche, die wir in neuerer Zeit erlebt haben, ließen sich vermeiden.

Diese Idee ist mit Vorsicht zu genießen. Vor allem ist zu bedenken, dass der Goldstandard schon lange vor 1971 nur noch theoretisch galt; schon 1933 hatte Präsident Roosevelt den Privatbesitz an Gold auf ganz geringe Mengen beschränkt. Richtig ist, dass Gold als Wertaufbewahrungsmittel eine große Faszination ausübt und manche Menschen im Keller Goldmünzen als Notgroschen für schlechte Zeiten aufbewahren. Aber auch das ist riskant; physisches Gold kann gestohlen oder von Regierungen konfisziert werden. (Und bitte bedenken Sie dabei auch, dass die moderne Werkstoffwissenschaft Mittel und Wege gefunden hat, aus Wolfram falsche Goldbarren herzustellen, die kaum von echten zu unterscheiden sind.) Jedenfalls halten die meisten Wirtschaftswissenschaftler die Rückkehr zu einer Goldwährung für kaum durchführbar. Dennoch hat Donald Trump im Wahlkampf des Jahres 2016 versprochen, den Goldstandard wieder einzuführen. Ob er sein Versprechen halten wird, ist fraglich, und ob es ihm damit gelingen würde, Amerika »great again« zu machen, steht ebenfalls in den Sternen.

Eine andere Spielart des Metallismus sieht vor, Geld an eine physische Ware zu knüpfen, die nicht unbedingt ein Metall sein muss. Die Idee reicht in die Zeit zurück, als Geld in Form von Muscheln, Ochsen, Salz, Tee, Pfeffer, Reis und anderen Stoffen im Umlauf war. In neuerer Zeit wurde vorgeschlagen, die Währung an eine Ware zu binden, die das Funktionieren der Gesellschaft ermöglicht: Energie.

Zu den Urhebern dieses Vorschlags gehören die »Technokraten«, eine Bewegung, die in den 1930er-Jahren vor allem, aber nicht nur in den Vereinigten Staaten populär war.[339] Hinter dem »Warengeld« steht die Vorstellung, dass durch die Verknüpfung an etwas »Reales« Phänomene wie Inflation vermieden und das Problem der Schulden eingedämmt werden könnte. Ob das tatsächlich funktioniert, ist schwer zu beurteilen; selbst in alter Zeit war die Idee des Warengelds eher theoretisch. Obwohl das Geld an eine bestimmte physische Ware gebunden war, ließen sich die Menschen damals nicht davon abhalten, sich auf raffinierte Finanzgeschäfte einzulassen und im Handel Summen einzusetzen, die sie nicht besaßen, und damit einen Zahlungsausfall zu riskieren. Beunruhigend ist bei dieser Idee auch, dass Geld aller Art gern gehortet wird. Das richtet wenig Schaden an, solange es rein virtuell ist oder in Form einer Ware vorliegt, die wie Gold keinen anderen Nutzen besitzt, als im Tresorraum einer Bank zu liegen. Man stelle sich aber vor, dass Geld mit etwas Essbarem verknüpft wird, zum Beispiel einem Getreide wie Reis. Dann würde Dagobert Duck, der in seinem Geld badet, ziemlich bösartige Züge bekommen, wenn sein Speicher mit Getreide gefüllt wäre und die Menschen draußen verhungern.

Eine andere Idee, die in unserer Gesellschaft kursiert, ist die der »Regionalwährung«. Hierbei wird eine Währung geschaffen, die nur in einem bestimmten Gebiet gilt. Damit wird angestrebt, das Lokalgeld vom nationalen und internationalen Währungssystem zu entkoppeln und es den Menschen zu ermöglichen, der Schuldenfalle der regulären Währung zu entkommen. Regionalwährungen erfreuen sich tatsächlich wachsender Beliebtheit, aber ihre Verbreitung ist zu gering, als dass sie in ihrer Summe schon signifikante Auswirkungen auf die Weltwirtschaft gezeitigt hätten.

Welche Mittel bleiben uns also, um die Zusammenbrüche und die Ungerechtigkeit zu vermeiden, die mit der Akkumulation von Geld einhergehen? Vielleicht nur eines: Wir könnten auf die Idee zurückgreifen, die bereits in ältester Zeit existierte – die periodische Annullierung sämtlicher Schulden und Kredite. In seiner ältesten

Version trug der Schuldenerlass den sumerischen Namen »Amargi« oder »Ama-gi«, was wörtlich »Rückkehr zur Mutter« *(ama)* heißt. Auch in der Bibel ist Schuldentilgung ein Thema (Deuteronomium 15.1) und es wird alle sieben Jahre ein Erlassjahr vorgeschrieben. Sollten wir uns von den alten Gebräuchen Anregung dafür holen, unsere modernen Probleme zu lösen? Vielleicht wäre es eine gute Idee. Vielleicht ließen sich so die periodischen Zusammenbrüche des Finanzsystems vermeiden, die wir heute erleben und die mit so viel Leid einhergehen. Indes sieht es nicht danach aus, als hätte diese Idee im gegenwärtigen politischen und ideologischen Klima eine Chance.

Daher wird uns das Geld noch lange Zeit erhalten bleiben, weil es das Rückgrat des vernetzten Systems ist, das wir »Zivilisation« nennen. Wir können nur hoffen, dass wir lernen, ein wenig besser damit umzugehen, aber wir dürfen nicht erwarten, dass es zu einem Werkzeug wird, mit dem wir die Übernutzung und Zerstörung der Ressourcen, die wir zum Leben brauchen, beenden könnten.

Kapitel 12

Den Kollaps nutzen

In all deinen Schlachten zu kämpfen und zu siegen ist nicht die größte Leistung. Die größte Leistung besteht darin, den Widerstand des Feindes ohne einen Kampf zu brechen.

Sunzi (ca. 544–496 v. Chr.), *Die Kunst des Krieges*

Zusammenbruch des Feindes

Der chinesische Stratege und Philosoph Sunzi schrieb in seinem Werk *Die Kunst des Krieges* (5. Jahrhundert v. Chr.): »Jede Kriegsführung gründet auf Täuschung.« Ich möchte diesen Satz so paraphrasieren: »Jede Kriegsführung gründet auf Rückkopplung.« Kriege und Schlachten sind letztlich vor allem eine Frage der Rückkopplung zwischen den Beteiligten. Armeen führen Manöver aus, stoßen zusammen, ziehen sich zurück oder rücken vor, aber das Endergebnis ist immer das gleiche: Der Kampf endet, sobald sich die Rückkopplungen so akkumulieren, dass eine Seite, unfähig die Kampfhandlung länger fotzuführen, zusammenbricht. Eine spezielle Form des militärischen Kollaps ist der Alptraum aller Generäle der Geschichte – der Zusammenbruch ihrer Truppen infolge eines sich verstärkenden Rückkopplungseffekts: Ein Soldat ergreift die Flucht, andere sehen ihn fliehen und schließen sich ihm an, und bald räumt die gesamte Armee das Schlachtfeld. Auch das ist eine Art Seneca-Kollaps, ein kollektives Phänomen, das durch die vernetzte Struktur der Armee möglich wird.

Was des einen Alptraum, ist der Traum des anderen. Um noch einmal Sunzi zu zitieren: »Die größte Leistung besteht darin, den

Widerstand des Feindes ohne Kampf zu brechen.« Ein Weg, der zu diesem Ergebnis führt, besteht darin, den Zusammenbruch des Feindes herbeizuführen, indem man die typischen Rückkopplungen komplexer Systeme so nutzt, dass sich der Feind seine Niederlage selbst zufügt. Wenn eine Armee mittels der Shock-and-Awe-Strategie (modern gesprochen) Furcht und Schrecken verbreitet, kann es sein, dass der Feind mürbe wird und flieht. Dies ist ein Beispiel für einen »Zusammenbruch des Feindes«, der in Krieg und Wirtschaft höchst wünschenswert erscheint – solange er den Gegner trifft.

In der Militärwissenschaft erfolgt der Zusammenbruch oft durch die Zerstörung des feindlichen Führungssystems. Sie soll dafür sorgen, dass das gesamte Verteidigungssystem des Feindes zerfällt und seine Tätigkeit einstellt. Die Idee ist nicht neu, sie findet in den uralten Schach-Regeln Ausdruck, die dafür sorgen, dass das Spiel durch Schachmatt des feindlichen Königs entschieden wird. Der Gedanke, dass man den Feind durch Tötung einer einzigen Person an der Spitze besiegen kann, ist auch in der wirklichen Welt relevant. Ein historischer Fall ist der des *condottiero* Malatesta Baglioni. Er war Anführer des Söldnerheers, das von der Republik Florenz angeheuert worden war, um die Stadt in einem Krieg (1526–1530) gegen die kaiserliche Armee Karls V. zu verteidigen, bei dem das Spanische Reich einem Staatenbündnis unter der Führung Frankreichs gegenüberstand. Als Florenz 1530 belagert wurde, wechselte Baglioni die Seiten und führte seine Leute zum Angriff auf die Stadt. Für Florenz, das kapitulieren musste, kam der militärische Zusammenbruch rasch und bis heute betrachten die Florentiner Baglioni als Verräter. Aber man könnte auch sagen, dass seine Entscheidung der Stadt all die Schäden ersparte, die eine lange Belagerung verursacht hätte. Wenn wir heute noch die alten Gebäude und die Kunstschätze in den Museen von Florenz bewundern können, ist das gewissermaßen das Verdienst von Malatesta Baglioni.

In neuerer Zeit mögen die deutschen Offiziere, die 1944 den Anschlag auf Hitler planten, erwogen haben, dass die Eliminierung dieses einen Mannes den Krieg beenden würde. Sie sind gescheitert, also bleibt ungewiss, welche Folgen es gehabt hätte, wäre Hitler an jenem Tag umgekommen. Aber bedenkt man die ideologische Indoktrination der Deutschen von damals, ist es durchaus denkbar, dass sie weitergekämpft hätten. Das Verhalten komplexer Systeme ist immer schwer vorherzusagen.

Dank moderner Propagandatechniken ist die Kontrolle über eine Armee nicht mehr nur eine Frage des Geldes. Heute kämpfen Soldaten nicht selten angetrieben von ideologischen oder patriotischen Überzeugungen, wie es für die Söldner des Malatesta Baglioni nur schwer vorstellbar gewesen wäre. Deshalb ist es schwierig geworden, einen Krieg zu beenden, wenn er einmal angefangen hat, auch wenn sich das Ergebnis bereits deutlich abzeichnet. Ein gutes Beispiel dafür ist der verbissene Widerstand der Japaner gegen die überwältigende Übermacht ihrer Gegner im Zweiten Weltkrieg. In ihrem verzweifelten und sinnlosen Kampf setzten sie auch Kamikaze-Piloten ein – was zuvor noch keine moderne Militärmacht getan hatte. Aber nur der Wechsel ist beständig und der roboterartige Mut menschlicher Soldaten könnte an Bedeutung verlieren, angesichts der Entwicklung unbemannter militärischer Systeme (Robotic Fighting Systems).

Die teilweise oder umfassende Automatisierung von Streitkräften läuft unter der Bezeichnung »netzwerkzentrierte Kriegsführung« (Network-Centric Warfare); manchmal spricht man auch von Effects-Based Operations.[340] In solchen Systemen sind alle Elemente des Kampfsystems in einem eng gestrickten Netzwerk miteinander verknüpft, in dem jedes Element kontinuierlich mit allen anderen interagiert. Ein solches Kontrollsystem soll die Kampfeffizienz der gesamten, an einer Militäroperation beteiligten Streitmacht verbessern und sie in eine einzige Waffe verwandeln. Das tut es wahrscheinlich auch, aber es könnte auch kontraproduktiv sein. Wie immer ist Krieg eine Frage der Führung. Wenn die netzwerkzentrierte Kriegsführung aus einer Armee eine einzige Waffe macht, wer kontrolliert dann diese Waffe? Wenn ein einziges zentrales Kontrollsystem existiert, ist das ganze System durch einen Angriff auf die Einsatzzentrale gefährdet, der die Kampfeinheiten wie nutzlose Schachfiguren auf dem Brett zurücklässt, nachdem der König schachmatt ist.

Noch verwundbarer in Führungsfragen ist der »Cyberwarfare«, eine rein virtuelle Form der Kriegsführung, die direkt auf das elektronische Kontrollsystem des Feindes zielt. Ein Beispiel dafür ist der Virus »Stuxnet«, der 2009 gegen die Kontrollsysteme der Urananreicherungsanlagen des Iran eingesetzt wurde. Offenbar richtete er verheerende Schäden an, aber wenn Computerviren als Waffe benutzt werden, stellt sich dasselbe Problem wie bei biologischen Waffen: Sie beruhen auf sich verstärkenden Rückkopplungseffekten und sind praktisch nicht zu kontrollieren. Es heißt, Stuxnet sei so programmiert gewesen, dass er sich nach einer bestimmten Zeit löscht (was bei biologischen Waffen schwer möglich ist), damit er nicht auf befreundete Ziele übergreift. Dennoch hat ein komplizierter Softwarecode stets unberechenbare Eigenschaften und kann selbst seine Urheber überraschen. Das ist übrigens einer der Gründe, der zum Abbruch der »Strategic Defense Initiative« (SDI) führte, die 1983 von Präsident Reagan angeregt wurde. Eines der Hauptprobleme war, dass die Software zur Steuerung des gesamten Systems so kompliziert gewesen wäre, dass niemand ihre Zuverlässigkeit hätte garantieren können.[341] Es ist schon ein Wunder, dass bisher mit den Systemen, die die vorhandenen Atomwaffen in verschiedenen Ländern kontrollieren, nichts schief gegangen ist. Wir können nur hoffen, dass auch künftig keines dieser Systeme von einem Computervirus befallen wird. Die Zuverlässigkeit von Softwaresystemen stellt bei der Automatisierung von Waffen aller Art ein ernstes Problem dar, weil sie für Kontrollverlust und zufällig ausgelöste Kampfhandlungen anfällig sind, manchmal mit tödlichen Folgen für die Menschen, die diese Waffen bedienen und einsetzen sollen.

All diese modernen Ideen stehen in der Tradition der klassischen Kriegsführung, die darauf zielt, die militärischen Kapazitäten des Feindes direkt oder indirekt zu zerstören. Aber vielleicht macht die Möglichkeit, die Kontrolle über ein Netzwerk zu übernehmen, das Konzept der Kriegsführung an sich obsolet. Shock-and-Awe-Operationen richten sich vermehrt gegen die Zivilbevölkerung statt gegen die Streitmächte eines Landes. Eine solche Strategie erinnert an die Theorien des italienischen Offiziers Giulio Douhet, der in seinem Buch *Luftherrschaft (Il dominio dell'aria)* von 1921 vorschlug, die konventionelle Kriegsführung aufzugeben und die Kriegsanstrengungen stattdessen auf Luftbombardements zu konzentrieren, um die Bevölkerung des feindlichen Landes auszulöschen. Douhet stufte diese Strategie als »humaner« ein, weil das bombardierte Land sich ergeben würde, ehe es zuließe, dass seine gesamte Bevölkerung getötet wird. Wie fragwürdig eine solche Strategie ist, hat der Zweite Weltkrieg gezeigt, als sich beide Seiten anstrengten, die Zivilbevölkerung des Gegners zu vernichten. Anscheinend konnte sich Douhet nicht vorstellen, dass alle Kriegsparteien auf seine irrsinnige Strategie zurückgreifen würden.

Für die Zukunft kann man nur hoffen, dass Flächenbombardierungen ziviler Siedlungen im Stil Douhets keine Rolle mehr spielen (obwohl die Alternativen nicht besser sind). Die Militärs (zumindest die der westlichen Welt) setzen in ihren Planspielen vermehrt auf das Konzept des »Hybridkriegs«. Diese Form der Kriegsführung wurzelt im Konzept der Systemsteuerung und verzichtet ganz oder zu großen Teilen auf konventionelle Kampfhandlungen. Vielmehr bedient sie sich »psychologischer Operationen« (»Psyops«) und verschiedener verwandter Methoden wie Terrorismus, Attentate, False flag operations (Operationen unter falscher Flagge) und weiterer finsterer Dinge. Sie alle zielen darauf, das feindliche Land von innen zu zersetzen und so die Kontrolle zu gewinnen, wobei die konventionelle Kriegsführung auf ein Minimum reduziert wird oder sogar ganz entfällt. Hybridkrieg und Psyops sind kontroverse Konzepte, von denen zuweilen behauptet wird, es gebe sie gar nicht oder sie würden jeweils nur von der Gegenseite eingesetzt. Nichtsdestotrotz ist die psychologische Kriegsführung auf die eine oder andere Weise real[342] und Hybridkriege werden künftig wohl weitaus stärkere Verbreitung finden. Je mehr wir über das Verhalten komplexer Systeme lernen, desto eher finden wir Mittel und

Wege, sie zu kontrollieren – wenn auch nicht immer für einen guten Zweck.

Eine Spielart des Hybridkriegs ist der Wirtschaftskrieg, der auf der althergebrachten Strategie »Du sollst deinen Feind zum Bettler machen« beruht. Wie alle Kriege haben auch Wirtschaftskriege negative Folgen für beide Seiten, es sei denn, die Kräfteverhältnisse sind stark asymmetrisch verteilt. Ein Beispiel für derart ungleiche Verhältnisse sind die nach dem ersten Golfkrieg von 1991 gegen den Irak verhängten Sanktionen. Einer der interessantesten, womöglich durch einen Wirtschaftskrieg hervorgerufene Kollaps ist der Zusammenbruch der Sowjetunion im Jahr 1991, ein Ereignis, das zahlreiche widersprüchliche Interpretationen hervorrief. Einer Verschwörungstheorie zufolge haben die britische Premierministerin Thatcher und der amerikanische Präsident Reagan den damaligen König von Saudi-Arabien, Fahd bin Abdulaziz, persönlich dazu überredet, den Weltmarkt mit Erdöl zu fluten, um damit die Ölpreise zu drücken und der sowjetischen Wirtschaft den Todesstoß zu versetzen. Es mag durchaus sein, dass es sich hier nur um eine Legende handelt; stichhaltige Beweise dafür gibt es jedenfalls nicht. In den 1980er-Jahren verharrte die Erdölförderung der Saudis auf einem niedrigen Niveau; sie zog erst Anfang der 1990er-Jahre an, als die Sowjetunion bereits in den letzten Zügen lag. Richtig ist, dass die Ölpreise Mitte der 1980er-Jahre einbrachen, was aber vor allem darauf zurückzuführen war, dass etwa in der Nordsee neue Felder erschlossen wurden. Richtig ist auch, dass der Preisverfall dem Wirtschaftssystem der Sowjetunion enorm geschadet hat, das auf Einnahmen aus dem Ölexport angewiesen war und in Afghanistan einen kostspieligen Krieg führte. Aber Saudi-Arabien schaltete sich spät ein und trug allenfalls einen kleinen Teil dazu bei, dass die Sowjetunion letztlich zusammenbrach. Es bedarf also keiner Verschwörungstheorien, um den Fall der Sowjetunion zu erklären – er war sogar lange, bevor es dazu kam, vorhergesagt worden, und zwar von sowjetischen Forschern.

Dennis Meadows, einer der Hauptautoren der *Grenzen des Wachstums* von 1972, berichtet, sowjetische Wissenschaftler hätten dieselben Methoden verwendet, um die Wirtschaft der Sowjetunion zu studieren,[343] und dadurch herausgefunden, dass das System bald zusammenbrechen werde. Meadows zufolge suchte Wiktor Gelowani, der Leiter der Wissenschaftlergruppe, die Führung des Landes auf und sagte: »Meine Vorhersage zeigt, dass Sie keine andere Möglichkeit haben. Sie müssen Ihre Politik ändern«, worauf der adressierte Politiker erwiderte: »Doch, wir haben eine andere Möglichkeit: Sie können Ihre Vorhersage ändern.« (Meadows' Anekdote wird übrigens von Eglė Rindzevičiūtė bestätigt und ist in einem hervorragenden Artikel nachzulesen.[344])

Wo aber befindet sich die globale Gesellschaft heute? Gibt es wirklich eine Tendenz zu immer weniger Gewalt in der Menschheitsgeschichte, wie Steven Pinker es in seinem Buch *Gewalt: Eine neue Geschichte der Menschheit* (2011) ausführt?[345] Zutreffend ist, dass in den meisten westlichen Gesellschaften in den vergangenen Jahrzehnten die Kriminalitätsraten stetig gesunken sind. In einer modernen Gesellschaft gibt es mittlerweile offensichtlich viele Wege der Konfliktbeilegung, nicht zuletzt ein komplexes Rechtssystem, das den Bürgerinnen und Bürgern weitestmögliche Sicherheit bietet. Staaten kommunizieren miteinander und haben so das in ihnen schlummernde Gewaltpotenzial deutlich gesenkt. Im Kalten Krieg blieben die Kommunikationskanäle zwischen West und Ost stets offen und vielleicht konnte aus diesem Grund der Atomkrieg vermieden werden. Solange man wenigstens teilweise wusste, was die anderen taten, fühlte sich keine Seite so stark bedroht, dass ein Präventivschlag unumgänglich schien.

Natürlich erlebt die Welt nach wie vor entsetzliche Gewaltausbrüche in verschiedenster Form, darunter jene, die wir als »Terrorismus« bezeichnen. Kommunikation mag die Gewalt eindämmen, Tatsache ist aber auch, dass es Bereiche der globalen Gesellschaft gibt, die aus sprachlichen, kulturellen und ideologischen Gründen nicht miteinander kommunizieren. Weil sie nicht ausreichend miteinander vernetzt sind, können sie dies nur auf die einfachste und brutalste Weise – durch Gewalt.

Es ist wichtig, diese Tendenz vor dem Hintergrund schwindender Ressourcen zu sehen, mit dem die Gesellschaft heute zu tun hat. In einem Worst-Case-Szenario kann der Mangel an Ressourcen die Kommunikation schwieriger gestalten und Teilbereiche der globalen Gesellschaft veranlassen, um das zu kämpfen, was noch übrig ist. Gegenwärtig kann man nicht beurteilen, in welche Richtung sich der Trend in naher Zukunft entwickeln wird. Aber es steht zu befürchten, dass neue Knappheiten zu einer erneuten Gewalteskalation führen, die durchaus in einem weiteren Seneca-Kollaps enden kann.

Kreativ kollabieren

Kollaps ist eine Eigenschaft und kein Defekt des Systems. Er ist das Werkzeug, das vom Universum genutzt wird, um das Alte zu beseitigen und Platz für Neues zu schaffen. Zusammenbrüche finden einfach statt und in manchen Situationen kann es hilfreich sein, sie zu befördern oder zuzulassen. Der gesteuerte Zusammenbruch einer überholten Struktur kann den Wandel erleichtern, der ohnehin unvermeidbar ist.

Manche Ökosysteme sind geradezu auf Katastrophen angewiesen, etwa die borealen Nadelwälder. Hier wirken regelmäßige Waldbrände als kreative Zerstörer, indem sie die Nährstoffe, die in der toten wie lebenden Biomasse gespeichert sind, schlagartig mineralisieren und damit verfügbar machen. In der Forstwirtschaft bedient man sich oft des Konzepts des »Gegenfeuers« – mehrere kleine, künstlich gelegte Feuer – um die Ausbreitung eines Flächenbrands einzudämmen.[346]

Auf die Steuerung komplexer Sozial- und Wirtschaftssysteme angewandt, ist es tatsächlich eine Überlegung wert, den Kollaps von Strukturen, die obsolet und gegen Veränderung resistent geworden sind, gezielt herbeizuführen. Derartige Strukturen begegnen uns überall und wir kennen sie bereits aus der Geschichte – erinnern wir uns, dass Joseph Tainter die Langlebigkeit obsoleter Strukturen als Hauptursache für den Zusammenbruch von Imperien wie dem Römischen Reich sieht. Offenbar meinten schon damals viele Menschen, der eigene Lebensstil sei nicht verhandelbar, und so standen Alternativen oder gar ein kreativer Kollaps nicht wirklich zur Debatte – obwohl Galla Placidia (392–450), die erste und einzige römische Kaiserin, wirklich Gesetze erließ, die den Fall des Weströmischen Reichs beschleunigten.[347] Ob sie das in heller Voraussicht tat, können wir heute nicht mehr beurteilen; jedenfalls ist es ein bemerkenswerter Fall, weil er für Herrscher absolut untypisch ist.

Unser heutiges Imperium, das wir mit Fug und Recht als »Fossilimperium« bezeichnen können, steht ebenfalls an einem Scheideweg, denn die fossilen Brennstoffe haben ihr Verbrauchsdatum deutlich überschritten, auch wenn wir es nicht wahrhaben wollen. Dabei ist die Gefahr, die uns heute droht, weitaus gravierender und der Handlungsdruck geradezu lebensnotwendig. (Das Römische Reich musste sich nur von einem teuren Hof verabschieden, von aufgeblasenen Menschen, die sich in Purpur kleideten und sich als von Gott auserwählte Weltherrscher ausgaben.) Uns kann es ungleich teurer zu stehen kommen: Wenn wir die fossilen Brennstoffe nicht im Boden lassen, könnte das Ende der Zivilisation, wie wir sie kennen, nahe sein – und vielleicht auch das Ende des Menschen als Spezies. Die Dringlichkeit dieses Problems ist bislang noch nicht in ausreichendem Maße in das Bewusstsein unserer imperialen Herrscher vorgedrungen; dabei wäre nichts Geringeres als ein Seneca-Kollaps der Fossilindustrie heute fast schon ein Segen. Es hat Jahrhunderte gedauert, bis die fossilen Brennstoffe das heutige Produktionsniveau erreichten. Und es muss noch vor dem Ende des Jahrhunderts, womöglich bereits 2050 auf nahezu null gesunken sein.

Wahrscheinlich wird es zum Kollaps der Produktion fossiler Brennstoffe kommen, ob wir es wollen oder nicht. Selbst wenn Regierungen und Institutionen nichts unternehmen, um die Treibhausgasemissionen zu senken, wird die Fossilindustrie voraussichtlich wegen steigender Produktionskosten und stagnierender Märkte kollabieren. Dieser Prozess hat bereits begonnen, aber wenn er wirklich Fahrt aufgenommen haben wird, werden seine Ausmaße gewaltig sein: Der Kollaps würde Milliarden Menschen in aller Welt betreffen –

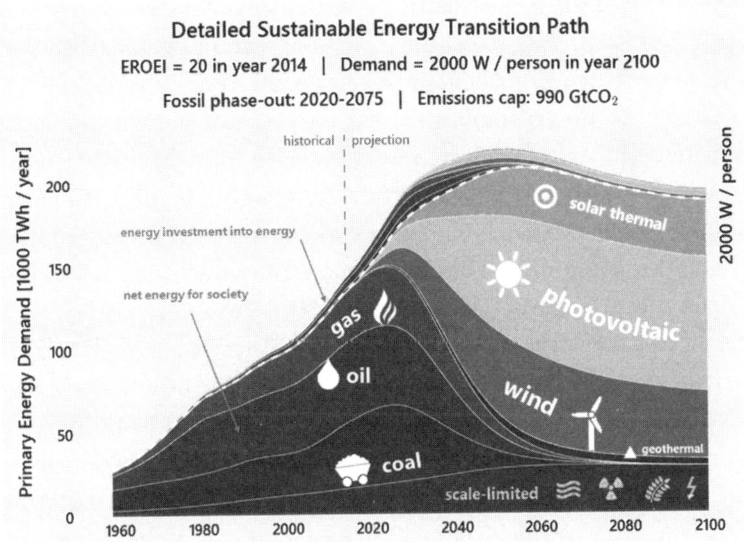

Abbildung 30 Die Ergebnisse der Modellrechnungen zum »Weg des Sämanns«, wie von Sgouridis, Csala und Bardi vorgelegt. Ein kontrollierter Kollaps der Fossilindustrie, deren Energiedienstleistungen durch erneuerbare Energien ersetzt werden.[348]

mit verheerenden Folgen, denn wir alle sind für die Erzeugung und den Transport von Lebensmitteln massiv auf Energiedienstleistungen angewiesen.

Was ist in dieser Situation zu tun? Wäre ein stilvoller Abgang der Fossilindustrie denkbar, ein eleganter Abgang, der einer nicht allzu steilen Seneca-Klippe folgt? Im Prinzip, ja. Die Studie, die ich 2016 mit meinen Kollegen Sgouris Sgouridis und Denes Csala[349] veröffentlichte, wurde durch eine Strategie angeregt, die den Landwirten der Vergangenheit wohlbekannt war: Man muss etwas von der Ernte für das nächste Jahr aufheben. Anders ausgedrückt, der Bauer darf sein Saatgut nicht essen. Wir haben diese Strategie »den Weg des Sämanns« genannt und legen in unserer Studie quantitative Berechnungen vor, die zeigen, wie viel Energie wir aus den verbleibenden fossilen Reserven entnehmen müssen, um die Infrastruktur für die erneuerbaren Energien aufzubauen, die reibungslos die gegenwärtige fossilbasierte Infrastruktur ersetzen kann. Wir berücksichtigen natürlich auch, dass dabei die Emissionen stark begrenzt werden müssen, um den Klimakollaps zu vermeiden. Wenn uns das gelingt, wird es »nur« die Fossilindustrie sein, die zusammenbricht, und nicht der Rest der Welt. Die Berechnungen zeigen, dass dies möglich ist; beachten Sie, wie die globale Produktion fossiler Brennstoffe einen klaren Seneca-Kollaps durchläuft, die Gesamtenergieproduktion aber weiterhin zunimmt, um die Bedürfnisse einer wachsenden Weltbevölkerung zu decken (siehe Abbildung 30, S. 269).

Sie müssen zugeben: eine hübsche Idee. Aber sie hat einen Schönheitsfehler – sie ist teuer. Das Hauptproblem für ihre Realisierung sind nicht so sehr die Gesamtkosten; es ist eher die Notwenigkeit, dass wir *jetzt* anfangen müssen, dafür zu zahlen. Die Energiemenge, die aufgebracht werden muss, um eine neue Energieinfrastruktur zu schaffen, muss um den Faktor 50 steigen, und zwar *jetzt*. Und das ist wenig wahrscheinlich angesichts einer gegenwärtigen Debatte, die von Meinungsmachern geführt wird, die das Potenzial der erneuerbaren Energien noch nicht erkannt haben. Dennoch, wir haben kaum andere Optionen, wenn wir den Klimakollaps vermeiden und die Weltbevölkerung mit einem Minimum an Energie versorgen wollen.

Die Hebel richtig umlegen

Kurt Vonnegut (1922–2007) war kein Wissenschaftler, aber mit seinem Roman *Galapagos* von 1985 stieß er auf einen fundamentalen Punkt im Management komplexer Systeme. Der Roman erzählt die Geschichte einiger Menschen, die auf einer entlegenen Insel Schiffbruch erleiden. Ihr Überleben wird von einer Quelle gesichert, die einem Vulkankrater entspringt, der wie eine riesige Badewanne funktioniert: Das Regenwasser sammelt sich und fließt über ein kleines Becken ab. Die Romanfiguren haben das Glück, dass dieses Becken gerade groß genug ist, um ihren Wasserbedarf zu decken, ohne dass dabei der Krater leer läuft. Ob Vonnegut wusste, dass Badewannen in der Systemdynamik als Beispiel für ein Fließgleichgewicht dienen?[350]

Ich weiß es nicht. Aber er ist über einen Sachverhalt gestolpert, der zwar banal ist, aber der doch von den meisten Menschen nicht verstanden wird: Es gibt Probleme, die sich verschlimmern, wenn wir versuchen, sie zu beheben. Vonnegut schreibt:

> *Der Krater war ein riesiges Becken, in dem sich Regenwasser sammelte, durch eine mächtige Schicht aus vulkanischem Schutt vor der Sonne geschützt. Stetig tröpfelte aus dem Becken Wasser, das die Quelle speiste. Der Kapitän, dem so viel Zeit zur Verfügung stand, hatte aber keine Möglichkeit, den Zufluss der Quelle zu verbessern. Das Wasser rieselte bereits zufriedenstellend aus einer Kluft in der Lava und wurde zehn Zentimeter darunter von einem natürlichen Bassin aufgefangen … Hätte der Kapitän vernünftiges Werkzeug zur Hand gehabt, etwa Brecheisen und Pickel und Schaufeln, dann hätte er sicher Mittel und Wege gefunden, im Namen des Fortschritts die Quelle zu verstopfen oder dafür zu sorgen, dass sie den gesamten Inhalt des Kraters in ein bis zwei Wochen ausspuckt.*[351]

Das »Problem der Quelle« auf der fiktionalen Insel in Vonneguts Roman ist das ideale Beispiel für die Misswirtschaft, die wir mit komplexen Systemen betreiben. Man denke an einen ähnlich gelagerten, bereits mehrfach thematisierten größeren Fall: Rohöl. Wir verfügen über einen großen »Krater«, der die Ressource enthält, die wir nutzen: Öl. Im Unterschied zu dem von Vonnegut beschriebenen Fall wird unser Krater nicht wieder aufgefüllt und aus dem Hahn tröpfelt ein immer dünner werdendes Rinnsal. Zu einem Zeitpunkt ungefähr vor zehn Jahren dachten einige, die Rohölquelle gebe nicht genug Öl ab. In aller Eile wurde tiefer, schneller, innovativer gebohrt und es kam zu der kurzlebigen »Schieferöl-Revolution«. Niemand schien bedacht zu haben, dass Öl umso schneller zur Neige geht, je schneller man es extrahiert. Die Folge des Irrsinns der 2000er-Jahre war die Ölschwemme, die zum Kollaps der Ölpreise im Jahr 2014 führte und die Ölindustrie beinah zerstörte. Und uns wird dieser kurzzeitige Überfluss auch noch teuer zu stehen kommen, wenn die noch einige Jahre lang sprudelnden Quellen in nicht allzu ferner Zukunft versiegen.

Der Fall des Schieferöls illustriert geradezu perfekt, was die Begründer der Systemdynamik meinten, wenn sie davon sprachen, dass »Hebel falsch umgelegt werden«. Diese Formulierung geht auf Jay Forrester zurück, dem geistigen Vater des Forschungsgebiets, der in komplexen Systemen »Hebelpunkte« verortete. Donella Meadows[352] hat seine Sicht darauf einmal wie folgt beschrieben:

> *»Wer seine Ausbildung bei dem großen Jay Forrester am MIT durchlaufen hat, kennt diese Lieblingsgeschichte von ihm. ›Menschen wissen intuitiv, wo die Hebelpunkte liegen. Immer wieder habe ich Analysen von Firmen durchgeführt und einen Hebelpunkt entdeckt. Dann habe ich die Firma aufgesucht und festgestellt, dass alle [den Hebel] in die falsche Richtung drückten!‹«*

Das Konzept ist faszinierend. Es gibt Punkte, an denen man geradezu mühelos ansetzen kann, um ein riesiges, komplexes System in die Richtung zu lenken, in die man es haben will. Auf den ersten Blick ist das vielleicht nicht überraschend, denn wir können als »kleine« Autofahrer ja auch durch Bedienen des Lenkrads und der Pedale mit geringer Kraft ein tonnenschweres Fahrzeug bewegen. Aber ein Auto ist kein komplexes System, es reagiert praktisch linear auf die Handlungen des Fahrers. Komplexe Systeme reagieren nichtlinear, und, wir wissen es bereits: Bei diesen Systemen ist immer mit einem »Rückschlag« zu rechnen. Komplexe Systeme zu lenken, ist ungleich kniffliger als Autofahren. Und es besteht die Gefahr der »Fehllenkung«, wofür es natürlich auch ein »wunderbares« Beispiel gibt, nämlich das Wirtschaftswachstum, wozu Donella Meadows meint: »Die Staatsoberhäupter sind zu Recht auf das Wirtschaftswachstum als Antwort auf buchstäblich alle Probleme fixiert, aber sie drücken mit aller Macht in die falsche Richtung.«

Es gibt noch viele weitere Fälle, in denen ergriffene Maßnahmen kontraproduktiv sind und das Problem sogar verschärfen. Ihnen zugrunde liegt Jevons' Paradoxon (auch bekannt unter dem Begriff »Rebound-Effekt«), das besagt, dass höhere Effizienz bei der Nutzung einer Ressource deren Verbrauch nicht reduziert. So kann eine effizientere und kostengünstigere Heizung dazu führen, dass man öfter mal hochdreht oder das gesparte Geld in ein weiteres Fernsehgerät investiert.

Trotzdem eröffnen richtig gesetzte Hebelpunkte die Möglichkeit, in ein System so einzugreifen, dass die Dinge besser werden. Donella Meadows beschreibt in ihrer viel beachteten Studie *Leverage Points: Places to Intervene in a System*[353] mehrere Strategien hierfür; die nachfolgende Liste führt sie kurz auf, und zwar in der Reihenfolge zunehmender Effektivität:

12 Konstanten, Parameter, Zahlen (wie etwa Subventionen, Steuern, Standards)
11 Die Größe von Puffern und anderen stabilisierenden Beständen, relativ zu ihrer »Stromgröße«
10 Die Struktur von Materialbeständen und -strömen (etwa Verkehrsnetze, Altersstrukturen der Bevölkerung)
9 Die Dauer von Verzögerungen, relativ zur Rate der Systemveränderung
8 Die Stärke negativer Rückkopplungsschleifen, relativ zu den Auswirkungen, die sie zu korrigieren suchen
7 Der Gewinn im Zusammenhang mit der Förderung positiver Rückkopplungsschleifen
6 Die Struktur von Informationsströmen (wer hat Zugang oder keinen Zugang zu welchen Informationen)
5 Die Regeln des Systems (wie Anreize, Strafen, Beschränkungen)
4 Die Macht, die Systemstruktur zu ergänzen, verändern, entwickeln oder sich selbst organisieren zu lassen
3 Die Ziele des Systems
2 Die Haltung oder Paradigmen, aus denen das System – seine Ziele, Struktur, Regeln, Verzögerungen, Parameter – entsteht
1 Die Macht, Paradigmen hinter sich zu lassen

All diese Konzepte verweisen darauf, dass man widerspenstige komplexe Systeme ohne große Anstrengung dazu bringen kann, sich anständig zu benehmen. Aber gleichzeitig ist das Konzept des Hebelpunkts schwer zu fassen. Was ist eigentlich ein Hebelpunkt? Warum gibt es Hebelpunkte? Warum sind es zwölf Punkte? Warum nicht mehr oder weniger? Ich denke schon seit einer Weile über diese Fragen nach und bin dabei zu einigen Schlussfolgerungen gekommen: Um Donella Meadows' Ideen zu verstehen, müssen wir uns zunächst noch einmal vor Augen führen, was ein komplexes System im Kern ist.

In diesem Buch habe ich erläutert, dass es *dynamisch* ist, es bewegt, verändert und entwickelt sich, es ist gewissermaßen »lebendig«. Es ist lebendig, weil es eine ganz bestimmte Eigenschaft besitzt, die auch allen anderen Lebewesen immanent ist: Sie alle sind Maschinen, die Energiepotenziale zerstreuen und dabei den Gesetzen der Thermodynamik folgen.

Diese Systeme haben eine Richtung: Sie *fließen* wie ein Fluss, nämlich immer bergab. Es ist nicht unmöglich, einen Fluss bergauf fließen zu lassen, wenn man Dämme und Pumpen baut und eine Menge Geld und Energie in das Vorhaben steckt. Und genau daran haben Donella Meadows und Jay Forrester wohl gedacht, als sie davon sprachen, »den Hebel in die falsche Richtung zu drücken«. Es ist nicht nur schwierig, einen Fluss bergauf fließen zu lassen, man sollte es besser gar nicht erst versuchen. So wie Flüsse das Gravitationspotenzial von Wasserbecken zerstreuen, so zerstreuen alle dynamischen Systeme die verfügbaren thermodynamischen Potenziale, aus denen sie sich speisen. Diese Potenziale können chemisch (zum Beispiel Rohöl), elektrisch (Blitze), geologisch (Vulkane), wirtschaftlich (Menschen, die auf einem Markt die besten Angebote suchen) oder biologisch sein (Räuber, die ein Beutetier jagen). Die Fließrichtung lässt sich ebenso wenig (dauerhaft) ändern, wie man Kaninchen dazu bringen kann, Füchse zu jagen.

Komplexe Systeme tendieren nicht nur dazu, in eine bestimmte Richtung zu fließen. Sie neigen auch dazu, ihr thermodynamisches

Potenzial mit größtmöglicher Geschwindigkeit zu *zerstreuen*. Dies ist das Prinzip der maximalen Entropieproduktion. Das heißt nicht, das System hätte einen bewussten Willen; es geht nur darum, dass ein vernetztes System von Interaktionen vorhanden ist, in dem die verschiedenen Teile den einfachsten Weg einschlagen – bergab. Über Lawinen haben wir in diesem Buch schon gelesen und festgestellt, dass Lawinen auf schnellstmöglichem Weg die Gravitationsenergie zerstreuen, die sich in einem Haufen Schnee oder Gestein angesammelt hat. Gleichzeitig wissen aber die Steine oder der Schnee in dem Haufen nichts über Lawinen, sie stoßen einfach nur aneinander und lösen so eine aus. Wenn ein Stein Raum hat, um hinabzurollen, wird er das tun. Und wenn die Möglichkeit besteht, mehr Energie zu zerstreuen, indem andere Steine ins Rollen kommen, dann tun sie das auch.

Das ist die Quintessenz des »Seneca-Effekts«: Systeme neigen dazu, Potenziale mit höchstmöglicher Geschwindigkeit zu zerstreuen. Wenn das System einen Weg findet zu kollabieren, wird es das tun – auch mit der Folge des (Seneca-)Ruins.

Wenn Sie also ein komplexes System zwingen wollen, sich so zu verhalten, wie Sie es sich wünschen, kämpfen Sie gegen die Entropie – und die gewinnt immer. Das heißt nicht, dass Sie ein dynamisches System nicht beeinflussen können; es bedeutet nur, dass Sie klüger sein müssen als die Entropie.

Das hat uns Donella Meadows mit ihren zwölf Regeln gesagt: *Kämpfe nicht gegen das System, versuche nicht, die Flussrichtung umzukehren, lenke sie vielleicht sachte um, reguliere sie, glätte sie, sodass sie immer die Richtung beibehält, die das System einschlagen will.*

Wie macht man das? Man nutze die Hebelpunkte, die im Grunde nichts anderes als Ventile sind, welche die Zerstreuung der Potenziale innerhalb des Systems regulieren. Um im Bild des Flusses zu bleiben: Man kann ihn nicht bergauf fließen lassen, aber man kann seine Strömung durch Dämme (Systemventile) und Staubecken (Systembestände) regulieren. Und man kann ihn in die eine oder andere Richtung lenken, vorausgesetzt, es geht bergab. Mithilfe dieser Regeln gewinnen Sie eine gewisse Macht über ein komplexes System, aber um es zu einem guten Ende zu führen, benötigen Sie das richtige Ziel.

Wie wir gesehen haben, wollen alle Systeme, wenn sie sich selbst überlassen bleiben, ihren Energiedurchfluss maximieren; dies ist in den Annahmen der meisten wirtschaftswissenschaftlichen Modelle verankert. Das Ergebnis wird entweder eine selbstorganisierte Kritikalität mit einer chaotischen Abfolge von Ausschlägen sein oder, wenn das Potenzial nicht erneuerbar ist, der wirtschaftliche Krisenzyklus, der für die Ausbeutung mineralischer Rohstoffe typisch ist und der im Endergebnis in den raschen Ruin führt, von dem Seneca uns berichtet. Wenn man stattdessen eine gewisse Kontrolle über die Ventile des Systems erreicht, kann man dessen »ungestümes« Verhalten zähmen und die Ausschläge glätten.

Wenn Sie ein erneuerbares Potenzial in den Mittelpunkt stellen, möchten Sie Überlastung und Zusammenbruch vermeiden und ein Niveau (Nachhaltigkeit oder Tragfähigkeit) erreichen, das einen stetigen und halbwegs vorhersehbaren Ressourcenfluss sichert. Im Falle der Fischereiwirtschaft wäre das Ziel die Begrenzung der Fangzahlen auf ein Niveau, das die Fortpflanzung der Fische und die Erholung der Bestände ermöglicht. Regulieren Sie einen Flusslauf, möchten Sie Überschwemmungen und Dürren verhindern. Wenn Sie die Ausbeutung eines nicht erneuerbaren Potenzials, etwa fossile Brennstoffe, regulieren wollen, möchten Sie die Durchflussrate verlangsamen und gleichzeitig einen Teil davon in die Schaffung neuer, möglichst erneuerbarer Bestände lenken, die reibungslos den Bestand der nicht erneuerbaren Ressource ersetzen, bevor er zur Neige geht.

Das bezeichne ich als den »Weg des Sämanns«[354] – die Weisheit alter Bauern, die darin bestand, stets einen Teil der Ernte als Saatgut aufzubewahren, um es im nächsten Jahr auszusäen. An diesem Punkt möchte ich Donella Meadows' Beispiel folgen und eine vereinfachte Version der Methoden vorschlagen, mit denen in ein System eingegriffen werden kann – nicht zwölf, sondern nur drei. Ich maße mir nicht an, zu glauben, ein so tiefes Verständnis von Systemtheorie zu haben wie Donella Meadows, aber ich betrachte diese meine Regeln als bescheidene Hommage an sie und ihr Schaffen:

- Wirken Sie auf die Ventile des Systems ein, um Schwankungen und Instabilitäten zu vermeiden.
- Schaffen Sie Bestände, um den Durchfluss (flow) zu erhalten.
- Zwingen Sie das System niemals, etwas zu tun, das es nicht will.

Eine farbigere Formulierung derselben Regeln könnte so aussehen:

- Der Weg des Buddhisten: »Meide Extreme, suche den Mittleren Weg, um das Nirwana zu erreichen.«
- Der Weg des Sämanns: »Verzehre nicht dein Saatgut.«
- Der Weg des Stoikers: »Mache den besten Gebrauch von dem, was in deiner Macht liegt, und nimm den Rest gelassen hin.«

Und zu guter Letzt möchte ich noch eine Regel als gut gemeinte Warnung hinzufügen: »Wenn Sie all das unterlassen, können Sie damit rechnen, dass der Seneca-Kollaps zuschlägt.«

ANHANG

Gesetze und Verteilungen

Eine gerade Linie in einer doppeltlogarithmischen Darstellung kann bedeuten, dass das »Zipfsche Gesetz«, das »Potenzgesetz« oder das »Paretoprinzip« gilt (oder auch das »1/f-Rauschen«). All diese Namen bezeichnen ähnliche, auch »skalenfrei« oder »fraktal« genannte Phänomene; auch der Begriff Heavy-tail- oder endlastige Verteilung ist geläufig. Ich will eine kurze Übersicht geben, was diese Begriffe bedeuten:

- Mithilfe des **Zipfschen Gesetzes** lassen sich diese Phänomene auf einfache Weise untersuchen. Dabei werden die Häufigkeiten der Ereignisse in eine nummerierte Liste eingeordnet und dann wird der Logarithmus der Größe als eine Funktion des Rangs auf der Liste dargestellt. George Kingsley Zipf (1902–1950) war Linguistikprofessor in Harvard und wandte diese Methode auf die Häufigkeit von im Englischen und in anderen Sprachen verwendeten Wörtern an. Vermutlich war er überrascht, als er feststellte, dass die Verwendung eines Worts linear proportional zum Logarithmus der Häufigkeit der Verwendung ist. Später entdeckte man, dass die Logarithmus-Rang-Darstellung auch bei verschiedenen anderen Phänomenen anwendbar ist.
- Den Begriff **Potenzgesetz** verwendet man, wenn eine Einheit proportional zu einem Parameter ist, der mit einem nicht unbedingt ganzzahligen Exponenten erhöht ist. Die entsprechende Gleichung lautet klassischerweise $f(x) = ax^{-k}$. Es ist das Gesetz, das für das Lawinenmodell von Bak u. a. gilt[355], wo f(x) gleich die Häufigkeit der Lawine und x ihre Größe ist.
- Der Begriff **Paretoverteilung** verweist auf Vilfredo Pareto (1848–1923), der »kumulative Verteilungen« untersuchte, das heißt, die Wahrscheinlichkeit von Ereignissen, die eine bestimmte Größenschwelle (»x0«) überschreiten. Einer der Bereiche, denen sein Interesse galt, war die Einkommensverteilung in der Volkswirtschaft.[356] Hier kann man für den Anteil der Menschen, deren Einkommen höher ist als »x«, die Gleichung aufstellen $F(x) = 1 - (k/x)\alpha$, wobei x die Variable, k die Untergrenze der Werte (größer als null) und α der »Formparameter« ist. Ist x kleiner als k, dann ist F(x) gleich null. Die Paretoverteilung impliziert ein Potenzgesetz,

weshalb die beiden Begriffe oft synonym verwendet werden. Sie wird auch häufig als »80/20-Regel« bezeichnet, nach der beispielsweise 20 Prozent der Bevölkerung über 80 Prozent des Reichtums eines Landes verfügen. Oder auch 20 Prozent der Beschäftigten eines Unternehmens 80 Prozent von dessen Output produzieren. Mithilfe dieser Annäherung kann die ungleiche Verteilung statistisch dargestellt werden.

- Die Theorie des **»1/f-Rauschens«** ist ein wenig komplizierter. Sie hat mit Phänomenen zu tun, die in Abhängigkeit von der Zeit variieren. Die Darstellung eines solchen Phänomens könnte man als »Spektrum« bezeichnen und es kann periodisch und regelmäßig sein (etwa eine Sinuskurve) oder auch nicht. Ein unregelmäßiges Spektrum kann man mittels der »Fourier-Analysis« untersuchen, die es in eine Reihe einzelner Sinuskurven zerteilt. Man spricht dann vom »Leistungsspektrum«. Das bedeutet, dass jedes unregelmäßige Signal als Summe einer Reihe periodischer Signale mit verschiedenen Frequenzen und unterschiedlicher Intensität beschrieben werden kann. Die Intensität der verschiedenen Frequenzen kann man als Funktion von Frequenzen darstellen, und in einigen Fällen wird man feststellen, dass die Leistungsdichte proportional zur Reziproke der Frequenz ist, also zu 1/f. Manchmal hat das »f« in der Formel einen Exponenten, der ungleich 1 ist, aber auch dann wird sie als 1/f bezeichnet. Ein »1/f-Rauschen« ist eine weitere Spielart des Potenzgesetzes, nur mit anderen Begriffen ausgedrückt.

Lotka-Volterra-Modell

Das Lotka-Volterra-Modell beruht auf zwei gekoppelten Differentialgleichungen, in denen die einfache Produktionsfunktion, die wir bereits gesehen haben, nur einen Term darstellt. Weitere Terme beschreiben die Rückkopplungsphänomene des Systems: Es gibt einen Wachstumsfaktor für die Ressource (die Beutepopulation), die proportional zur Menge der Ressource ist, womit berücksichtigt wird, dass sie erneuerbar ist. Dann folgt eine zweite Gleichung, welche die Kapitalproduktion (das Wachstum oder den Rückgang der Räuberpopulation) als proportional zur Produktion der Ressource beschreibt. Ein letzter Term ist der Verfall des Kapitals (der Räuberpopulation), womit der natürliche Entropiefaktor beschrieben wird, der das Energiepotenzial des Systems zerstreut.

Wir können die Lotka-Volterra-Gleichungen mit »C« für Kapital (Räuberpopulation) und »R« für Ressourcen (Beutepopulation) schreiben. Dann schreiben wir, dass die Produktion (R', die Variation von R bezüglich der Zeit) proportional zu C × R ist. Folglich können wir schreiben, dass $E = {}^{-k}ICR$, wobei k eine Proportionalitätskonstante ist, die davon abhängt, wie effizient die Produktion ist. Beachten Sie das Minuszeichen, das darauf hinweist, dass die Ressource in Abhängigkeit von der Zeit verbraucht wird. Dann können wir die übrigen Terme wie folgt schreiben:

i) Ressourcenreproduktionsrate als $R' = k_2R$.
ii) Kapitalproduktion: $C' = k_3RC$ und
iii) Kapitaldissipation: $C' = -k_4C$. Damit ergibt sich für das Lotka-Volterra-Modell folgende Form: $R' = -k_1RC + k_2R$ und $C' = k_3RC - k_4C$.

R steht für »Ressourcen« wie Gras, Kaninchen oder alles andere, was von einer Spezies, die in der Nahrungskette weiter oben steht, erbeutet wird. C hingegen steht für Kapital; dabei kann es sich um Hirten, Füchse oder alles andere handeln, das die Ressourcen weiter unten in der Nahrungskette erbeutet.

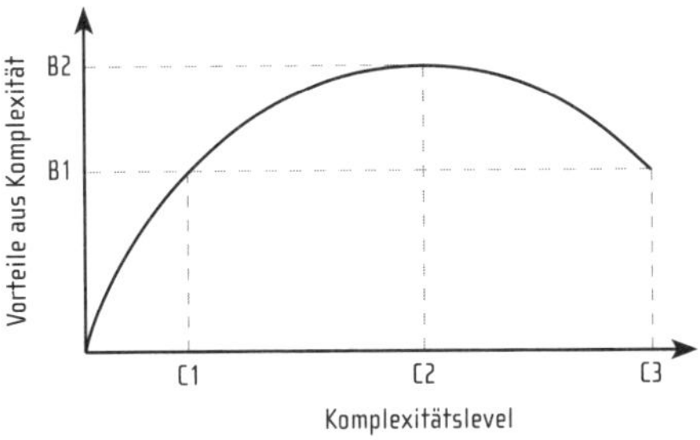

Abbildung A1 Zunehmende Komplexität erzeugt Vorteile – aber nur bis zu einem bestimmten Punkt (C2).

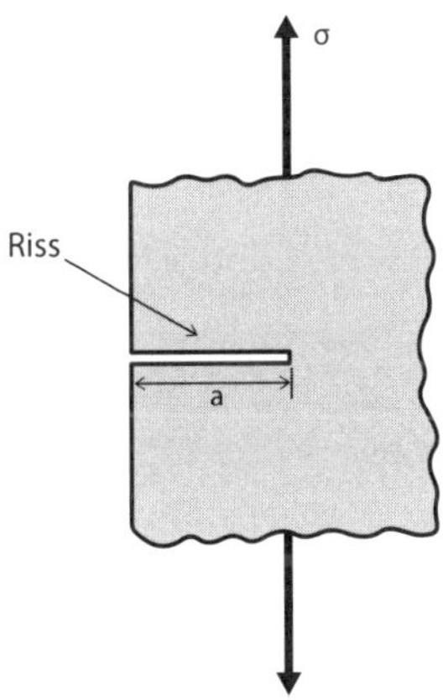

Abbildung A2 Schematische Darstellung eines Risses in einem Festkörper. Die Wahrscheinlichkeit eines Bruches ist abhängig von der Risslänge a und der »Schärfe« des Risses.[357]

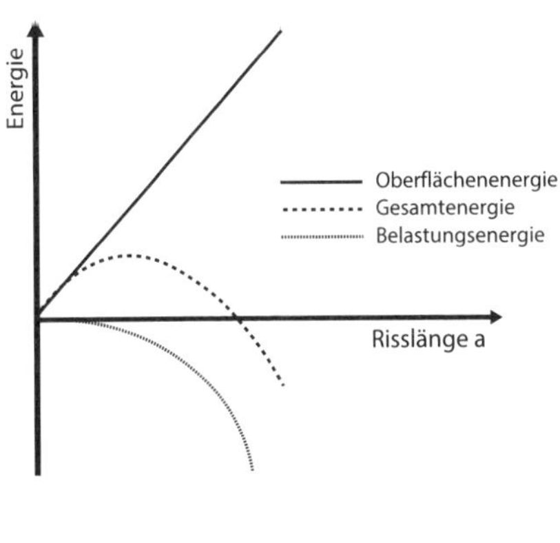

Abbildung A3 Das Verhalten von Energie nach der Bruchtheorie von Griffith. Hier sieht man, dass Energie in Form von Oberflächenenergie als Funktion der Risslänge aufgenommen wird, und zwar durch Entladung von sogenannter Verformungsenergie. Da diese mit dem Volumen zunimmt, trägt sie am Ende den Sieg über die Oberflächenenergie davon.

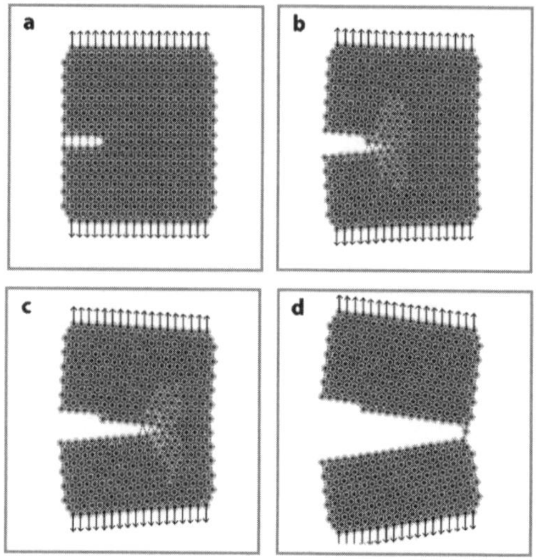

Abbildung A4 Die Ausbreitung eines Risses, simuliert mithilfe der Molekulardynamik. Bei einer solchen Simulation zeichnet der Computer die Bewegung der einzelnen Atome auf, sodass man sehen kann, wie sich der Riss von Atom zu Atom fortpflanzt.[358]

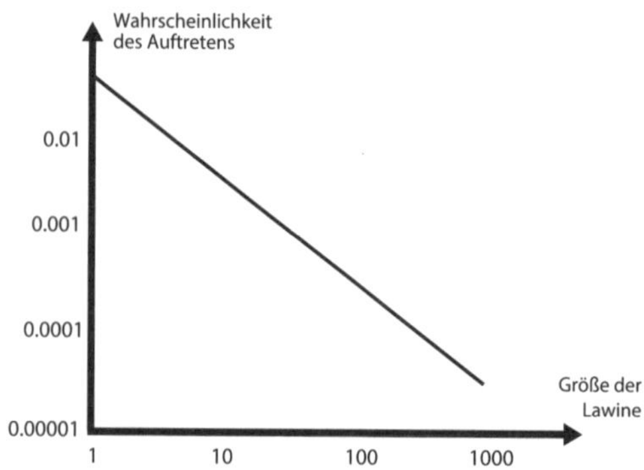

Abbildung A5 Schematische Darstellung des von Per Bak und seinen Kollegen am »Sandhaufen«-Modell entdeckten Potenzgesetzes. In einer doppeltlogarithmischen Darstellung, die auch als »Paretoverteilung« bezeichnet wird, ist die Häufigkeit von Lawinen proportional zu ihrer Größe abgebildet.[359]

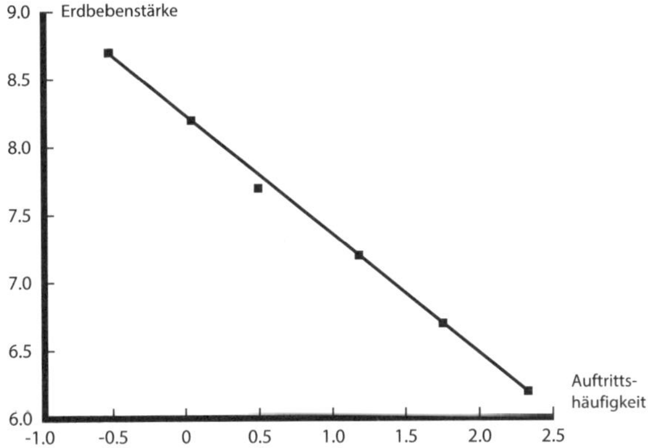

Abbildung A6 Erdbebenmagnitude als Funktion der Häufigkeit in einer doppeltlogarithmischen Darstellung.

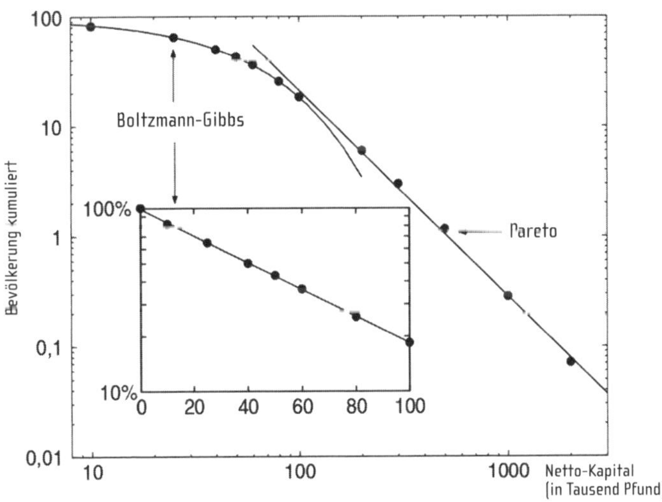

Abbildung A7 Wohlstandsverteilung in Großbritannien gemäß der Studie von Yakovenko und Rosser.[360]

Nur eine kleine Gruppe Superreicher folgt dem Modell der Pareto-Verteilung; die Masse der weniger Wohlhabenden lässt sich durch das Boltzmann-Gibbs-Modell besser beschreiben.

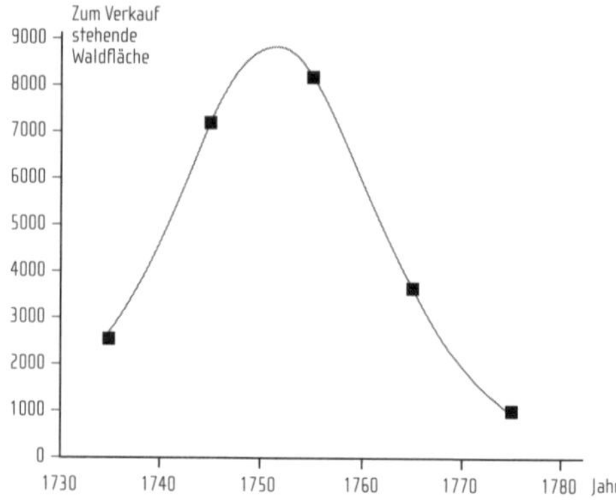

Abbildung A8 Die Waldflächen, die in Irland zum Verkauf angeboten wurden, sind ein Hinweis auf die fortschreitende Abholzung im 18. Jahrhundert.[361]

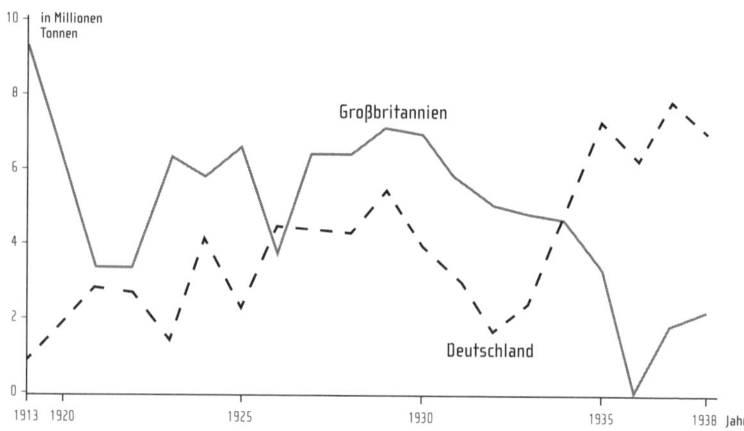

Abbildung A9 Kohleexporte aus Deutschland und Großbritannien nach Italien.[363]

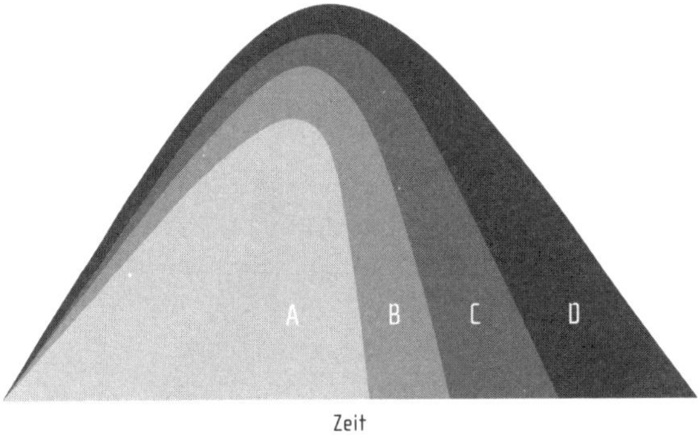

Abbildung A10 Die »Seneca-Gestalt« der Netto-Energieerzeugung aus einer Energiequelle mit geringer energetischer Amortisation. Diese Darstellung durch Nate Hagens ist wohl die erste qualitative Repräsentation des Phänomens.[364]

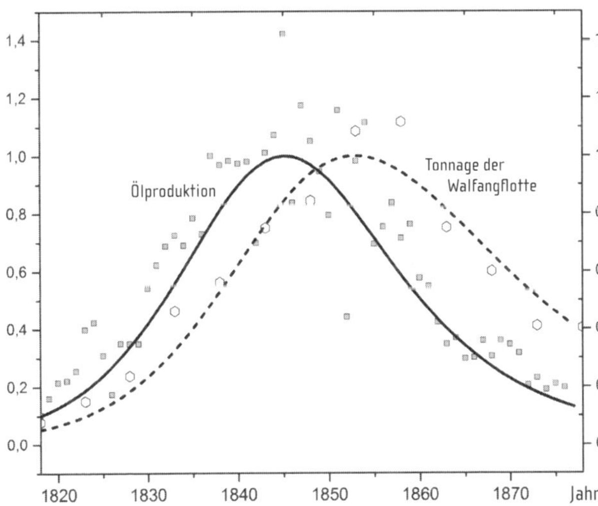

Abbildung A11 Lotka-Volterra-Modellierung für amerikanisches Pottwalöl (Produktion-Beute) vs. Tonnage der Fischereiflotte (Kapital-Räuber) von 1818 bis 1878 (normalisierte Werte, vgl. Fußnote).[365]

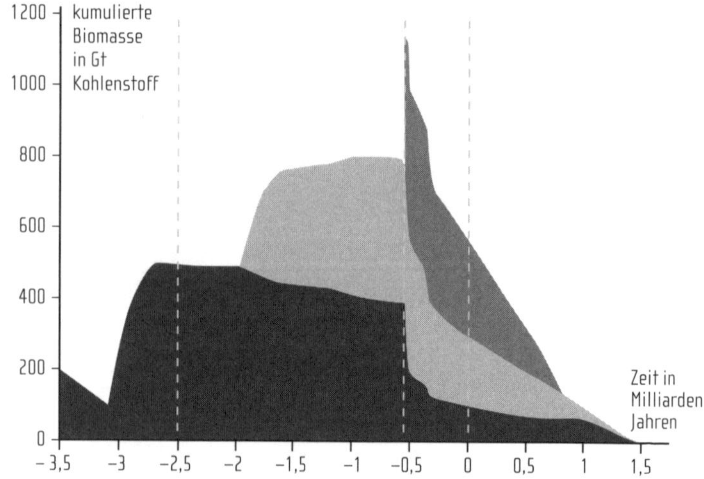

Abbildung A12 Evolution der Biospäre. Dargestellt sind die kumulierten Pools für Prokaryonten (dunkelgrau), Eukaryonten (hellgrau) und komplexe Mehrzeller (mittelgrau). Letztere erreichten ihren Peak vor 500 Millionen Jahren, seither ist ihr Anteil am C-Pool stark rückläufig.[366]

ANMERKUNGEN

1 zitiert nach Kracht, M. (2012): Die Wiederentdeckung der Demut

2 Prigogine I. (1947): Étude thermodynamique des phénomènes irréversibles. Paris: Dunod; Ozawa H., Ohmura A., Lorenz R. D., Pujol T. (2003): The second law of thermodynamics and the global climate system: a review of the maximum entropy production principle. Rev Geophys. 41(4): 1018.

3 Gall J. (2002): The systems bible. New York: Quadrangle.

4 Gladwell M. (2002): The tipping point: how little things can make a big difference. New York: Back Bay Books. (dt.: Tipping Point: Wie kleine Dinge Großes bewirken können. München: Goldmann 2016)

5 Meadows D. H. (1999): Leverage points: places to intervene in a system. http://leadership-for-change.southernafricatrust.org/downloads/session_2_module_2/Leverage-Points-Places-to-Intervene-in-a-System.pdf.

6 Mobus G. E., Kalton M. C. (2015): Principles of system science. New York et al.: Springer.

7 Wulf A. (2015): The invention of nature: Alexander von Humboldt's new world. New York: Borzoi Books.

8 Bd. 2, Kap. 38; übersetzt von C. Melville, projekt.gutenberg.de, 2014

9 https://en.wikipedia.org/wiki/Seneca_the_Younger#/media/File:Duble_herma_of_Socrates_and_Seneca_Antikensammlung_Berlin_07.jpg.

10 Scheidel W., Morris I., Sailer R. P. (2007, Hrsg.): The Cambridge economic history of the Greco-Roman world. Ancient History. Cambridge University Press. http://www.cambridge.org/it/academic/subjects/classical-studies/ancient-history/cambridge-economic-history-greco-roman-world?format=HB&isbn=9780521780537.

11 Borsos E., Makra L., Beczi R., Vitanyi B., Szentpeteri M. (2003): Anthropogenic air pollution in the ancient times. Acta Climatol Chorol. 36/7: 5–15.

12 De Shong Meador B. (2009): Princess, priestess, poet. Austin: University of Texas Press

13 Vuchic V. R. (2007): Urban transit systems and technology. Hoboken: Wiley; Fletcher R. (1995): The limits of settlement growth. Cambridge University Press.

14 Laurence R. (1998): Land transport in Roman Italy. In: Parkins H., Smith C. (Hrsg.): Trade, traders and the ancient city: 129–148. London: Routledge.

15 Tainter J. (1990): The collapse of complex societies. Cambridge University Press.

16 Hin S. (2007): Counting Romans. Stanford. http://www.princeton.edu/~pswpc/pdfs/hin/110703.pdf.

17 Crooked Timber. http://crookedtimber.org/2003/08/25/decline-and-fall/, abgerufen am 16. Nov. 2016.

18 Haug G. H., Günther D., Peterson L. C. et al. (2003): Climate and the collapse of Maya civilization. Science 299: 1731–5.

19 Cullen H. M., de Menocal P. B., Hemming S., et al. (2000): Climate change and the collapse of the Akkadian empire: evidence from the deep sea. Geology 28(4): 379; Cline E. H. (2014): 1177 B. C.: the year civilization collapsed. Princeton University Press (dt.: 1177 v. Chr.: Der erste Untergang der Zivilisation. Stuttgart: Theiss 2015).

20 Büntgen U., Myglan V. S., Ljungqvist F. C., et al. (2016): Cooling and societal change during the Late Antique Little Ice Age from 536 to around 660 AD. Nat Geosci. 9(3): 231–6.

21 Gilfilan S. C. (1965): Lead poisoning and the fall of Rome. J Occup Environ Med. 7(1): 53–60; Borsos E., Makra L., Beczi R., Vitanyi B., Szentpeteri M. (2003): Anthropogenic air pollution in the ancient times. Acta Climatol Chorol. 36–37: 5–15.

22 Cilliers L., Retief F. (2014): Lead poisoning and the downfall of Rome: reality or myth? In: Wexler P. (Hrsg.): History of toxicology and environmental health: toxicology in antiquity. Amsterdam et al.: Elsevier.

23 Lang A. (2003): Phases of soil erosion-derived colluviation in the loess hills of South Germany. Catena 51(3): 209–21; Butzer K. W. (2005): Environmental history in the Mediterranean world: cross-disciplinary investigation of cause-and-effect for degradation and soil erosion. J Archaeol Sci. 32(12): 1773–800.

24 Homer-Dixon T. (2008): The upside of down: catastrophe, creativity, and the renewal of civilization. Washington, DC: Island Press.

25 Hall C. A., Cleveland C. J., Kaufmann R. (1986): Energy and resource quality: the ecology of the economic process. New York: Wiley.

26 Scheidel W. (2007): Roman population size: the logic of the debate. https://www.princeton.edu/~pswpc/pdfs/scheidel/070706.pdf, abgerufen am 8. Nov. 2016.

27 Butzer K. W. (2005): Environmental history in the Mediterranean world: cross-disciplinary investigation of cause-and-effect for degradation and soil erosion. J Archaeol Sci. 32(12): 1773–1800.

28 Tainter J. (1990): The collapse of complex societies. Cambridge University Press.

29 Williamson O. (1967): Hierarchical control and optimum firm size. J Polit Econ. 75(1): 123–38.

30 Meadows D. H. (1999): Leverage points: places to intervene in a system. donellameadows.org., http://leadership-for-change.southernafricatrust.org/downloads/session_2_module_2/Leverage-Points-Places-to-Intervene-in-a-System.pdf.

31 Daten aus: https://commons.wikimedia.org/wiki/File:Roman-military-size-plot.png.

32 Daten aus J. Tainter: The Collapse of Complex Societies. http://www.sublimeoblivion.com/2009/04/09/notes-tainter/.

33 Salkield L. U. (1987): A technical history of the Rio Tinto mines. Dordrecht: Springer.

34 Perlin J. (2015): A forest journey. Woodstock: The Countryman Press.

35 Bulliet R.W. (1990): The camel and the wheel. New York: Columbia University Press.

36 Zhang R., Pian H., Santosh M., Zhang S. (2015): The history and economics of gold mining in China. Ore Geol Rev. 65: 718–27.

37 Bardi U. (2013): The strategy of dragons: hoarding your gold. Cassandra's Legacy, http://cassandralegacy.blogspot.it/2013/10/the-strategy-of-dragons-hoarding-your.html, abgerufen am 30. Okt. 2016.

38 Burckhardt R. (1949): The age of Constantine the great. Berkeley: University of California Press.

39 Cline E. H. (2014): 1177 B. C.: the year civilization collapsed. Princeton University Press (dt.: 1177 v. Chr.: Der erste Untergang der Zivilisation. Stuttgart: Theiss 2015).

40 Gordon J. E. (1978): Structures or why things don't fall down. Boston: Da Capo Press.

41 Collection of the Imperial War Museums, ATP 18376C. https://en.wikipedia.org/wiki/De_Havilland_Comet#/media/File:Comet_Prototype_at_Hatfield.jpg.

42 USA Today. Unchecked carnage: NTSB probes are skimpy for small-aircraft crashes. http://www.usatoday.com/story/news/nation/2014/06/12/unfit-for-flight-part-2/10405451/, abgerufen am 21. Okt. 2016.

43 Gordon J. E. (1978): Structures or why things don't fall down. Boston: Da Capo Press.

44 Gordon J. E. (1991): The new science of strong materials. London: Penguin Books.

45 Kleidon A., Malhi Y., Cox P. M. (2010): Maximum entropy production in environmental and ecological systems. Philos Trans R Soc Lond B Biol Sci. 365 (1545): 1297–302; Martyushev L. M., Seleznev V. D. (2006): Maximum entropy production principle in physics, chemistry and biology. Phys Rep. 426(1): 1–45; Roddier F. (2012): Thermodynamiqe de L'évolution. Artignosc-sur-Verdon: Édition Parole; Ozawa H., Ohmura A., Lorenz R. D., Pujol T. (2003): The second law of thermodynamics and the global climate system: a review of the maximum entropy production principle. Rev Geophys. 41(4): 1018.

46 Prigogine I. (1978): Time, structure, and fluctuations. Science 201(4358): 777–85.

47 Mishnaevsky L. J. (1998): Damage and fracture in heterogeneous materials. Rotterdam: A. A. Balkema.

48 Newman M. E. J., Watts D. J. (1999): Scaling and percolation in the small-world network model. Phys Rev E.

49 Mendelssohn K. (1974): The riddle of the pyramids. London: Thames & Hudson.

50 o. A. (2011): Most Americans Reject 9/11 Conspiracy Theories. Angus Reid Global Monitor, http://angusreid.org/most_americans_reject_9_11_conspiracy_theories/, abgerufen am 17. Nov. 2016.

51 Jon Bodsworth, http://www.egypt archive.co.uk/html/meidum_02.html bzw. https://en.wikipedia.org/wiki/Meidum#/media/File: 02_meidum_pyramid.jpg.

52 o. A. (2011): Most Americans Reject 9/11 Conspiracy Theories. Angus Reid Global Monitor, http://angusreid.org/most_americans_reject_9_11_conspiracy_theories/, abgerufen am 17. Nov. 2016.

53 Ivrienen, https://en.wikipedia.org/wiki/Bent_Pyramid#/media/File: Snefru%27s_Bent_Pyramid_in_Dahshur.jpg.

54 Kleidon A. (2004): Beyond Gaia: thermodynamics of life and Earth system functioning. Clim Change. 66(3): 271–319.

55 o. A. (2005): Final Reports from the NIST World Trade Center Disaster Investigation. NIST report, https://www.nist.gov/engineering-laboratory/final-reports-nist-world-trade-centerdisaster-investigation, abgerufen am 16. Nov. 2016.

56 Semenza E., Ghirotti M. (2000): History of the 1963 Vaiont slide: the importance of geological factors. Bull Eng Geol Environ. 59(2): 87–97.

57 Bak P., Tang C., Wiesenfeld K. (1988): Self-organized criticality. Phys Rev A. 38(1): 364–74.

58 Bak P. (1996): How nature works. The science of self-organized criticality. New York: Copernicus.

59 Pareto V. (1967): La courbe de la répartition de la richesse. OEuvres complètes, tome III, Genève, 1896.

60 Frette V., Christensen K., Malte-Sorensen A., Feder J., Jøssang T., Meakin P. (1996): Avalanche dynamics in a pile of rice. Nature. 379(71): 49–52.

61 Spence W., Sipkin S. A., Choy G. L. (1989): Measuring the size of an earthquake. Earthquakes and Volcanoes, http://earthquake.usgs.gov/learn/topics/measure.php, abgerufen am 17. Nov. 2016.

62 Pappas S. (2012): Italian scientists sentenced to 6 years for earthquake statements. Sci Am., https://www.scientificamerican.com/article/italian-scientists-get/.

63 Taleb N. (2007): The black swan. New York: Random House. (dt.: Der Schwarze Schwan: Die Macht höchst unwahrscheinlicher Ereignisse. München: Hanser, 2008).

64 Deffeyes K. (2005): Beyond oil. New York: Hill and Wang.

65 Laherrere J., Sornette D. (1998): Stretched exponential distributions in nature and economy: »fat tails« with characteristic scales. Eur Phys J. B2: 525–39.

66 Sornette D. (2009): Dragon-kings, black swans and the prediction of crises. Int J Terrasp Sci Eng., http://arxiv.org/abs/0907.4290, abgerufen am 3. Mai 2016; Sornette D., Ouillon G. (2012): Dragon-kings: mechanisms, statistical methods and empirical evidence. Eur Phys J. 205: 1–26.

67 Bak P. (1996): How nature works. The science of self-organized criticality. New York: Copernicus.

68 Barabasi A.-L., Albert R. (1999): Emergence of scaling in random networks. Science 286 (5439): 509–12.

69 Gardner M. (1970): Mathematical Games – the fantastic combinations

of John Conway's new solitaire game »life«. Sci Am. 223: 120–3.

70 Yu Y., Xiao G., Zhou J. et al. (2016): System crash as dynamics of complex networks. Proc Natl Acad Sci USA. 113(42): 11726–31.

71 Menichetti G., Dall'Asta L., Bianconi G. (2016): Control of multilayer networks. Sci Rep. 6: 20706.

72 Thom R. (1989): Structural stability and morphogenesis. Reading, MA: Addison-Wesley.

73 ebd., eigene Darstellung

74 Gao J., Barzel B., Barabási A.-L. (2016): Universal resilience patterns in complex networks. Nature. 530 (7590): 307–12.

75 Daten aus Google Trends, angefertigt vom Autor.

76 Garcia D., Mavrodiev P., Schweitzer F. (2013): Social resilience in online communities: the autopsy of friendster. Feb. 2013.

77 Fitzgerald, S. (1931): Babylon Revisited, http://gutenberg.net.au/fsf/BABYLON-REVISITED.html (dt. Wiedersehen mit Babylon. Zürich: Diogenes 2012).

78 Report of the Financial Crisis Inquiry Commission (2011), https://fcic.law.stanford.edu/reporta, abgerufen am 21. Jan. 2017.

79 Daten aus Dow Jones, https://upload.wikimedia.org/wikipedia/commons/3/3f/Dowjones_crash_2008.svg.

80 Conlin M. (2013): Special Report: the latest foreclosure horror: the zombie title. Reuters Top News. http://www.reuters.com/article/us-usa-foreclosures-zombies-idUSBRE9090G920130110, abgerufen am 19. Nov. 2016.

81 Bardi U. (2012): The sinking of the E-Cat. Cassandra's Legacy, http://cassandralegacy. blogspot.it/2012/03/sinking-of-e-cat.html, abgerufen am 19. Nov. 2016.

82 Mitchell-Innes A. (1914): The credit theory of money. Bank Law J. 14: 151–68.

83 Knapp G. F. (1924): The state theory of money. London: McMillian and Company.

84 Reidpath, http://en.wikipedia.org/wiki/File:Economics_Gini_coefficient.svg.

85 Bluestone B., Harrison B. (1988): The great U-turn: corporate restructuring and the polarizing of America. New York: Basic Books.

86 Daten aus Baten et al., http://www.basvanleeuwen.net/bestanden/WorldIncomeInequality.pdf.

87 Bardi U. (2016): An asteroid called »Peak Oil« – the real cause of the growing social inequality in the US. Cassandra's Legacy, http://cassandralegacy.blogspot.it/2016/09/an-asteroidcalled-peak-oil-real-cause.html, abgerufen am 30. Okt. 2016.

88 Pareto V. (1967): La courbe de la répartition de la richesse. OEuvres complètes, tome III, Genève, 1896.

89 Yakovenko V. M., Rosser J. B. (2009): Colloquium: statistical mechanics of money, wealth, and income. ArXiv. 20, http://arxiv.org/pdf/0905.1518.pdf, abgerufen am 1. Jul. 2016; Banerjee A., Yakovenko V. M. (2010): Universal patterns of inequality. New J Phys. 12(7): 75032.

90 Michalek B., Hanson R. (2006): Give them money: the Boltzmann game, a classroom or laboratory activity

modeling entropy changes and the distribution of energy in chemical systems. J Chem Educ. 83(4): 581; Yu Y., Xiao G., Zhou J. et al. (2016): System crash as dynamics of complex networks. Proc Natl Acad Sci USA. 113(42): 11726–31.

91 Dolan K. A. (2012): Methodology: how we crunch the numbers. Forbes, http://www.forbes.com/sites/kerryadolan/2012/03/07/methodology-how-we-crunch-the-numbers/#7eeba83e1511, abgerufen am 19. Nov. 2016.

92 Klass O. S., Biham O., Levy M., Malcai O., Solomon S. (2007): The Forbes 400, the Pareto power-law and efficient markets. Eur Phys J B. 55(2): 143–7.

93 o. A. (2015): An hereditary merito cracy. The Economist, http://www.economist.com/news/briefing/21640316-children-rich-and-powerful-are-increasingly-well-suited-earning-wealth-and-power, abgerufen am 19. Nov. 2016.

94 Harrington B. (2015): Inside the secretive world of tax-avoidance experts. Atl Mon.: 1–12, http://www.theatlantic.com/business/archive/2015/10/elite-wealth-management/410842/.

95 Yakovenko V. M., Rosser J. B. (2009): Colloquium: statistical mechanics of money, wealth, and income. ArXiv. 20, http://arxiv.org/pdf/0905.1518.pdf, abgerufen am 1. Jul. 2016.

96 Banerjee A., Yakovenko V. M. (2010): Universal patterns of inequality. New J Phys. 12(7): 75032.

97 Sardar Z., Sweeney J. A. (2016): The three tomorrows of postnormal times. Futures. 75: 1–13.

98 Sornette D., Chernov D. (2015): Man-made catastrophes and risk information concealment (25 case studies of major disasters and human fallibility). New York et al.: Springer.

99 Taleb N. (2007): The black swan. New York: Random House.

100 Taleb N., Martin G. A. (2012): How to prevent other financial crises. SAIS Rev. XXXII, 1/2012.

101 Sornette D. (2009): Dragon-kings, black swans and the prediction of crises. Int J Terrasp Sci Eng., http://arxiv.org/abs/0907.4290, abgerufen am 3. Mai 2016; Sornette D., Ouillon G. (2012): Dragon-kings: mechanisms, statistical methods and empirical evidence. Eur Phys J. 205: 1–26.

102 Taleb N. (2007): The black swan. New York: Random House.

103 Bak P. (1996): How nature works. The science of self-organized criticality. New York: Copernicus.

104 Berichtet in McCracken E. (1971): The Irish woods since Tudor times: distribution and exploitation. Belfast: David & Charles.

105 Daten aus Maddison project, http://www.ggdc.net/maddison/maddison-project/data.htm (Famines in Ireland), https://commons.wikimedia.org/w/index.php?curid=9682996).

106 Lichtheim M. (1973): Ancient Egyptian literature: a book of readings, vol 3. Berkeley et al.: University of California Press.

107 Drake M. (1968): The Irish demographic crisis of 1740–41. In: Moody T.W. (Hrsg.): Historical studies VI. London: Routledge & Kegan Paul.

108 Kelly J. (1992): Harvests and hardship: famine and scarcity in Ireland in the late 1720s. Stud Hibernica 26: 65–105.

109 Probert-Jones R. (2013): What happened in 1740? Weather 68(1): 24.

110 Malthus T. (1798): An essay on the principle of population: or, a view of its past and present effects on human happiness. London: J. Johnson.

111 Bardi U. (2016): Jay Write Forrester (1918–2016): his contribution to the concept of overshoot in socioeconomic systems. Biophys Econ Resour Qual 1(2): 12.

112 Mokyr J. (1983): Why Ireland Starved. London & New York: Routledge.

113 Barrington J. (1918): Recollections of Jonah Barrington. Dublin: Talbot Press.

114 o. A. (2013): The ideology that caused the avoidable Irish Famine of 1846, https://understandingevil.wordpress.com/2013/04/09/the-avoidable-irish-famine-of-1846-and-an-ideology-thatis-still-with-us/, abgerufen am 18. Nov. 2016.

115 Dabashi H., Mignolo W. (2015): Can non-Europeans think? London: Zed Books.

116 Mokyr J. (1983): Why Ireland Starved. London & New York: Routledge.

117 Ricardo D. (2005): The works and correspondence of David Ricardo. (Staffa P., Dobb M. H., Hrsg.). Indianapolis: Liberty Fund, http://oll.libertyfund.org/titles/ricardo-the-works-andcorrespondence-of-david-ricardo-11-vols-sraffa-ed.

118 Zuckerman L. (1999): The potato. New York: Ferrar, Straus and Giroux.

119 Poirteir C. (1995): The great Irish famine. Dublin: Mercier Press Ltd.

120 Barrington J. (1918): Recollections of Jonah Barrington. Dublin: Talbot Press.

121 Gray P. (1995): The Irish famine. New York: Harry N. Abrams.

122 Williams M. (2006): Deforesting the Earth from prehistory to global crisis: an abridgment. University of Chicago Press.

123 Barrington J. (1918): Recollections of Jonah Barrington. Dublin: Talbot Press.

124 McCracken E. (1971): The Irish woods since Tudor times: distribution and exploitation. Belfast: David & Charles.

125 ebd.

126 ebd.

127 Poirteir C. (1995): The great Irish famine. Dublin: Mercier Press Ltd.

128 Farris W. W. (2006): Japan's medieval population: famine, fertility, and warfare in a transformative age. University of Hawai'i Press.

129 Drixler F. F. (2013): Mabiki infanticide and population growth in Eastern Japan, 1660–1950. Berkeley: University of California Press.

130 Daten aus World Peace Foundation, http://fletcher.tufts.edu/World-Peace-Foundation/Program/Research/Mass-Atrocities-Research-Program/Mass-Famine#Graphs.

131 o. A. (2015): List of relief organizations, http://www.globalcorps.com/jobs/ngolist.pdf, abgerufen am 19. Nov. 2016.

132 Mousseau F. (2005): Food aid or food sovereignty?, http://www.oakland

institute.org/sites/oaklandinstitute.org/files/fasr.pdf, abgerufen am 11. Jul. 2016.

133 o. A. (2016): 2016 World hunger and poverty facts and statistics – world hunger. Hunger Notes, www.worldhunger.org/2015-world-hunger-and-poverty-facts-and-statistics/, abgerufen am 18. Nov. 2016.

134 Steinhart J. S., Steinhart C. E. (1974): Energy use in the U. S. food system. Science 184 (19. April): 307–314.

135 Pimentel D., Giampietro M. (1994): Food, land, population and the US economy. Washington D. C., http://wgbis.ces.iisc.ernet.in/envis/doc97/ecofood1030.html, abgerufen am 14. Nov. 2016.

136 Hansen J., Sato M., Hearty P. et al. (2016): Ice melt, sea level rise and superstorms: evidence from paleoclimate data, climate modeling, and modern observations that 2 °C global warming could be dangerous. Atmos Chem Phys. 16(6): 3761–812.

137 Bardi U., El Asmar T., Lavacchi A. (2013): Turning electricity into food: the role of renewable energy in the future of agriculture. J Clean Prod. 53 (15. August): 224–231.

138 Senza B. C. (1998): Senza Carbone Nell'età Del Vapore: Gli Inizi Dell'industrializzazione Italiana. Turin: Bruno Mondadori.

139 o. A. (2015): Thousands join march to mark closure of UK's last deep coal mine. The Guardian (19. Dezember), https://www.theguardian.com/uk-news/2015/dec/19/thousands-march-closure-uks-lastdeep-coal-mine-kellingley-colliery.

140 Daten von 1860 bis 1946 aus: Kirby 1977; ab 1947 aus: British Coal Authority 2006. Die Produktionsdaten fließen in eine Gauß-Funktion ein, die sich der Hubbert-Kurve annähert.

141 Gagliardi A. (2016): La mancata »valorizzazione« dell'impero. Le colonie italiane in Africa orientale e l'economia dell'Italia fascista. Stor Lab di Stor. 12: 1–32.

142 o. A. (2003): Le crisi carbonifere. Storia del territorio carboniense, http://spazioinwind.libero.it/carbonia/carbonia/crisi.htm, abgerufen am 19. Nov. 2016.

143 Ridolfo Mazzucconi aus dem Almanacco della Donna Italiana 1941, Übersetzung durch den Autor.

144 www.BP.com.

145 Odell P. R. (2001): Oil and Gas: Crises and Controversies 1961–2000. Multi-Science Pub. Co.

146 Holter M. (2016): Oil discoveries at 70-year low signal supply shortfall ahead. Bloomberg News, http://www.bloomberg.com/news/articles/2016-08-29/oil-discoveries-at-a-70-year-lowsignal-a-supply-shortfall-ahead, abgerufen am 18. Nov. 2016.

147 Höök M., Bardi U., Feng L., Pang X. (2010): Development of oil formation theories and their importance for peak oil. Mar Pet Geol. 27(9): 1995–2004.

148 Odum H. T. (1973): Energy, ecology, and economics. Ambio. 2(6): 220–7.

149 Hall C. A., Cleveland C.J., Kaufmann R. (1986): Energy and resource quality: the ecology of the economic process. New York: Wiley.

150 Murphy D. J., Hall C. A. S. (2011): Adjusting the economy to the new energy realities of the second half of the age of oil. Ecol Modell. 223(1): 67–71; Murphy D. J. (2013): The implications of the declining energy return on investment of oil production. Philos Trans R Soc London A Math Phys Eng Sci. 372(2006).

151 Verfügbarkeit von Kupfer. International Copper Study Group. 2013, http://www.icsg.org/index.php/the-world-of-copper/71-uncategorised/114-long-term-availability-of-copper, abgerufen am 29. Mai 2016.

152 Cuddington J. T., Nülle G. (2014): Variable long-term trends in mineral prices: the ongoing tug-of-war between exploration, depletion, and technological change. J Int Money Financ. 42: 224–52.

153 Jevons W. S. (1866): The coal question. 2nd revised ed. Macmillan and Co., http://www.econlib.org/library/YPDBooks/Jevons/jvnCQ.html.

154 Hubbert M. K. (1956): Nuclear energy and the fossil fuels. In: Spring meeting of the southern district division of production American petroleum institute. San Antonio: American Petroleum Institute, energycrisis.biz/hubbert/1956/1956.pdf, abgerufen am 3. Dez. 2012.

155 ebd.

156 Bardi U. (2011): The limits to growth revisited. New York: Springer.

157 Maggio G., Cacciola G. (2012): When will oil, natural gas, and coal peak? Fuel 98: 111–23.

158 Brandt A. R. (2007): Testing Hubbert. Energy Policy 35(5): 3074–88.

159 Hagens N. (2006): The oil drum: net energy. A net energy parable: why is ERoEI important?, http://www.theoildrum.com/node/1661, abgerufen am 26. Okt. 2016.

160 Turiel A. (2014): Peak everything? The Oil Crash, http://crashoil.blogspot.it/2014/11/worldenergy-outlook-2014-peak.html, abgerufen am 26. Okt. 2016.

161 Tverberg G. (2015): Oil and the economy: where are we headed in 2015/16? Our Finite World. Our Finite World, https://ourfiniteworld.com/2015/01/06/oil-and-the-economy-where-are-we-headed-in-2015-16/, abgerufen am 26. Okt. 2026.

162 Reynolds D., Kolodziej M. (2008): Former Soviet Union oil production and GDP decline: Granger causality and the multi-cycle Hubbert curve. Energy Econ, http://www.sciencedirect.com/science/article/pii/S0140988306000727, abgerufen am 13. Nov. 2013.

163 Bardi U. (2008): The universal mining machine, http://www.theoildrum.com/node/3451, abgerufen am 24. Aug. 2013.

164 Skinner B. J. (1979): Earth resources. Proc Natl Acad Sci U S A. 76(9): 4212–7; Skinner B. J. (1976): A Second Iron Age Ahead? The distribution of chemical elements in the Earth's crust sets natural limits to man's supply of metals that are much more important to the future of society than limits on energy. Am Sci. 64(3): 258–69.

165 Bardi U. (2008): The universal mining machine, http://www.theoildrum.com/node/3451, abgerufen am 24. Aug. 2013.

166 Bardi U. (2010): Extracting minerals from seawater: an energy analysis. Sustainability 2(4): 980–992.

167 Bardi U. (2014): Extracted: how the quest for mineral resources is plundering the planet. New York: Chelsea Green. (dt.: Der geplünderte Planet: Die Zukunft des Menschen im Zeitalter schwindender Ressourcen. München: oekom 2013).

168 Valero A. (2014): Thanatia: the destiny of the Earth's mineral resources. Singapore: World Scientific Publishing Company.

169 Cox P. A. (1989): The elements: their origin, abundance, and distribution. Oxford University Press.

170 www.statista.com.

171 Okutani T. (2009): Utilization of silica in rice hulls as raw materials for silicon semiconductors. J Met Mater Miner. 19(2): 51–9; Folk R. L., Hoops G. K. (1982): An early iron-age layer of glass made from plants at Tel Yin'am. Israel J F Archaeol. 9(4): 455–66.

172 Diederen A. (2010): Global resource depletion, managed austerity and the elements of hope: Amsterdam: Eburon Academic Publishers, https://www.amazon.com/Resource-Depletion-Managed-Austerity-Elements/dp/9059724259.

173 Verfasser unbekannt, entnommen aus: Christopher McDougall, Born to Run: A Hidden Tribe, Superathletes, and the Greatest Race the World Has Never Seen.

174 Starbuck A. (1989): History of the American whale fishery. Castle.

175 Bardi U. (2007): Energy prices and resource depletion: lessons from the case of whaling in the nineteenth century. Energ Sources B Econ Planning Policy 2(3): 297–304.

176 ebd., mit Daten basierend auf [174]

177 Bardi U. (2007): Energy prices and resource depletion: lessons from the case of whaling in the nineteenth century. Energ Sources B Econ Planning Policy 2(3): 297–304.

178 Scott Baker C., Clapham P. J. (2004): Modelling the past and future of whales and whaling. Trends Ecol Evol. 19(7): 365–71.

179 ebd.

180 ebd.

181 Thurstan R. H., Brockington S., Roberts C. M. (2010): The effects of 118 years of industrial fishing on UK bottom trawl fisheries. Nat Commun. 1(2): 1–6.

182 Pusceddu A., Bianchelli S., Martín J. et al. (2014): Chronic and intensive bottom trawling impairs deep-sea biodiversity and ecosystem functioning. Proc Natl Acad Sci USA 111(24): 8861–6.

183 Brennan M. L., Davis D., Ballard R. D. et al. (2016): Quantification of bottom trawl fishing damage to ancient shipwreck sites. Mar Geol. 371 (1. Januar): 82–88.

184 Diamond J. (2011): Collapse: how societies choose to fail or succeed. London: Penguin Books. (dt.: Kollaps: Warum Gesellschaften überleben oder untergehen. Frankfurt: Fischer 2005).

185 o. A. (2012): World review of fisheries and aquaculture, http://www.fao.org/docrep/016/i2727e/i2727e01.pdf; o. A. (2016): ICES stock advice – sandeel, http://www.ices.dk/sites/pub/PublicationReports/Advice/2016/2016/san-ns4.pdf.

186 Pauly D., Christensen V., Dalsgaard J. et al. (1998): Fishing down marine food webs. Science 279 (5352): 860–3; Pauly D. (2009): Aquacalypse now. The New Republic, https://newrepublic.com/article/69712/aquacalypse-now, abgerufen am 14. März 2016; Myers R. A., Worm B. (2003): Rapid worldwide depletion of predatory fish communities. Nature 423 (6937): 280–3; Lotze H. K., Worm B. (2009): Historical baselines for large marine animals. Trends Ecol Evol. 24(5): 254–62; Pauly D., Zeller D. (2016): Catch reconstructions reveal that global marine fisheries catches are higher than reported and declining. Nat Commun. 7: 1–9; Watson R. A., Cheung W. W. L., Anticamara J. A., Sumaila R. U., Zeller D., Pauly D. (2013): Global marine yield halved as fishing intensity redoubles. Fish. 14(4): 493–503.

187 Kareiva P., Hillborn R. (2010): Why do we keep hearing global fisheries are collapsing? Nature Conservancy, http://www.mnn.com/earth-matters/wilderness-resources/stories/whydo-we-keep-hearing-global-fisheries-are-collapsing, abgerufen am 14. März 2016.

188 Holling C. S. (1973): Resilience and stability of ecological systems. Annu Rev Ecol Syst. 4: 1–23.

189 Catton W. (1982): Overshoot, the ecological basis of revolutionary change. Chicago: University of Illinois Press.

190 Hardin G. (1968): The tragedy of the commons. Science 162 (13 Dez.): 1243–1248. (dt. Text entnommen aus: Lohmann, M. (Hrsg., 1970): Gefährdete Zukunft. München: 30–48.

191 Prigogine I. (1978): Time, structure, and fluctuations. Science 201 (4358): 777–85.

192 Ostrom E. (1990): Governing the commons: the evolution of institutions for collective action. Cambridge University Press.

193 Burney D. A., Flannery T. F. (2005): Fifty millennia of catastrophic extinctions after human contact. Trends Ecol Evol. 20(7): 395–401.

194 Wroe S., Field J. (2006): A review of the evidence for a human role in the extinction of Australian megafauna and an alternative interpretation. Quat Sci Rev. 25(21): 2692–703.

195 Faurby S., Svenning J.-C. (2015): Historic and prehistoric human-driven extinctions have reshaped global mammal diversity patterns. Stevens G., Hrsg., Divers Distrib. 21(10): 1155–1166.

196 Barnosky A., Matzke N., Tomiya S., Wogan G. (2011): Has the Earth's sixth mass extinction already arrived? Nature 471: 51–7.

197 McNeill J. R., Winiwarter V. (2004): Breaking the sod: humankind, history, and soil. Science 304 (5677): 1627–9.

198 Cobb C. W., Douglas P.H. (1928): A theory of production. Am Econ Rev. 18 (Suppl): 139–165.

199 Solow R. (1956): Technical change and the aggregate production function. Q J Econ. 70(1): 65–94.

200 Lotka A. J. (1925): Elements of physical biology. Baltimore: Williams and Wilkins Company.

201 Volterra V. (1926): Fluctuations in the abundance of a species considered mathematically. Nature 118 (2972): 558–60.

202 Roopnarine P. (2013): Ecology and the tragedy of the commons. Sustainability 5: 349–773.

203 Gause G.F. (1932): Experimental studies on the struggle for existence: I. mixed population of two species of yeast. J Exp Biol. 9(4): 389–402.

204 Huffaker C.B. (1958): Experimental studies on predation. J Agric Sci. 27(14): 795–834.

205 Hall C. A. S. (1988): An assessment of several of the historically most influential theoretical models used in ecology and of the data provided in their support. Ecol Modell 43: 5–31.

206 Huffaker C. B. (1958): Experimental studies on predation. J Agric Sci. 27(14): 795–834.

207 D'Ancona U. (1942): La Lotta Per l'Esistenza. Turin: Giulio Einaudi Editore.

208 Bardi U. (2009): Lavacchi A. A simple interpretation of Hubbert's model of resource exploitation. Energies 2(3): 646–61.

209 Perissi I., Bardi U., Asmar T. El, Lavacchi A. (2016): Dynamic patterns of overexploitation in fisheries, http://arxiv.org/abs/1610.03653, abgerufen am 26. Okt. 2016.

210 ebd.

211 Daten aus FAOSTAT (Caspian Sturgeon Original)

212 Malthus T. (1798): An essay on the principle of population: or, a view of its past and present effects on human happiness. London: J. Johnson.

213 Bardi U. (2016): Jay Write Forrester (1918–2016): his contribution to the concept of overshoot in socioeconomic systems. Biophys Econ Resour Qual. 1(2): 12.

214 Gall J. (2002): The systems bible. New York: Quadrangle.

215 Prigogine I. (1978): Time, structure, and fluctuations. Science 201 (4358): 777–85.

216 Bardi U., Lavacchi A. (2009): A simple interpretation of Hubbert's model of resource exploitation. Energies 2(3): 646–61.

217 Bardi U. (2013): Mind sized world models. Sustainability 5(3): 896–911.

218 ebd.

219 Hubbert M. K. (1956): Nuclear energy and the fossil fuels. In: Spring meeting of the southern district division of production American petroleum institute. San Antonio: American Petroleum Institute, energycrisis.biz/hubbert/1956/1956.pdf, abgerufen am 3. Dez. 2012.

220 Carson R. (1962): Silent spring. Boston: Houghton Mifflin Co.

221 Ehrlich P., Ehrlich A. H. (1968): The population bomb. Sierra Club, Ballantine Books. (dt.: Die Bevölkerungsbombe. München: Hanser 1971).

222 Forrester J. (1971): World dynamics. Cambridge: Wright-Allen Press.

223 Meadows D.H., Meadows D.L., Randers J., Bherens III W. (1972): The limits to growth. New York: Universe Books. (dt.: Die Grenzen des Wachstums. Bericht des Club of Rome zur Lage der Menschheit. Stuttgart: DVA 1972).

224 Bardi U. (2011): The limits to growth revisited. New York: Springer.

225 McGarity T., Wagner W.E. (2008): Bending science: how special interests corrupt public health research. Cambridge, Massachusetts & London: Harvard University Press.

226 Lytle M.H. (2007): The gentle subversive. New York: Viking press; Groshong K. (2007): The noisy reception of silent spring. In: Chang H., Jackson C. (Hrsg.): An element of controversy: the life of chlorine in … London: The British Journal for the History Of Science Monographs, http://www.bshs.org.uk/wp-content/uploads/file/bshs_monographs/library_monographs/bshsm_013_chang-and-jackson.pdf#page=371, abgerufen am 3. Juni 2013.

227 Mann M. (2012): The hockey stick and the climate wars. New York: Columbia University Press; Otto S.L. (2016): The war on science: who's waging it, why it matters, what we can do about it.

228 Bailey R. (1989): Dr Doom. Forbes Mag. Oktober: 45.

229 Passel P., Roberts M., Ross L. (1972): Review of »The limits to growth«. New York Times Book Review. 2. April 1972.

230 Meadows D.H., Meadows D.L., Randers J., Bherens III W. (1972): The limits to growth. New York: Universe Books, mit frdl. Genehmigung von Dennis Meadows.

231 ebd.

232 Tainter J. (1990): The collapse of complex societies. Cambridge University Press.

233 Meadows D.H., Meadows D.L., Randers J., Bherens III W. (1972): The limits to growth. New York: Universe Books, mit frdl. Genehmigung von Dennis Meadows.

234 Nobles J. (2015): Frankenberg E., Thomas D. The effects of mortality on fertility: population dynamics after a natural disaster. Demography 52(1): 15–38.

235 Meadows D.H., Randers J., Meadows D.L. (2004): Limits to growth: the 30 year update. White River Junction: Chelsea Green (dt.: Grenzen des Wachstums, das 30-Jahre-Update. Signal zum Kurswechsel. Stuttgart: Hirzel 2006); Turner G. (2008): A comparison of the limits to growth with 30 years of reality. Glob Environ Chang. 18(3): 397–411.

236 Sobotka T. (2011): Fertility in central and eastern Europe after 1989: collapse and gradual recovery. Hist Soc Res. 36(2): 246–96.

237 Fratzcher M. (2016): Die verquere Logik des Club of Rome. Der Spiegel (Sep. 14), http://www.spiegel.de/wirtschaft/soziales/club-of-rome-zukunftsbericht-was-fuer-ein-unsinn-kommentar-a-1112295.html; Bardi U. (2011): The limits to growth revisited. New York: Springer.

238 Maxton G.P., Randers J.T. (2016): Reinventing prosperity: managing economic growth to reduce unem-

ployment, inequality, and climate change: a report to the club of Rome. (dt.: Ein Prozent ist genug: Mit wenig Wachstum soziale Ungleichheit, Arbeitslosigkeit und Klimawandel bekämpfen. München: oekom 2016).

239 Fratzcher M. (2016): Die verquere Logik des Club of Rome. Der Spiegel (Sep. 14), http://www.spiegel.de/wirtschaft/soziales/club-of-rome-zukunftsbericht-was-fuer-ein-unsinn-kommentar-a-1112295.html.

240 Greer J. M. (2016): The myth of the anthropocen, http://thearchdruid-report.blogspot.it/2016/10/the-myth-of-anthropocene.html, abgerufen am 19. Nov. 2016.

241 Benton M. J. (1990): Scientific methodologies in collision. The history of the study of the extinction of the dinosaurs. Evol Biol. 24: 371–400.

242 McLean D. (1978): A terminal Mesozoic »greenhouse«: lessons from the past. Science 201 (4354): 401.

243 Alvarez L. W., Alvarez W., Asaro F., Michel H. V. (1980): Extraterrestrial cause for the cretaceous-tertiary extinction. Science 208 (Jun 6): 1095–1108.

244 Turco R. P., Toon O. B., Ackerman T. P., Pollack J. B., Sagan C. (1983): Global atmospheric consequences of nuclear war. Science 222: 1283.

245 Courtillot V. E. (1990): A volcanic eruption. Sci Am. 263(4): 85–92.

246 McLean D. (2012): Science-political version of K-T impact vs. volcano extinction debate. Dewey McLean's home page, http://deweymclean-extinctions.com/pages/scienpol.html, abgerufen am 19. Nov. 2016; Browne M. W. (1988): The debate over dinosaur extinctions takes an unusually rancorous turn. New York Times (Jan. 19), http://www.nytimes.com/1988/01/19/science/the-debate-over-dinosaur-extinctions-takes-an-unusually-rancorous-turn.html.

247 Hildebrand A. R., Penfield G. T., Kring D. A. et al. (1991): Chicxulub crater: a possible cretaceous/tertiary boundary impact crater on the Yucatán Peninsula. Mexico Geology 19(9): 867.

248 Taleb N. (2007): The black swan. New York: Random House.

249 OpenStax College, The Biodiversity Crisis (17. Okt. 2013), http://cnx.org/contents/lvk44_Wx@5/The-Biodiversity-Crisis.

250 Renne P. R., Deino A. L., Hilgen F. J. et al. (2013): Time scales of critical events around the cretaceous-paleogene boundary. Science 339 (6120).

251 Jablonski D., Chaloner W. G. (1994): Extinctions in the Fossil record. Philos Trans R Soc B Biol Sci. 344 (1307): 11–7.

252 Barnosky A. D., Matzke N., Tomiya S. et al. (2011): Has the Earth's sixth mass extinction already arrived? Nature 471 (7336): 51–7.

253 Bak P. (1996): How nature works. The science of self-organized criticality. New York: Copernicus.

254 Solé R. V., Manrubia S. C., Benton M., Bak P. (1997): Self-similarity of extinction statistics in the fossil record. Nature 388 (6644): 764–7.

255 Chapman C. R. (2004): The hazard of near-Earth asteroid impacts on Earth. Earth Planet Sci Lett. 222(1): 1–15.

256 Becker L., Poreda R.J., Basu A.R. et al. (2004): Bedout: a possible end-Permian impact crater offshore of northwestern Australia. Science 304 (5676): 1469–76.

257 Ward P. D. (2007): Under a green sky. New York: HarperCollins Books.

258 Schaller M. F., Fung M. K., Wright J. D., Katz M. E., Kent D. V. (2016): Impact ejecta at the Paleocene-Eocene boundary. Science 354 (6309).

259 Wignall P. (2005): The link between large igneous province eruptions and mass extinctions. Elements 1(5): 293–7; Wignall P. B. (2001): Large igneous provinces and mass extinctions. Earth Sci Rev. 53 (1–2): 1–33; Bond D. P. G., Wignall P. B. (2014): Large igneous provinces and mass extinctions: an update. Geol Soc Am Spec Pap. 505; Van de Schootbrugge B., Wignall P. B. (2016): A tale of two extinctions: converging end-Permian and end-Triassic scenarios. Geol Mag. 153(2): 332–54.

260 Sznajd-Weron K., Weron R. (2001): A new model of mass extinctions. Physica A (293): 559–565.

261 Gimbutas M. (1999): The living goddesses. Berkeley: University of California press.

262 Lovelock J. E. (1972): Gaia as seen through the atmosphere. Atmos Environ. 6(8): 579–80.

263 Margulis L., Lovelock J. E. (1974): Biological modulation of the Earth's atmosphere. Icarus 21(4): 471–89.

264 Tyrrell T.(2013): On Gaia a critical investigation of the relationship between life and Earth. Princeton University Press.

265 Ward P. D. (2009): The medea hypothesis: is life on Earth ultimately self-destructive? Princeton University Press.

266 Liu Y., Liu Y., Drew M. G. B. (2015): A mathematical approach to chemical equilibrium theory for gaseous systems IV: a mathematical clarification of Le Chatelier's principle. J Math Chem. 53(8): 1835–70.

267 Veizer J., Godderis Y., François L. (2000): Evidence for decoupling of atmospheric CO_2 and global climate during the Phanerozoic eon. Nature 408: 698–701.

268 Sagan C., Mullen G. (1972): Earth and mars: evolution of atmospheres and surface temperatures. Science 177 (4043): 52–56.

269 Harrison T. M. (2009): The Hadean crust: evidence from 4 Ga zircons. Annu Rev Earth Planet Sci. 37(1): 479–505.

270 Nutman A. P., Bennett V. C., Friend C. R. L., Van Kranendonk M. J., Chivas A.R. (2016): Rapid emergence of life shown by discovery of 3.700-million-year-old microbial structures. Nature 537 (7621): 535–538; Lenton T., Watson A. (2011): Revolutions that made the Earth. Oxford University Press.

271 Lowe D. R., Tice M. M. (2004): Geologic evidence for Archean atmospheric and climatic evolution: fluctuating levels of CO_2, CH_4, and O_2 with an overriding tectonic control. Geology 32(6): 493.

272 Watson A. J., Lovelock J. E. (1983): Biological homeostasis of the global environment: the parable of Daisyworld. Tellus B. 35B(4): 284–9.

273 Veizer J., Godderis Y., François L. (2000): Evidence for decoupling of atmospheric CO_2 and global climate during the Phanerozoic eon. Nature 408: 698–701.

274 Watson A. J., Lovelock J. E. (1983): Biological homeostasis of the global environment: the parable of Daisyworld. Tellus B. 35B(4): 284–9.

275 Dasgupta R. (2013): Ingassing, storage, and outgassing of terrestrial carbon through geologic time. In: Hazen R. M., Jones A., Baross J. A. (Hrsg.): Reviews in mineralogy & geochemistry, Mineralogical Society of America, Vol 75: 18; Lowe D.R., Tice M. M. (2004): Geologic evidence for Archean atmospheric and climatic evolution: fluctuating levels of CO_2, CH_4, and O_2 with an overriding tectonic control. Geology 32(6): 493.

276 Royer D. (2006): CO_2-forced climate thresholds during the Phanerozoic. Geochim Cosmochim Acta 70: 5665–75.

277 Franks P. J., Royer D. L., Beerling D. J. et al. (2014): New constraints on atmospheric CO_2 concentration for the Phanerozoic. Geophys Res Lett. 41(13).

278 Falkowski P., Scholes R. J., Boyle E. et al. (2000): The global carbon cycle: a test of our knowledge of Earth as a system. Science 290 (5490): 291–296.

279 Benton R. A. (2004): The phanerozoic carbon cycle. Oxford University Press.

280 Rasool S. I., De Bergh C. (1970): The runaway greenhouse and the accumulation of CO_2 in the Venus atmosphere. Nature 226 (5250): 1037–9.

281 Denlinger M. C. (2005): The origin and evolution of the atmospheres of venus. Earth Mars Earth Moon Planets 96 (1–2): 59–80.

282 Way M. J., Del Genio A. D., Kiang N. Y. et al. (2016): Was Venus the first habitable world of our solar system? Geophys Res Lett.

283 Gowik U., Westhoff P. (2011): The path from C3 to C4 photosynthesis. Plant Physiol. 155(1): 56–63.

284 Tolbert N.E., Benker C., Beck E. (1995): The oxygen and carbon dioxide compensation points of C3 plants: possible role in regulating atmospheric oxygen. Proc Natl Acad Sci. 92: 11230–3.

285 Franck S., Bounama C., von Bloh W. (2006): Causes and timing of future biosphere extinctions. Biogeosciences 3(1): 85–92.

286 Franck S., Bounama C., von Bloh W. (2001): The fate of Earth's ocean. Hydrol Earth Syst Sci. 5(4): 569–75.

287 Chopra A., Lineweaver C.H. (2016): The case for a Gaian bottleneck: the biology of habitability. Astrobiology 16(1): 7–22.

288 Brownlee D., Ward P.D., Peter D. (2004): The life and death of planet Earth. Holt Paperbacks; Popp M., Schmidt H., Marotzke J. (2016): Transition to a moist greenhouse with CO_2 and solar forcing. Nat Commun. 7: 10627.

289 Popp M., Schmidt H., Marotzke J. (2016): Transition to a moist greenhouse with CO_2 and solar forcing. Nat Commun. 7: 10627; Goldblatt C., Watson A. J. (2012): The runaway greenhouse: implications for future climate change, geoengineering and planetary atmospheres. Philos Trans A Math Phys Eng Sci. 370 (1974): 197–216; Ward P.D. (2007): Under a green sky. New York: HarperCollins.

290 Hansen J. (2009): Storms of my grandchildren. New York: Bloomsbury Publishing.

291 Goldblatt C., Watson A. J. (2012): The runaway greenhouse: implications for future climate change, geoengineering and planetary atmospheres. Philos Trans A Math Phys Eng Sci. 370 (1974): 197–216.

292 Popp M., Schmidt H., Marotzke J. (2016): Transition to a moist greenhouse with CO_2 and solar forcing. Nat Commun. 7: 10627.

293 Rogner H.-H. (1997): An assessment of world hydrocarbon resources. Annu Rev Energy Environ. 22(1): 217–62; Rogner H. (2000): Energy resources. In: World energy assessment: energy and the challenge of sustainability. New York: United Nations Development Programme Bureau for Development Policy: 146–80, http://inet01.undp.or.id/content/dam/aplaws/publication/en/publications/environment-energy/www-ee-library/sustainable-energy/world-energy-assessment-energy-and-the-challenge-of-sustainability/World Energy Assessment-2000.pdf#page=146, abgerufen am 9. Apr. 2015.

294 Laherrere J. F. (2012): Update on coal. The oil dru, http://www.theoildrum.com/node/9583, abgerufen am 13. Aug. 2016.

295 McGlade C., Ekins P. (2015): The geographical distribution of fossil fuels unused when limiting global warming to 2 °C. Nature 517 (7533): 187–90.

296 Obata A., Shibata K. (2012): Damage of land biosphere due to intense warming by 1000-fold rapid increase in atmospheric methane: estimation with a climate–carbon cycle model. J Clim. 25(24): 8524–41; Farmer G.T., Cook J. (2013): Permafrost and methane. In: Climate change science: a modern synthesis. Dordrecht: Springer: 307–17.

297 Stocker T. F., Qin D., Plattner G.-K. et al. (Hrsg.): IPCC, 2013: summary for policymakers. In: Climate change 2013: the physical science basis. Contribution of working group I to the fifth assessment report of the intergovernmental panel on climate change. Cambridge University Press, http://www.climate2013.org/images/uploads/WGI_AR5_SPM_brochure.pdf; Rignot E., Thomas R.H., Bales R.C. et al. (2002): Mass balance of polar ice sheets. Science 297 (5586): 1502–6.

298 Oreskes N., Conway E. M. (2010): Merchants of doubt: how a handful of scientists obscured the truth on issues from tobacco smoke to global warming. New York: Bloomsbury Publishing. (dt.: Die Machiavellis der Wissenschaft: Das Netzwerk des Leugnens. Weinheim: Wiley 2014).

299 Coghlan A. (2003): »Too little« oil for global warming. New Scientist, https://www.newscientist.com/article/dn4216-too-little-oil-for-global-warming/, abgerufen am 24. Aug. 2016.

300 Kharecha P., Hansen J. (2008): Implications of »peak oil« for atmospheric CO_2 and climate. Global Biogeochem Cycles, http://www.agu.org/journals/gb/gb0803/2007GB003142/2007gb003142-t01.txt, abgerufen am 4. Okt. 2013.

301 Höök M., Tang X. (2013): Depletion of fossil fuels and anthropogenic climate change – a review. Energy Policy 52: 797–809.

302 Jacobson M. Z., Archer C. L. (2012): Saturation wind power potential and its implications for wind energy. Proc Natl Acad Sci USA 109(39): 15679–84; Sgouridis S., Csala D., Bardi U. et al. (2016): The sower's way: quantifying the narrowing net-energy pathways to a global energy transition. Environ Res Lett. 11(9): 94009.

303 Rosenblum M., Cabrajan M. (2012): In Mackerel's plunder, hints of epic fish collapse. The New York Times, http://www.nytimes.com/2012/01/25/science/earth/in-mackerels-plunderhints-of-epic-fish-collapse.html.

304 Mullins J. (2010): The Gambler's fallacy. New Sci. 207 (2770): 3–65.

305 Taleb N. (2007): The black swan. New York: Random House.

306 Phillips D., Welty W., Smith M. (1997): Elevated suicide levels associated with legalized gambling, http://stoppredatorygambling.org/wp-content/uploads/2014/08/1997-Elevated-Suicide-Levels-Associated-with-Casino-Gambling.pdf, abgerufen am 5. Apr. 2016.

307 Hardin G. (1968): The tragedy of the commons. Science 162 (13. Dez.): 1243–1248; Mattei U. (2011): Beni Comuni. Un Manifesto. Roma: Laterza.

308 Sterman J. D. (1989): Modeling managerial behavior: misperceptions of feedback in a dynamic decision making experiment. Manage Sci. 35(3): 321–39.

309 Moxnes E. (1998): Not only the tragedy of the commons: misperceptions of bioeconomics. Manage Sci. 44(9): 1234–48; Moxnes E. (2000): Not only the tragedy of the commons: misperceptions of feedback and policies for sustainable development. Syst Dyn Rev. 16(4): 325–48.

310 Powell R. L. (2002): CFC phase-out: have we met the challenge? J Fluor Chem. 114(2): 237–50: Spurgeon D. (1997): Ozone treaty »must tackle CFC smuggling«. Nature 389 (6648): 219.

311 Khalilian S., Froese R., Proelss A., Requate T. (2010): Designed for failure: a critique of the Common Fisheries Policy of the European Union. Mar Policy. 34(6): 1178–82.

312 Micklin P. (2007): The Aral Sea disaster. Annu Rev Earth Planet Sci. 35(1): 47–72.

313 Onuchin A. A., Burenina T. A., Zubareva O. N., Trefilova O. V., Danilova I. V. (2014): Pollution of snow cover in the impact zone of enterprises in Norilsk Industrial Area. Contemp Probl Ecol. 7(6): 714–22.

314 Ostrom E. (1990): Governing the commons: the evolution of institutions for collective action. Cambridge University Press; Cole D. H., Epstein G., McGinnis M. D. (2014): Digging deeper into Hardin's pasture: the complex institutional structure of »the tragedy of the commons«. J Institutional Econ. 10(3): 353–69.

315 Hopkins R. (2008): The transition handbook. London: Green Books. (dt.: Energiewende. Das Handbuch: Anleitung für zukunftsfähige Lebensweisen. München: Zweitausendundeins 2008).

316 Holling C. S. (1973): Resilience and stability of ecological systems. Annu Rev Ecol Syst. 4: 1–23.

317 Zolli A., Healy A. M. (2012): Resilience. London: Headline Business Plus.

318 Mars R., Ducker M. (2003): The basics of permaculture design. East Meaon, Hampshire: Hyden House.

319 Hopkins R. (2008): The transition handbook. London: Green Books.

320 Schumacher E. F. (1973): Small is beautiful. London: Blond & Briggs. (dt.: Small is beautiful: Die Rückkehr zum menschlichen Maß. München: oekom 2013).

321 Gao J., Barzel B., Barabási A.-L. (2016): Universal resilience patterns in complex networks. Nature 530 (7590): 307–12.

322 Scheffer M., Carpenter S.R., Lenton T. M. et al.(2012): Anticipating critical transitions. Science 338 (6105).

323 siehe zu vergleichbaren Phänomenen: http://www.early-warning-signals.org/.

324 Orlov D. (2011): Reinventing collapse: the soviet experience and American prospects. Gabriola Island: New Society Publishers.

325 Klein G. (1987): Lake restoration in Berlin. In: Proceedings from the First B. I. O. International Conference. Athen, http://biopolitics.gr/biowp/wp-content/uploads/2013/04/klein.pdf; Klein G. (1992): Rationale and implementation of a strategy to restore urban lakes in Berlin. Water Qual Res J Canada 27(2): 239–55.

326 Leopold A. (1949): A Sand County Almanac. New York (dt.: Am Anfang war die Erde. Plädoyer zur Umwelt-Ethik. München: Knesebeck 1992)

327 Ateia M., Yoshimura C., Nasr M. (2016): In-situ biological water treatment technologies for environmental remediation: a review. J Bioremediation Biodegrad. 7(3).

328 Doyle M., Drew C. A. (2008): Society for ecological restoration international. Large-scale ecosystem restoration: five case studies from the United States. Island Press.

329 Fuss S., Reuter W. H., Szolgayová J., Obersteiner M. (2013): Optimal mitigation strategies with negative emission technologies and carbon sinks under uncertainty. Clim Change 118(1): 73–87.

330 Azar C., Lindgren K., Obersteiner M. et al. (2010): The feasibility of low CO_2 concentration targets and the role of bio-energy with carbon capture and storage (BECCS). Clim Change 100(1): 195–202.

331 Govindasamy B., Caldeira K., Duffy P. B. (2003): Geoengineering Earth's radiation balance to mitigate climate

change from a quadrupling of CO_2. Glob Planet Change 37(1): 157–68.

332 Graeber D. (2011): Debt: the first 5.000 years. New York: Melville House. (dt.: Schulden. Die ersten 5000 Jahre. München: Goldmann 2013).

333 Ryan C., Jetha C. (2010): Sex at dawn: how we mate, why we stray, and what it means for modern relationships. New York: Harper Perennial. (dt.: Sex: Die wahre Geschichte. Stuttgart: Klett-Cotta 2016).

334 Bardi U. (2015): Chimeras: the future of human sex: gorilla, gibbon, or bonobo, http://chimeramyth.blogspot.it/2015/06/the-future-of-human-sex-gorilla-gibbon.html, abgerufen am 14. Nov. 2016.

335 Townsend S. (2013): The naked environmentalist. Futerra, https://www.amazon.com/Naked-Environmentalist-Solitaire-Townsend-ebook/dp/B00CMGYSKI.

336 Bardi U. (2014): The decline of science: why scientists are publishing too many papers. Cassandra's Legacy, http://cassandralegacy.blogspot.it/2014/08/the-decline-of-science-we-are.html, abgerufen am 29. Okt. 2016.

337 America's poor are its most generous donors, 2009, http://www.seattletimes.com/nationworld/americas-poor-are-its-most-generous-donors/, abgerufen am 5. Aug. 2016.

338 o. A. (2016): Giving statistics. Charity Navigator, http://www.charitynavigator.org/index.cfm/bay/content.view/cpid/42, abgerufen am 19. Nov. 2016.

339 Hemmingsen E. (2010): At the base of Hubbert's Peak: grounding the debate on petroleum scarcity. Geoforum. 41(4): 531–540; Sgouridis S. (2014): Defusing the energy trap: the potential of energy-denominated currencies to facilitate a sustainable energy transition. Front Energy Res. 2: 8.

340 Smith E. (2006): Effects based operations. Applying network centric warfare in peace, crisis, and war, http://www.dtic.mil/dtic/tr/fulltext/u2/a457292.pdf, abgerufen am 16. Okt. 2016.

341 Parnas D. L. (1985): Lorge D. Software aspects of strategic defense systems. Commun ACM 28(12): 1326–35.

342 Noonan M. P. (2015): American geostrategy in a disordered world. Orbis 59(4): 600–12.

343 Bardi U. (2015): Cassandra's legacy: the limits to growth in the Soviet Union and in Russia: the story of a failure. Cassandra's Legacy, http://cassandralegacy.blogspot.it/2015/08/the-limits-to-growth-in-soviet-union.html, abgerufen am 19. Nov. 2016.

344 Rindezeviciute E. (2015): Toward a joint future beyond the iron curtain: the East–West politics of global modelling. In: Andersson J., Rindzevičiūtė E. (Hrsg.): The struggle for the long term in transnational science and politics: forging the future: 115-43. London & New York: Routledge.

345 Pinker S. (2011): The better angels of our nature. New York: Viking Books. (dt.: Gewalt: Eine neue Geschichte der Menschheit. Frankfurt: Fischer 2011).

346 Carretero C. A. (1972): The counter-fire: its use to cut and extinguish forest fires. Montes 24 (142): 307–23; Sah J. P., Ross M. S., Snyder J. R., Koptur S., Cooley H. C. (2006): Fuel loads, fire regimes, and post-firefuel dynamics in Florida Keys pine forests. Int J Wildl Fire 15(4): 463.

347 Bardi U. (2011): Chemistry of an empire: the last Roman empress. Cassandra's Legacy, http://cassandra legacy.blogspot.it/2011/12/chemis try-of-empire-last-roman-empress. html, abgerufen am 16. Nov. 2014.

348 Sgouridis S., Csala D., Bardi U. et al. (2016): The sower's way: quantifying the narrowing net-energy pathways to a global energy transition. Environ Res Lett. 11(9): 94009.

349 ebd.

350 Sweeney L. B., Sterman J. D. (2000): Bathtub dynamics: initial results of a systems thinking inventory. Syst Dyn Rev. 16(4): 249–86.

351 Vonnegut, K. (1985): Galapagos. New York: Delacorte Press. (dt.: Galapagos. München: Bertelsmann 1987).

352 Meadows D. H. (1999): Leverage points: places to intervene in a system. donellameadows.org., http://leadership-for-change. southernafricatrust.org/downloads/ session_2_module_2/Leverage-Points-Places-to-Intervene-in-a-System.pdf.

353 ebd.

354 Sgouridis S., Csala D., Bardi U. et al. (2016): The sower's way: quantifying the narrowing net-energy pathways to a global energy transition. Environ Res Lett. 11(9): 94009.

355 Bak P. (1996): How nature works. The science of self-organized criticality. New York: Copernicus.

356 Pareto V. (1967): La courbe de la répartition de la richesse. OEuvres complètes, tome III, Genève, 1896.

357 Bbanerje, EdgeCrack2D, https:// commons.wikimedia.org/w/index. php?curid=18696239.

358 Zei M. (2001): Fracture of heterogeneous materials, Dissertation Universität Florenz.

359 Bak P. (1996): How nature works. The science of self-organized criticality. New York: Copernicus.

360 Yakovenko V. M., Rosser J. B. (2009): Colloquium: statistical mechanics of money, wealth, and income.

361 Daten aus: McCracken E. (1971): The Irish woods since Tudor times: distribution and exploitation. Belfast: David & Charles.

362 Farris W. W. (2006): Japan's medieval population: famine, fertility, and warfare in a transformative age. University of Hawai'i Press.

363 Voskuil W. H. (1942): Coal and political power in Europe. Econ Geogr. 18(3): 247–58.

364 Hagens N. (2006): The oil drum: net energy. A net energy parable: why is ERoEI important?, mit frdl. Genehmigung des Autors.

365 Daten ursprünglich aus: Starbuck, A. (1989). History of the American Whale Fishery, entnommen aus: [209]. Normalisierende Faktoren: Öl 1,16 [131], Gallonen: Schifftonnage 9,72 (aus: Bilancio demografico nazionale. ISTAT 2016, http://www.istat. it/it/archivio/186978).

366 Franck S., Bounama C., von Bloh W. (2006): Causes and timing of future biosphere extinctions. Biogeosciences 3(1): 85–92.

367 Klein G. (1992): Rationale and implementation of a strategy to restore urban lakes in Berlin. Water Qual Res J Canada 27(2): 239–55, mit frdl. Genehmigung des Autors.